中国贫困山区发展的道路

严瑞珍　王　沅－著

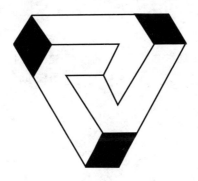

RESEARCH ON THE DEVELOPMENT OF IMPOVERISHED MOUNTAIN AREAS IN CHINA

知识产权出版社

全国百佳图书出版单位

—北京—

图书在版编目（CIP）数据

中国贫困山区发展的道路 / 严瑞珍，王沅著 . — 北京：知识产权出版社，2021.11
ISBN 978-7-5130-6944-1

Ⅰ.①中… Ⅱ.①严… ②王… Ⅲ.①贫困山区—扶贫—研究—中国 Ⅳ.①F126

中国版本图书馆 CIP 数据核字（2020）第 090153 号

内容提要

本书是一本经济理论著作，为了给本书的理论研究提供客观的经济依据，我们在全国贫困山区选取了若干个有代表性的地区，其中有太行山区、武陵山区、沂蒙山区、吕梁山区以及云贵高原，进行定点调查研究和量化分析，直接掌握了第一手资料。为了能使研究的焦点在专业领域中集中地、充分地展开，不得不在多数情况下抽掉非经济因素。这并不意味着在山区经济发展中非经济因素只居于次要地位，可以略而不论，恰恰相反，在大多数情况下，非经济因素起到了决定性的作用。

总 策 划：王润贵		**项目负责**：蔡　虹	
套书责编：蔡　虹　石红华		**责任校对**：谷　洋	
本书责编：贺小霞		**责任印制**：刘译文	

中国贫困山区发展的道路

严瑞珍　王　沅　著

出版发行：知识产权出版社有限责任公司		网　　址：http://www.ipph.cn	
社　　址：北京市海淀区气象路 50 号院		邮　　编：100081	
责编电话：010-82000860 转 8129		责编邮箱：1152436274@qq.com	
发行电话：010-82000860 转 8101/8102		发行传真：010-82000893/82005070/82000270	
印　　刷：三河市国英印务有限公司		经　　销：各大网上书店、新华书店及相关专业书店	
开　　本：880mm×1230mm　1/32		印　　张：8.75	
版　　次：2021 年 11 月第 1 版		印　　次：2021 年 11 月第 1 次印刷	
字　　数：250 千字		定　　价：68.00 元	

ISBN 978-7-5130-6944-1

出版说明

　　知识产权出版社自 1980 年成立以来，一直坚持以传播优秀文化、服务国家发展为己任，不断发展壮大，影响力和竞争力不断提升。近年来，我们大力支持经济类图书尤其是经济学名家大家的著作出版，先后编辑出版了《孙冶方文集》《于光远经济论著全集》《刘国光经济论著全集》和《苏星经济论著全集》等一批经济学精品力作，产生了广泛的社会影响。受此激励和鼓舞，我们和孙冶方经济科学基金会携手于 2018 年 1 月出版《孙冶方文集》之后，又精选再版孙冶方经济科学奖获奖作品。

　　"孙冶方经济科学奖"是中国经济学界的最高奖，每两年评选一次，每届评选的著作奖和论文奖都有若干个，评选的对象是 1979 年以来的所有公开发表的经济学论著。其获奖成果基本反映了中国经济科学发展前沿的最新成果，代表了中国经济学研究各领域的最高水平。这次再版的孙冶方经济科学奖获奖作品，是我们从孙冶方经济科学奖于 1984 年首届评选到 2017 年第十七届共评选出的获奖著作中精选的 20 多部作品。这次再版，一方面是为了缅怀和纪念中国卓越的马克思主义经济学家和中国经济改革的理论先驱孙冶方同志；另一方面有助于系统回顾和梳理我国经济理论创新发展历程，对经济学同人深入研究当代中国经济学思想史，在继承基础上继续推动我国经济学理论创新、更好构建中国特色社会主义政治经济学都具有重要意义。

　　在编辑整理"孙冶方经济科学奖获奖作品选"时，有几点说明如下。

出版说明

第一，由于这 20 多部作品第一版时是由不同出版社出版的，所以开本、版式、封面和体例不太一致，这次再版都进行了统一。

第二，再版的这 20 多部作品中，有一部分作品这次再版时作者进行了修订和校订，因此与第一版内容不完全一致。

第三，大部分作品由于第一版时出现很多类似"近几年""目前"等时间词，再版时已不适用了。但为了保持原貌，我们没有进行修改。

在这 20 多部作品编辑出版过程中，孙冶方经济科学基金会的领导和同事对本套图书的出版提供了大力支持和帮助；86 岁高龄的著名经济学家张卓元老师亲自为本套图书做了思想深刻、内涵丰富的序言；这 20 多部作品的作者也在百忙之中给予了积极的配合和帮助。可以说，正是他们的无私奉献和鼎力相助，才使本套图书的出版工作得以顺利进行。在此，一并表示衷心感谢！

知识产权出版社

2019 年 6 月

中国贫困山区发展的道路

总　序

张卓元

　　知识产权出版社领导和编辑提出要统一装帧再版从 1984 年起荣获孙冶方经济科学奖著作奖的几十本著作，他们最终精选了 20 多部作品再版。他们要我为这套再版著作写序，我答应了。

　　趁此机会，我想首先简要介绍一下孙冶方经济科学基金会。孙冶方经济科学基金会是为纪念卓越的马克思主义经济学家孙冶方等老一辈经济学家的杰出贡献而于 1983 年设立的，是中国在改革开放初期最早设立的基金会。基金会成立 36 年来，紧跟时代步伐，遵循孙冶方等老一辈经济学家毕生追求真理、严谨治学的精神，在经济学学术研究、政策研究、学术新人发掘培养等方面不断探索，为繁荣我国经济科学事业做出了积极贡献。

　　由孙冶方经济科学基金会主办的"孙冶方经济科学奖"（著作奖、论文奖）是我国经济学界的最高荣誉，是经济学界最具权威地位、最受关注的奖项。评奖对象是改革开放以来经济理论工作者和实际工作者在国内外公开发表的论文和出版的专著。评选范围包括：经济学的基础理论研究、国民经济现实问题的理论研究，特别是改革开放与经济发展实践中热点问题的理论研究。强调注重发现中青年的优秀作品，为全面深化改革和经济建设，为繁荣和发展中国的经济学做出贡献。自 1984 年评奖活动启动以来，每两年评选一次，累计已评奖 17 届，共评出获奖著作 55 部，获奖论文 175 篇。由于孙冶方经济科学奖的评奖过程一直是开放、公开、公平、公正的，在作者申报和专家推荐的基础上，由全国著名综合性与财经类大学经济院系和中国社会科学院经济学科领域研究所各推荐一名教授组成的初评小组，进行独立评审，提出建议入围的论著。然后由基金会评奖委员会以公开讨论和无记名投票方式，以简单多数选定获奖作品。最近几届的票决结果还要进行公示后报基金会理事会最终批准。因此，所有获奖论著都是经过权威专家几轮认真的公平公正的评审筛选后确定的，因此这些论著可以说代表着当时中国经济学研究成果的最高水平。

作为 17 届评奖活动的参与者和具体操作者，我不敢说我们评出的获奖作品百分之百代表着当时经济学研究的最高水平，但我们的确是尽力而为，只是限于我们的水平，肯定有疏漏和不足之处。总体来说，从各方面反映来看，获奖作品还是当时最具代表性和最高质量的，反映了改革开放后中国经济学研究的重大进展。也正因为如此，我认为知识产权出版社重新成套再版获奖专著，是很有意义和价值的。

首先，有助于人们很好地回顾改革开放 40 多年来经济改革及其带来的经济腾飞和人民生活水平的快速提高。改革开放 40 多年使中国社会经济发生了翻天覆地的变化。贫穷落后的中国经过改革开放 30 年的艰苦奋斗于 2009 年即成为世界第二大经济体，创造了世界经济发展历史的新奇迹。翻阅再版的获奖专著，我们可以清晰地看到 40 年经济奇迹是怎样创造出来的。这里有对整个农村改革的理论阐述，有中国走上社会主义市场经济发展道路的理论解释，有关于财政、金融、发展第三产业、消费、社会保障、扶贫等重大现实问题的应用性研究并提出切实可行的建议，有对经济飞速发展过程中经济结构、产业组织变动的深刻分析，有对中国新型工业化进程和中长期发展的深入研讨，等等。阅读这些从理论上讲好中国故事的著作，有助于我们了解中国经济巨变的内在原因和客观必然性。

其次，有助于我们掌握改革开放以来中国特色社会主义经济理论发展的进程和走向。中国的经济改革和发展是在由邓小平开创的中国特色社会主义及其经济理论指导下顺利推进的。中国特色社会主义理论体系也是在伟大的改革开放进程中不断丰富和发展的。由于获奖著作均系经济理论力作，我们可以从各个时段获奖著作中，了解中国特色社会主义经济理论是怎样随着中国经济市场化改革的深化而不断丰富发展的。因此，再版获奖著作，对研究中国经济思想史和中国经济史的理论工作者是大有裨益的。

最后，有助于年轻的经济理论工作者学习怎样写学术专著。获奖著作除少数应用性、政策性强的以外，都是规范的学术著作，大家可以从中学到怎样撰写学术专著。获奖著作中有几套经济史、经济思想史作品，都是多卷本的，都是作者几十年研究的结晶。我们在评奖过程中，争议最少的就是颁奖给那些经过几十年研究的上乘成果。过去苏星教授写过经济学研究要"积之十年"，而获奖的属于经济史和经济思想史的专著，更是积之几十年结出的硕果。

是为序。

2019 年 5 月

总
序

前　言

　　自从 1978 年中国开始实行经济改革以来，国民经济获得了迅猛的发展，占中国国土面积近 70％的山区经济也有发展，但发展速度缓慢，特别是贫困山区，仍然存在不容忽视的温饱问题，这越来越多地引起了人们的重视。1984 年，国家把贫困山区的脱贫作为全国性的任务提出来，并在全国范围内组织实施。一个有亿万农民参加的，以摆脱贫困、发展经济为目标的群众性活动，正蓬蓬勃勃地在全国贫困山区展开。

　　在改变贫困山区面貌的斗争中，各地都创造出许多成功的经验。但是，由于山区开发的复杂性、艰巨性，工作中的挫折和弯路是难以避免的。无论成功或失败，都促使人们变得更加聪明起来，人们开始探索贫困山区经济发展的客观规律，以便形成具有中国特色贫困山区经济发展道路。这个工作做好了，对当前以及今后贫困山区摆脱贫困的活动，不仅具有重要的理论意义，而且具有重要的实践意义。

　　当前，全国各地已经陆续发表了不少文章探索有关贫困山区的发展问题，但在理论上进行系统的研究还刚刚开始。为了能把贫困山区复杂的内在诸经济关系清晰地揭示出来，为妥善解决各方面的矛盾提供客观根据，使脱贫致富的工作能更有领导、有步骤、快速地展开，我们期望有更多的有关贫困山区的系统理论著作问世。这就是我们抛砖引玉，把本书呈献给广大读者的缘由。

　　为了给本书的理论研究提供客观的经济依据，我们在全国贫困山区选取了若干个有代表性的地区，其中有太行山区、武陵山区、沂蒙山区、吕梁山区以及云贵高原，进行定点调查研究和量化

中国贫困山区发展的道路

6

分析，以便直接掌握第一手资料。参加调查工作的，除作者外，还有龚道广、胡大源、陈亚军、刘成玉、王方、张敦强、唐国平、高一雷等同志，他们为本书提供了大量的资料。借此机会向他们表示感谢。

　　本书是一本经济理论著作，为了能使研究的焦点在专业领域中集中地、充分地展开，不得不在多数情况下抽掉非经济因素。这并不意味着在山区经济发展中非经济因素只居于次要地位，可以略而不论，恰恰相反，在大多数情况下，非经济因素起到了决定性的作用。本书之所以做了上述的处理，只是为了研究工作的方便。

　　本课题研究取得了美国密执安州立大学和 W. K. Kellogg 基金会（Michigan state University & W. K. Kellogg Foundation）的资助，在本书出版之际，仅向他们表示谢意。

　　由于作者知识水平的限制，错误之处在所难免，还望读者不吝批评指正。

作者于 1991 年 5 月

前
言

目 录

中国贫困山区发展的道路

目
录

第一章　中国贫困山区的分布及现状

要研究中国贫困山区经济开发的道路，首先要确定贫困的概念及标准，否则，就无法确定研究的地域范围、贫困人口的规模、贫困的程度、贫困的特点，从而也就无法探索贫困山区经济开发的道路。目前，国外一些经济学家已经提出了若干个确定贫困线的标准。但是，考虑到确定贫困线是一项非常复杂的工作，它受一个国家的历史条件、经济发展水平以及现行政策等多方面的影响，因而带有自己国家特殊的印记。所以，我们要在比较世界各国贫困与发展的研究中，确立中国农村的贫困标准和计算方法。

一、贫困的概念

（一）贫困的划分

贫困问题是当今世界面临的最尖锐的挑战之一。特别是发展中国家，由于历史上的种种原因，比起发达国家来，生产力水平普遍低下，经济仍然十分落后；生产的主要是初级产品，在国际贸易中长期处于不利地位；经济增长速度超过人口增长速度并不多，人民生活改善的速度十分缓慢。个别国家人口增长率超过经济增长率，经济状况还在继续恶化，大部分人口仍生活在贫困之中，而且主要发生在农村。

贫困可以划分为绝对贫困和相对贫困两类。前者指劳动者只能进行萎缩性再生产的那种生产状况和由此决定的那种不得温饱的生活状况；后者表现为人际之间的收入差异，一般指占总人口 20%的那部分低收入人口的生活状况。

我们这里所要解决的是绝对贫困问题，指处于绝对贫困线之下的农民生产发展和温饱问题。至于相对贫困则属于社会公平的另一个主题，它存在于任何国家以及任何经济发展过程中。不平衡发展是物质世界发展的客观规律，它在合理范围内能激发起竞争，从而使客观世界充满蓬勃发展的活力，在经济生活中也不例外。因此，对于相对贫困应采取的态度，是利用经济杠杆加以调节，保证不平衡不至于无限扩大，把相对贫困限制在一个合理范围之内。

贫困是由以下两个相互作用、不可分割的表象表示的：作为维持生活和生产的最低标准的表层表象，以及作为落后的生产力水平、社会、经济、文化教育程度等反映贫困的深层表象。表层表象是深层表象的反映，而深层表象又反过来决定了表层表象。

贫困的表层表象可以用恩格尔系数、人均纯收入或维持基本生存需求的消费量衡量；深层表象往往采用社会总产值、人均财政收入、人口增长率、文盲率、婴儿死亡率以及人均受教育年限等指标综合地加以反映。由于表层表象能够比较集中地、实在地反映绝对贫困的程度，并且比较容易通过测定和计算确定量化界限，一般以表层表象为主体确定贫困人口、贫困户和贫困地区的量化界限，即绝对贫困标准，配合以深层表象作为辅助指标。

（二）贫困标准的制定

采用表层表象来确定贫困标准的方法有三种。

1. 以恩格尔系数作为制订贫困线的标准

该系数是由 19 世纪德国的统计学家恩格尔提出的。他认为，一个家庭的收入愈少时，其用来购买食物的支出所占的比重愈大。随着家庭收入的增加，家庭收入中或家庭支出中用来购买食物的支出必将下降。就一个国家来看也是如此，国家愈穷，每个国民平均收入或平均支出中用来购买食物的费用所占的比重就愈大。这种反

中国贫困山区发展的道路

映收入变动与消费结构变动相关关系的一般规律，就用他的名字命名为"恩格尔定律"。通过恩格尔定律，人们就可以用购买食物的费用所占比重的大小即恩格尔系数，判断一个人、家庭、地区以及国家的收入水平的高低，富裕或贫困程度。联合国粮食组织根据恩格尔系数，划分出以下从贫困到富裕的系列：59%以上者为绝对贫困，50%～59%者为勉强度日，40%～50%者为小康水平，30%～40%者为富裕，30%以下者为最富裕。

采用恩格尔系数确定贫困标准简便易行，但存在以下问题。

第一，恩格尔定律反映了收入变动与消费结构变动的一般规律。但收入较低、温饱问题没有解决的情况下，人们对食品的需求弹性很大，这时如果收入增加，就会把增加了的收入的全部或绝大部分用于食品的消费，食品的需求增长率提高得很快，这时恩格尔系数不仅不会下降反而会上升，出现恩格尔定律背反情况。只是在进入中等收入水平以后，食品需求增长率才能放慢。此后，随着收入的增加，食品支出并不相应增加，恩格尔系数才会逐步下降（见表1-1）。

表1-1　食品需求增长的比较

发展水平＼项目	农业人口所占比重（%）	人口增长率（%）	平均每人收入增长率（%）	食品需求的收入弹性	食品需求增长率（%）
很低的收入	70	2.5	0.5	1.0	3.0
低收入	60	3.0	1.0	0.9	3.9
中等收入	40	2.5	4.0	0.7	5.3
高收入	30	2.0	4.0	0.5	4.0
很高收入	10	1.0	3.0	0.1	1.3

资料来源：谢立峰.关于贫困标准研究中几个问题[J].农村发展探索，1988（1）.

从表1-1中可以看出，食品需求增长率无论就很低、低以及中等的发展水平看，都快于平均每人收入增长率。这表明，处于这个发展水平的家庭，其收入增加的大部分都用于满足食品需求。这时，随着收入的增加，恩格尔系数并不下降，相反仍会上升。因此，单纯用恩格尔系数来评定贫困程度，在一定情况下并不完全能够反映实际情况。

第二，在一些发展中国家，例如在中国，实行生存必需品的国家补贴政策。衣着、医疗、住房、交通、教育等价格很低，耗费少，在人们的支出中占的比重不高。当收入增加时，收入的增加部分难以在这些需求领域中找到出路，只能大量投放在食品消费的增加上。表1-2是中国1957—1990年农民家庭平均每人生活消费支出及构成的变化材料。

在此期间，平均每人生活消费支出增加了约7.6倍，但食品在生活消费支出中的比重从65.8％下降到54.8％，才下降11个百分点。到1990年仍高达54.8％，居高不下。可见，恩格尔系数的变化在特定的价格政策下并不能灵敏地反映生活消费支出的变化，或贫困与富裕档次的变化。

第三，由于食品消费结构存在差异，即使是同样的收入或支出水平，恩格尔系数也有着巨大的差异。反之亦然，即恩格尔系数基本相同，但收入或支出水平却大相径庭（见表1-3）。

这里至少说明两点：其一，两省恩格尔系数基本相同，但人均纯收入相差很大，表明恩格尔系数并不能确切反映收入水平。其二，两省食品构成是不同的。浙江食品构成中，主食支出比重小，而副食、其他食品和在外饮食支出比重大；山东则相反，主食支出比重大，而副食、其他食品和在外饮食支出比重小。结果，浙江的收入水平虽然远远高于山东，但由于用于食品支出比重也大，恩格尔系数仍然很高，和山东基本相等。因此，如单纯用恩格尔系数作为判别消费水平的标准，就会得出这两个省贫困或富裕程度相同的错误结论。可见，同是食品支出，内容千差万别，既包括维持生活所需要的生活资料，也包括非生活必需的奢侈享受资料，在这种情况下，恩格尔系数的高低就很难真实地反映生活质量和消费水平。

表 1-2　农民家庭平均每人生活消费支出及构成

年份 指标	1957	1965	1978	1985	1986	1987	1988	1989	1990
平均每人生活消费支出（元）	70.86	95.11	116.06	317.42	356.95	389.29	476.66	535.37	538.05
构成（%）	100.0	100.0	100.0	100.0	100.0	100.0	100.0	100.0	100.0
1. 生活消费品支出	98.3	97.3	97.3	97.1	96.9	94.9	93.8	93.4	92.5
食品	65.8	68.5	67.7	57.7	56.3	55.2	53.4	54.1	54.8
衣着	13.5	10.5	12.7	9.9	9.5	8.6	8.6	8.3	8.4
燃料	10.0	8.3	7.1	5.7	5.2	4.8	4.6	4.4	4.5
住房	2.1	2.8	3.2	12.4	14.4	14.5	14.9	14.4	12.9
用品及其他	6.9	7.2	6.6	11.4	11.5	11.8	12.3	12.2	11.9
2. 文化生活服务支出	1.7	2.7	2.7	2.9	3.1	5.1	6.2	6.6	7.5

资料来源：根据1989年，1991年《中国统计年鉴》整理。

表 1-3　浙江省、山东省调查户的人均收入和生活消费构成

地区	人均纯收入（元）	生活消费支出合计（%）	其中食品消费支出的构成（%）				
			主食	副食	其他食品	在外饮食	总计
浙江	548.60	100.00	17.15	23.18	10.24	1.58	52.15
山东	408.12	100.00	25.15	17.70	8.49	0.90	52.24

资料来源：同表 1-1。

2. 以人均纯收入指标的高低作为划定贫困线的标准

以人均纯收入指标的高低作为划定贫困线标准，存在以下困难：（1）人均纯收入固然有高低，低收入的农户虽然可以归入贫困农户，但可以被确认为相对贫困，不一定属于绝对贫困。（2）人均纯收入伸缩余地很大，很难划出一条客观的绝对贫困线标准。而且这个统一划定的全国贫困线标准，要适应全国各地不同消费构成及价格水平的差别，难度更大，难以避免苦乐不均。（3）人均纯收入受价格指数的变化而改变自己的经济量，在一个时期能确切反映绝对贫困标准的人均纯收入，在另一个时期就不能确切反映。所有这些都给实际工作带来很多困难。

3. 以居民生活必需品的消费支出作为划定贫困线的标准

居民生活必需品的需要是多方面的，但对于一个温饱尚没有解决的农民来说，首先迫切需要的是基本生理需求，包括水、食物、衣着、住房、必要的休息和睡眠。只有在基本生理需求获得基本满足之后，才会设法满足其他需求，如安全需求：消除失业的威胁，有医疗保险，有一定的储备以备急用，等等。因此，把满足居民基本生理需求的消费支出作为划定贫困线的标准，能比较准确地反映贫困者的现状。

基本生理需求是指维持生存和正常活动必须有的消费。在食品方面，按维持生存每日必需食品的热量来测定；对于住房的生理标准，以能满足对空气、阳光需要所必需的面积测定；对于衣着的生理标准，按每人对棉布的最低需要量计算；此外，还应包括最低限度的医疗卫生用品和医疗费的现金支出。当一个家庭、地区人均纯收入不能满足上述基本生理需求时，就应认为是生活在贫困线之下，这些家庭及地区就应被确认为贫困家庭及贫困地区。

二、农村贫困标准的计算

为了便于计算，我们把基本生理需求划分为以下两个部分：为维持生存的最低食品需要，以及为维持生存的其他最低生活必需品需求（包括劳务支出）。现分别计算如下。

（一）为维持生存的最低食品需求

中国营养学会曾在对中国人体生理需要研究的基础上推荐了1986—1990年的标准食物食谱。按此食谱，每人每年需消费粮食170.4公斤、蔬菜144公斤、植物油3公斤、水果9.6公斤、蛋类6公斤、鱼类6公斤、肉类18公斤、奶类24公斤。这些标准符合科学配方，能全面满足人体对热量、蛋白质、脂肪、碳水化合物及一些微量元素的需要，有利于人体健康。但在中国农村贫困地区，食品基本上是自给性生产，一般以粮食、蔬菜为主，辅之以少量的肉、蛋、鱼、糖等食品，进行调剂的余地很少，很难按上述食物结构计算维持生存最低食品营养标准。

但是，不论食物的品种如何繁多，说到底，无非是能提供满足人体需要的热量、蛋白质、脂肪、维生素、无机盐和各种微量元素，其中尤以热量对贫困地区的人们来说最为主要。根据中国营养学会提供的中国人体热量的数据，正常摄入量是人均每天2 400千卡，最低不得低于2 000千卡。如果人体在热量不足正常需要量的80％，就要发生浮肿等营养不良症状；如果不足正常需要量的70％，就会危及生命。世界银行的三位经济学家提出了全世界的贫困线，其热量标准为平均每人每天2 250千卡。

根据中国营养学会提供的2 400千卡／（人·日）作为维持生存最低限度食品需求标准，并根据全国贫困地区抽样调查的食品构成，按1985年的价格指数进行计算，维持生存的最低食品需求的费用为124.8元／（人·年）。

（二）为维持生存的其他最低生活必需品需求（包括劳务支出）

为维持生存的其他最低生活必需品需求比较复杂，现按日用品和衣着，住房，以及行、烧和医疗、教育、娱乐、劳务等三大部分，分别加以计算。

1. 日用品和衣着支出

一种计算方法是把各种日用品和衣着一项项列出，例如衣着按平均每人一身单衣、一身棉衣、一褥一被合计约 14 米布计算。难点是项目繁多，规格型号不一，各地价格差别很大，计算结果难以切合实际情况。另一种计算办法是按比例扣除，通过对能维持生存的最低食品需求农户——能维持人均每天 2 400 千卡热量农户的典型调查，求得其日用品和衣着的支出占人均纯收入的比例，算出这部分支出。这部分费用约占人均纯收入的 16.0%，即为 31.7 元/（人·年）。

2. 住房支出

据专家计算，住房的生理标准要求应达到人均面积 7 平方米，在农村还要外加 2 平方米左右生活必需的附属设施的住房面积，用于存放粮食、烧柴及其他农副产品。住房的贫困标准面积可确定为人均 9 平方米左右，约为现今农村平均居住水平的一半稍低一些。

采用计算日用品和衣着的同样办法，求出农户平均住房支出占生活消费支出的 11.9%，约为 42.1 元，每平方米为 2.54 元，9 平方米约为 22.9 元。这样计算出来的住房支出是按全国农村住房的平均质量计算的，考虑到贫困地区住房质量和全国平均水平有一定差距，约为全国平均水平的 60%，则贫困住房费用标准为 18.3 元/（人·年）。

3. 行、烧和医疗、教育、娱乐、劳务等生活必需支出

对能维持 2 400 千卡/（人·日）热量的典型农户的调查表明，该类费用占总支出的 11.4% 左右，约为 22.5 元/（人·年）。

把上述为维持生存的最低食品需求和其他最低生活必需品需求

（包括劳务支出）两大项加总，求得作为贫困标准的最低生活费用（见表1-4）。

表1-4 1985年中国农村贫困线

项目	总计（元）	食品		日用品和衣着		住房		行、烧和医疗、教育、娱乐、劳务等	
		金额（元）	百分比（%）	金额（元）	百分比（%）	金额（元）	百分比（%）	金额（元）	百分比（%）
贫困标准	197.3	124.8	63.3	31.7	16.1	18.3	9.3	22.5	11.4

为了取其整数，具体可按200元／（人·年）执行。

这里有以下两个问题需要说明：

第一，为维持生存的最低食品需求是按每人每天热量2 400千卡计算出来的。在同样保持每人每天热量2 400千卡的前提下，食物结构是多种多样的，动物性食品和植物性食品所占比重可以是不同的，不同的食物结构在价格形态上也是不同的。总的来说，随着收入水平的提高，动物性食品占的比重会上升，因而为维持生存的最低食品需求的支出比重会有所增大。

第二，这里计算出来的贫困标准是按1985年的消费品价格指数计算的，当价格指数改变时，以货币形态表示的贫困标准也应随着做相应调整。

可见，上述200元／（人·年）的贫困线标准不是一成不变的，它应随着饮食消费结构及消费物价指数的变化而做相应的调整。一般说来，每隔若干年就要做一次重新计算和调整。

以上计算出来的贫困标准是按人计算出来的。我们在实际扶贫工作中，在更多的情况下，并不是以个人作为对象，而是以农户作为对象，因此，我们不能仅有一般的按人口计算的贫困标准，还应有按农户计算的人均贫困标准。

这是因为居民生活必需品的需求受到农户人口规模及人口结构的影响。中国目前农户的平均人口为 5 口人，5 口人规模的农户为维持每一居民生活必需品的需求为每年 200 元，则一口之家要维持居民生活必需品的需求，仍按每人每年 200 元计算就不够了。据测算，家庭人口规模对人均生活消费水平的影响程度关系如下：以 5 口人规模的农户对人均消费水平影响系数为 100，则 1 口人规模的农户对人均消费水平影响系数为 106.8，2 口人对农户影响系数为 104.67，3 口人对农户影响系数为 102.73，4 口人对农户影响系数为 100.50，6 口人对农户影响系数为 99.81，7 口人对农户影响系数为 96.76。已知 5 口之家的人口贫困标准为 200 元 /（人·年），则不同规模农户人均贫困标准可按上述系数求得（见表 1–5）。

表 1–5　不同人口规模农户人均贫困标准

农户规模	1 口人	2 口人	3 口人	4 口人	5 口人	6 口人	7 口人
对消费水平影响系数	106.8	104.67	102.73	100.50	100.00	99.81	96.76
贫困标准 [元 /（人·年）]	213.6	209.34	205.46	201.00	200.00	199.62	193.52

人均贫困标准除考虑家庭规模外，还要考虑地区的差别。这是因为中国农村幅员辽阔，贫困地区分布范围广，各地区地理气候条件差别很大。北方，特别是东北地区，气候寒冷，热能消耗比南方大，为维持生存的最低食品需求应稍高于南方；贫困山区以及水稻生产地区的生产及生活条件不同于一般贫困地区，劳动强度大，体力消耗多，维持生存的最低食品需求也应高些。还有，各地区经济发展很不平衡，消费习惯、物价水平也各不相同，人均贫困标准也存在差异。根据我们调查，不同地区农村居民主要食品消费差距如下（见表 1–6）。

表 1-6　不同地区农村居民主要食品消费差距

类别 \ 地区	东北[公斤/(人·年)]	华北[公斤/(人·年)]	华南[公斤/(人·年)]	长江中下游[公斤/(人·年)]	西南[公斤/(人·年)]	西部[公斤/(人·年)]	全国平均[公斤/(人·年)]	标准差系数(%)
粮食	272.8	227.6	254.4	296.1	239.3	234	259.4	9.43
蔬菜	193.4	116.5	114.3	141.5	154.8	59.6	130.4	31.63
植物油	5.8	4.4	3.8	5.7	3.8	3.0	4.1	17.3
肉类	10.4	7.3	12.5	13.9	14.9	11.9	12.0	24.3
家禽	0.6	0.3	2.7	2.1	1.0	0.3	1.2	78.7
蛋类	3.7	3.1	1.1	3.1	1.4	1.3	2.3	45.1
鱼虾	1.5	1.1	5.2	4.1	0.4	0.1	2.0	93.1
食糖	0.8	1.5	2.8	2.4	1.4	1.0	1.7	36.4
酒类	5.4	3.1	6.3	9.4	4.8	10.4	5.5	37.8

　　为了避免误差，有必要在全国 200 元/（人·年）贫困标准线的基础上，把全国划分为若干类型的地区，分别确定有差别的贫困标准，以便更客观地反映农村各地区的贫困状况。

三、中国贫困山区的分布及特点

　　有了以 1985 年价格指数为基础确定的贫困线标准，就可以衡量全国贫困人口的数量、他们的分布状况，以及自 1978 年改革开放以来的变化状况。搞清了这些情况，才能确定正确的扶贫决策。

（一）贫困人口数量及其分布

　　中国各地由于社会、经济、历史以及自然、地理等方面的原因，发展很不平衡。据 1978—1985 年资料，全国农村年人均纯收入情况见表 1-7。

表 1-7　全国农村年人均纯收入水平分组

单位：%

分组＼年份	1978	1980	1983	1984	1985
500 元及以上	2.4 }	1.6	11.9	18.2	22.3
300~500 元		11.5	34.5	38.6	39.8
200~300 元	15.0	25.3	32.9	29.2	25.6
150~200 元	17.6	27.1	13.1	9.4	7.9
150 元以下	65.0	34.5	7.6	4.6	4.4

资料来源：国务院贫困地区经济开发领导小组办公室 . 中国贫困地区经济开发概要 [M]. 北京：中国农业出版社，1989：1.

注：此表浪纹线两边值左含右不含。

由表 1-7 可以看出，1985 年底全国农村年人均纯收入 200 元以下的贫困人口占农村总人口的 12.3%，其中年人均纯收入 150 元以下的农村贫困人口占农村人口总数的 4.4%（见图 1-1）。

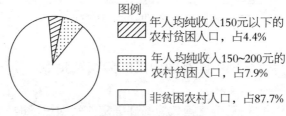

图例

年人均纯收入150元以下的农村贫困人口，占4.4%

年人均纯收入150~200元的农村贫困人口，占7.9%

非贫困农村人口，占87.7%

图 1-1　1985 年中国农村贫困人口的比重

1986 年，国务院贫困地区经济开发领导小组制定出贫困县三条标准：一是以县为单位，1985 年农村居民年人均纯收入 150 元以下的县；二是以县为单位，1985 年农村居民年人均纯收入在 150～200 元的少数民族县；三是以县为单位，1985 年农村居民年人均纯收入 200～300 元的在国内外具有重大影响的老革命根据地的县。据此，在全国范围内确定了 328 个国家重点扶持贫困县。与此同时，各省、自治区根据各地情况和省、自治区的承受能力确定了 351 个省、自治区扶持的贫困县，两者合计 679 个。

这些贫困县和贫困人口分布较为集中，具有明显的区域特征，主要集中在山区。这是因为山区、丘陵地区的经济发展远远落后于平原地区。由表 1-8 可以看出，不论就人均社会总产值、人均农业总产值，还是就人均粮食拥有量、人均社会农副产品收购额来说，山区及丘陵县都远远落后于平原县。

表 1-8　中国山区县、丘陵县、平原县农村经济发展情况

项目	单位	山区县	丘陵县	平原县
调查县数	个	942	630	794
农村人口	万人	24 936.4	27 415.3	33 886.9
年末耕地	万公顷	2 257	2 983	4173
农村社会总产值	亿元	2 391.3	3 722.3	6 644.8
人均社会总产值	元	959.0	1 357.8	1 960.9
农业总产值	亿元	1 452.7	1 897.7	2 791.6
人均农业总产值	元	582.6	692.2	823.8
粮食总产量	万吨	8 535.6	12 849.9	18 513.5
人均粮食拥有量	公斤	342.3	468.7	546.3
社会农副产品收购总额	亿元	470.8	729.3	1 128.6
人均社会农副产品收购额	元	188.8	266.0	3 33.1
农村用电量	亿千瓦时	116.9	200.4	396.8
人均用电量	千瓦时	46.9	73.1	117.1

资料来源：《中国分县农村经济统计概要》（1988 年），中国统计出版社 1990 年版，第 304、308、313 页资料整理。

中国的地形是东低西高，东部大部分为平原，西部为山区、高原，中部为平原到高原的过渡地带。山区的经济发展水平落后于平原，从另一种意义来说就是西部落后于东部。农民收入水平以东部最高，中部地区居中，贫困山区比重大的西部地区最低。据全国农村住户抽样调查资料，1986 年全国农民年人均纯收入 424 元，其中东部地区比中部高 24.1%，比西部高 51.2%。同 1980 年相比，东部增长 120%，西部仅增长 91.9%。东部地区尚未解决温饱的贫困户（指年人均纯收入在200元以下的）占总户数的7.6%，中部地区尚有10.7%的贫困户，西部地区贫困户最多，占18%。即使是东部及中部的贫困户，也绝大部分分布在山区。所以说中国的贫困人口除去零星分散者外，主要成片集中分布在山区，中国贫困地区问题说到底就是贫困山区问题。

中国贫困山区在全国呈三种类型分布：零星插花分布、相对集中分布和连接成片分布。零星插花分布的贫困山区主要位于中国东部沿海地带的山区，有山东的沂蒙山区及闽西南、闽东北山区。东部地区从总体上说是中国经济发达的地区，零星插花分布的贫困山区在发达地区宛如大海中的孤岛，在经济上受四周发达地区的影响较大。相对集中的贫困山区分布在中部12个省（自治区），这是中国经济中等发达地区，集中在努鲁儿虎山区、太行山区、吕梁山区、秦岭大巴山区、武陵山区、大别山区、井冈山和赣南山区。连接成片的贫困山区分布在西部9个省（自治区），这是中国经济落后地区，成片遍布在定西干旱地区、西海固地区、陕北高原、西藏高原、滇东南山区、横断山区、九万大山区、乌蒙山区及桂西北山区。这里不仅贫困面广而且程度较重，其贫困面积及贫困人口约占全国贫困总面积及总人口的80%。从分布趋势看，从东到西呈现出从零星插花分布，到相对集中分布，最后连接成片分布的基本走势。在全国679个贫困县中，有514个县（占75.7%）分布在集中连片的贫困地区，多数在西部和中部（见表1-9）。

679个贫困县中，国家重点扶持贫困县有328个。从贫困山区的分布以及地区生产力布局现状来看，不同地区解决贫困问题的难度差别很大。东部发达地区的零星分散的贫困地区，由于发达地区的经济扩散作用，贫困问题较易解决。中部地区的经济发展已处于成长阶段，也是东部发达地带发展的主要资源供应基地，通过对资源的开发，日益发达的东、中部交流和对相对集中的贫困地区的重点扶持，解决贫困问题的条件较好。而西部贫困地区却存在着一系列难以解决的障碍。要从开发社会资源，保护生态环境，创造交通运

中国贫困山区发展的道路

14

输条件，优化产业结构，充分发挥农牧业优势等方面入手，逐步缩小贫困地区范围，使农民生活逐步得到改善，这是需要时间的。

表1-9　18片贫困地区在东、中、西部经济带分布

经济地带	连片贫困地区数（个）	贫困地区名称	涉及的省（自治区）	涉及贫困县数（个）
东部	2	沂蒙山区	鲁	9
		闽西南、闽东北山区	闽、浙、粤	23
中部	7	努鲁儿虎山区	辽、蒙、冀	18
		太行山区	晋、冀	25
		吕梁山区	晋	21
		秦岭大巴山区	川、陕、鄂、豫	68
		武陵山区	川、湘、鄂、黔	40
		大别山区	鄂、豫、皖	27
		井冈山和赣南山区	赣、湘	34
西部	9	定西干旱地区	甘	27
		西海固地区	宁	8
		陕北高原	陕、甘	27
		西藏高原	藏	77
		滇东南山区	滇	19
		横断山区	滇	13
		九万大山区	桂、黔	17
		乌蒙山区	川、滇、黔	32
		桂西北山区	桂	29
总数	18			514

资料来源：中国农业年鉴（1989）[M]. 北京：中国农业出版社，1990：125.

（二）贫困山区的特点

以上，我们是从收入水平能否满足最低生活需求来作为判断贫困标准的，因此，收入水平低下必然成为贫困地区的基本特征。但

贫困山区的特征不只表现为收入水平低，还表现在经济、文化、科技、生态等各个方面和整个社会发展存在着历史阶段的差距上，收入水平只不过是这个历史阶段差距的集中反映。

历史阶段差距表现在以下几个方面。

1. 经济发展水平低

贫困地区生产手段落后，生产技术原始，产业结构单一，生产积累及投资水平低下，基础设施薄弱，自然经济占主导地位，生产只是为了满足自给性需求。

贫困县比较集中的甘肃、宁夏、青海、西藏、内蒙古、新疆等省（自治区），土地面积占全国的一半以上，但工业产值只占全国的 4%，广西、贵州两个省（自治区）的乡镇企业产值不及东部发达地区一个县的乡镇企业产值。和产业结构单一相联系的是市场发育不良，社会商品零售额很小，调入远远大于调出，呈单向、狭小的流动，表现出自然经济的典型特征。地方财力非常单薄，武陵山区 40 个县中有 35 个贫困县财政不能自给，逆差为 4.08 亿元。绝大部分的贫困县靠国家财政补贴过日子，严重制约着国家的经济建设。

2. 社会发育程度低

这些贫困地区交通不便，信息不灵，科技人员奇缺，农民素质低，医疗设备简陋，地方病严重。山区的地形复杂，交通落后，占全国总面积 2/3 以上的西部地区，铁路里程还不到全国的 1/3。全国有 4 000 多个乡，10 万多个村不通汽车，大部分在贫困山区。据 1986 年统计，全国 679 个贫困县中，有 16.1% 的乡不通公路，22.2% 的乡不通电，人均用电量仅为全国平均水平的 44.2%。据国务院贫困地区经济开发领导小组办公室提供的数字，贫困人口较为集中的 11 个省（自治区）与较为发达的 10 个省（市）以及全国平均水平比较：1985 年 11 个省（自治区）每万人中有科技人员68.4 人，比 10 个省（市）的 89 人低 23.2%；每万人中具有小学文化程度的为 5 000 人，比全国平均水平低 18.4%；每万人占有医疗床位 21.9 张，比全国平均水平低 9%；每万人拥有医疗技术人员 30.3 人，比全国平均水平低 7%。贫困山区由于交通闭塞，文化落后，缺乏卫生常识，地方病发病率高，据对全国 109 个贫困县调查，有血吸虫病、克山病、大骨节病、氟中毒等主要地方病的县有 94 个，占 86.2%。此外，由于近亲婚姻而造成的智障患者在贫困山区也较多见。

3. 人口增长过快

这些地区的经济文化落后，计划生育的难度很大。据 1982 年全国人口普查，全国人口平均自然增长率为 14.5‰，而贫困山区一般都在 25‰左右；1985 年全国人口平均自然增长率下降为 11‰左右，而贫困山区仍在 20‰以上。一方面，贫困山区土地生产率十分低下；另一方面，人口却增长过快，许多地方出现了人口增长率超过食物，特别是粮食增长率的现象。如 1949 年到 1985 年，宁夏南部山区八县的粮食年增长率为 2.3%，而人口年增长率高达 3.4%。一些地方人口密度已经超过了土地承载能力，人地关系日趋紧张。

4. 自然条件差，生态严重失调

这些地区本来自然条件就差，海拔高，坡度大，耕地少，土层薄，地形地貌复杂，山路崎岖难行。许多贫困山区都有自己特有的不利条件，西北地区干旱缺水，溶岩地区缺土少水，南方红壤贫瘠，华北贫困地区常年遭受旱、涝、盐、碱危害，生态系统十分脆弱。在人口增长过快、人地关系紧张的情况下，加上一个时期以来政策和工作的失误，绝大多数贫困山区出现了山林破坏、大面积水土流失，导致大量的作物营养元素及有机质流失，土壤的肥力很低，以致长期以来粮食产量低而不稳。森林破坏还导致气候逐渐恶化，旱、涝、泥石流等自然灾害加剧。一些鸟兽失去了栖息场所，虫害相当猖獗。严重的水土流失还堵塞江河湖泊和淤积水库，缩短了航运里程。作为生产物质基础的自然资源正在不断遭受破坏和蚕食，环境条件在继续恶化。这些问题虽然已经引起了全国的普遍重视，并采取了许多措施，但就总体而言，问题远没有得到解决。

5. 居民的思想观念陈旧

这些地区社会经济发展程度低，又长期处在与外界隔绝的封闭状态之中，反映在思想观念上，表现为浓厚的自然经济思想，商品经济意识淡薄，轻视工商业和服务行业，满足于自给自足的生活，为衣食而耕织，为买而卖。保守观念突出，安于现状，因循守旧，不敢冒风险，对新鲜事物接受能力很差。观念封闭，怕与外界接触，怕在经济交往中吃亏上当，安于山区淡泊宁静的生活，留恋故土。这种观念世世代代留传下来，又传递下去，根深蒂固，增加了贫困山区改革、开发的难度。

6. 贫困山区多为革命老区和少数民族聚居的地区

在历次革命战争中，许多贫困山区如井冈山、大别山区、沂蒙山区、太行山区、武陵山区、大巴山区、陕北高原、闽西等地曾做出过巨大牺牲和贡献，并历经战争沧桑，在不同程度上遭受过战争的破坏。在南方的部分贫困山区，由于修建大型水库以及其他工程，大量优质耕地被淹，给当地的居民生产及生活造成的困难仍未完全消除。在18片贫困山区中有8片是少数民族聚居地，全国55个少数民族中90％以上集中于贫困山区，其中瑶、苗、藏、回、土家族住在边远山区，解放前处于原始社会末期的傈僳、佤、苦聪、景颇、怒、布朗、德昂、基诺、独龙、拉祜等族住在深山峡谷之中，社会经济基础原始，和汉族有较大差距。

第二章　中国贫困山区开发、
治理的紧迫性

中国贫困山区的问题是千百年来历史发展所逐步积累起来的，冰冻三尺绝非一日之寒。近 10 年来，随着全国农村经济改革和扶贫的开展，贫困山区发生了巨大变化。恰如其分地评价 10 年来的变化，总结经验教训，揭示现存问题，对进一步推进山区开发有十分重要的意义。

一、10 年来中国贫困山区的变革及现存的主要问题

（一）10 年来中国贫困山区的变革

中国贫困山区的变革，主要是由以下两个方面的契机引起的。

1. 中国农村经济改革

中国农村经济改革始于 1978 年，其基本任务是要完成从自然经济到社会主义的市场经济、传统农业到现代农业的转变，加速发展农业生产力。它大致沿着以下三个步骤展开。

（1）进行农业经济体制的改革，实行家庭联产承包责任制。30 年来，中国农村一直实行以集体所有、集体劳动、统一分配为特征的人民公社制度。它在缩小农民收入差别，组织劳动力进行农田基本建设、积累资金及培养一批有经营能力的人才方面起了一定的作用。但是，人民公社体制过分单一化和过分集中化的弊病，严重地挫伤了农民发展生产的积极性。

在经济改革中，农民根据自己的切身体会及亲身实践，找到了一种既能够克服人民公社经济体制弊病，又能保留其积极方面的新的经济体制，这就是家庭联产承包责任制。其基本内容是：在土地集体所有的基础上实行分户经营，农户向国家及集体提供税收、公积金、公益金，余下归农户所有。保留下来的集体经济统一经营单个农户所无法经营的大型农机具和水利设施，并为农户提供产前、产中及产后服务。这是把集体统一经营和农户自主经营融为一体的双层经济体制。

家庭联产承包责任制的推行，使农户成了生产的最基本单位，在国家计划指导下有了自主权，有权选择生产门路，因地制宜安排生产。农民在完成农业承包任务后，有可能把剩余资金、劳力、设备及技术重新加以组合，形成家庭经营的新的生产门路，出现了除种植业之外的林、牧、渔业，农村工业和服务业等多部门的经济。有的还进一步把这些经济从家庭副业转变为主业，出现了专业养殖户、林果户、手工业户、运输户、销售户，农林的分工分业逐步展开。随着农业生产专业化的发展，小规模的以一家一户作为生产单位的农户痛感自身无法解决产前、产中及产后服务的困难，迫切要求在原有以村为单位建立的地区性合作社之外，组织起按专业联合的新的经济联合体。

（2）进行农业计划及农村商业、金融体制改革。改革前，农村计划体制方面存在的主要问题是控制过多，统得过死，产生了"瞎指挥"和"一刀切"，违背了因地制宜的原则。在农产品流通上实行的是统派购制度，农民生产的接近90％的农产品由国家按计划价格收购，农民在农产品处理上的自主权甚少，不利于农民主动性和积极性的发挥。

为了搞活经济，在农业领域，废除了指令性计划指标，国家下达的农业计划只起指导作用，供各级领导宏观调节使用。国家主要通过合同、价格、税收、信贷等经济杠杆以及国营及合作商业的吞吐机能来指导农业生产，实行国家的宏观控制。自1985年开始，国家不再向农民下达农产品统派购任务，除粮食、棉花等几种主要农产品实行固定价格的合同收购外，其他农产品都随行就市，实行市场自由交易。为了促进商品的流通，还改变了过去国营商业统得过多、独家经营、渠道单一的做法，实行多种经济形式办商业。在保证国营商业的主导地位的同时，积极支持供销合作商业和多种形式的集体商业，适当发展个体商业。国营及集体商业通过推行以承包为中心的经营责任制，打破了官商作风，增强了内部活力。

（3）积极开展农业技术改造。在农业经济体制改革的基础上，全国上下都加强了对农业的科技开发、普及智力投资。建立并普及了农村四级科技推广网，实行了技术承包责任制，将市场机制引入农业技术推广工作。此外，通过发展第二、第三产业，让更多的农业劳动力从耕地的束缚中解放出来，使承包户扩大耕地经营规模成为可能，从而为农业技术的推广和进步创造了条件。为了引进优良品种、先进技术设备和资金，提倡发展创汇农业，鼓励外向型农业的发展，在沿海地区开放了十四个城市建立经济特区，作为对外经济活动的窗口和外引内联的基地，推进农业的商品化和现代化。

中国农村经济三个方面的改革正在全国先后有序地展开，在贫困山区长期以来宁静而停滞的经济中引起震荡，不同程度地产生了相应的变革。

2. 国家重点扶持贫困地区

中国贫困山区的贫困面貌引起了国家决策部门的高度重视。1984年9月中共中央、国务院发出了《关于帮助贫困地区尽快改变面貌的通知》，1986年又把切实帮助贫困地区逐步改变面貌列为农村工作的重要内容。1986年国务院成立了贫困地区经济开发领导小组，以加强对扶贫工作的领导。此后，国家对贫困地区采取了一系列扶持措施。

（1）针对贫困山区经济开发的难度，为贫困山区制定了比一般农村更为宽松的政策，更有效地调动起农民脱贫致富的积极性。在坚持土地公有制的前提下，由群众选择最适宜的经营形式，允许在群众自愿的基础上实行个体经营。一般农村农户的土地承包期为15年，贫困山区可以延长到30年。牲畜可以分到户或作价归户，私有私养，允许自宰自售。草山、草坡可以分包到户，由户长期使用。集体的宜林近山、肥山和疏林地可划作自留山，由社员长期经营；种植的林木归个人所有，产品可自主经营；允许继承；不便归户经营的远山、瘦山，可以实行合作经营；种树种草，收益按股分红。荒山多的地方，可以独户或联户承包经营，承包期不可少于50年；也可包给平原地区的农民经营，收入按比例分成。国营企业单位无力经营或经营不好的山场、水面、矿藏，可以包给农民经营，或和周围农民联营，收益按一定比例分成。凡有矿山资源的地方，可组织当地农民集资开采，或由外地人与当地人合作开采。25度以上的陡坡耕地要逐步分期退耕，由原耕者造林种草，谁种谁有，长期经营，允许继承。

（2）拨出专项贴息贷款支持农民开发资源，1986—1990年，在原有扶贫资金38亿元不变的基础上，每年向贫困地区增加投放10亿元专项贴息贷款。1987年增拨专项贴息贷款扶持牧区经济的发展。1988年又增拨专项贴息贷款扶持贫困地区发展地方工业。这些专项贴息贷款覆盖面达4 000多万贫困人口，主要用于开发性的生产建设，发展商品经济，走依靠自力更生、发展经济、脱贫致富的道路。贷款按项目下达，同时围绕项目开发，开展大规模的农民技术培训和干部培训，实行技术、信息、管理和资金、物资综合输入，配套服务。

（3）减轻贫困山区负担，使贫困山区得以休养生息。包括新开发土地减免农业税1~5年。外地到贫困地区兴办开发性企业（林场、畜牧场、电站、采矿厂、办厂等）的，8年内免交所得税；对部分缺衣少被的严重困难户，由商业部门赊销适量的布匹（或成衣）和絮棉，赊销贷款免息，利用库存的粮、棉布，"以工代赈"，组织贫困山区群众修建公路和小型水利工程，解决行路难和人畜用水难的问题。据统计，1984—1987年，国家共拨出价值27亿元的粮、布、帮助贫困地区修建公路和人畜饮水工程，解决了几百万人和牲畜饮水困难问题，集资兴办水电、火电工程，解决山区能源问题，等等。

（4）有计划地发展贫困山区的教育，扫除文盲，普及初级教育，推行"希望"工程，帮助适龄儿童入学。重点发展农业职业教育和成人教育，培养适应山区经济开发的各种人才。同时，组织和动员科技人员进山，推动山区的科技进步。国家科委总结了太行山区通过科技进山推动经济开发的经验，提出了"太行山的道路"，在全国贫困山区推广太行山区依靠科技进步开发山区经济的经验。

（5）把贫困山区经济开发纳入整个国民经济长期发展规划，把解决眼前温饱与区域长期发展结合起来。组织国家机关，动员社会各界，发扬扶贫济困精神，采取"包山头""包片"的办法，帮助贫困地区改变落后面貌。各省、自治区还普遍采取了厅、局对口帮助，地、县部门包乡、包村扶贫的措施，使扶贫工作落在实处。

在全国农村经济改革及国家重点扶持贫困地区双管齐下和交替作用下，近10年来，特别是近5年来，中国贫困山区的面貌有了重大变化。全国农村人均年纯收入从1978年的133.57元增加到1985年的397.6元，到1988年已达到544.91元。年人均收入在200元以下的农村人口数的比重持续下降，从1978年时的82.6%下降到1985年的12.3%，到1988年下降到只占5.3%（见表2-1）。

表2-1　全国农民家庭年平均每人收入水平分组

单位：%

年份 分组	1978	1985	1986	1987	1988
500 元及以上	2.4 }	22.3	28.7	35.7	47.0
300~500 元		39.8	38.2	38.6	34.2
200~300 元	15.0	25.6	21.8	17.5	13.5
150~200 元	17.6	7.9	7.0	5.0	3.3
150 元以下	65.0	4.4	4.3	3.3	2.0

资料来源：《中国统计年鉴》（1989）。

注：此表浪纹线两边值左含右不含。

1989 年与 1985 年相比，全国农村人均纯收入低于 200 元的贫困人口由 1.02 亿人减至 3 858 万人，下降了 62%。国家重点扶持的 328 个贫困县，农民人均纯收入由 206 元增加到 321 元，增长 55.8%。位于东部发达地区的贫困山区，在治穷致富的道路上步伐更大些。以山东的沂蒙山区为例，1985 年前，这里共有贫困村 5 342 个，贫困户 90.5 万家，农民人均纯收入仅为 203 元，有 220 万农民人均年纯收入在 150 元以下。1989 年农民人均纯收入达到 422 元，有 80% 的农民摆脱了贫困，1990 年基本上实现温饱的目标。

（二）贫困山区目前仍然存在严重问题

贫困山区存在的问题，概括起来，有以下三方面的表现。

（1）在贫困山区人们年收入水平普遍提高的同时，还有相当一部分人口的温饱问题没有很好解决。为了对贫困山区的食物消费水平及营养水平有一个大概的了解，1987 年我们在贫困山区中选择了具有代表性的武陵山区做了经济调查。从湖南省境内的花垣县及桑植县中随机选取了 30 个不同收入水平的农户，分别计算了他们的人均年收入及热量、蛋白质及脂肪等人均营养拥有量。我们根据人均年纯收入 200 元这一贫困线标准，把 30 个农户按人均年纯收入划分为三个组，即人均年纯收入 200 元以下的低收入组，200~600 元的中等收入组，600 元以上的高收入组，每组 10 户。用上述方法计算的不同收入水平组的平均营养状况见表 2-2。

从以上典型户的营养水平材料可以得出以下结论。

第一，花垣和桑植两县在全国贫困地区中，人均年纯收入属中等水平。湖南全省农民营养水平与全国 1982 年平均水平（即热量 2 484 千卡、蛋白质 66.7 克、脂肪 49.4 克）相比较，热量及蛋白质稍稍超过全国水平，但超过不多；脂肪低于全国平均水平，但也相差不远。总体来说，其营养水平基本上相当于全国平均水平。

表2-2 武陵山区不同收入水平农户每人每天从食物中摄取的营养与全省平均比较

项目\收入类别	人均纯收入[元/（人·年）]	热量（千卡）			蛋白质（克）			脂肪（克）		
		动物性食品	植物性食品	合计	动物性食品	植物性食品	合计	动物性食品	植物性食品	合计
低	144.7	87.2	1 964.5	2 051.7	1.8	45.2	47.0	8.9	13.8	22.7
中	417.4	287.5	2 159.1	2 446.6	10.4	52.5	62.9	25.1	18.8	43.9
高	751.9	362.5	2 061.6	2 424.1	19.9	45.4	65.3	35.9	13.5	49.4
湖南全省平均	471.3	279.1	2 231.9	2 511.0	10.5	58.7	69.2	25.7	16.5	42.2

第二章　中国贫困山区开发、治理的紧迫性

第二，拿湖南全省农民营养水平与武陵山区农民营养水平相比较，其热值和蛋白质量不仅远远高于山区的低收入组和中等收入组，而且也高于山区的高收入组；只有脂肪量高于山区的低收入组而低于山区的中、高收入组。可见，从整体上来说，山区农民收入及营养水平远远低于全省农户的平均水平。

第三，武陵山区低收入组的收入水平与营养水平与中、高收入组相比较，明显偏低。低收入组农户的热量及蛋白质供应量分别只达到中国生理学会根据中国人体正常生理需要规定的人均日摄入热能 2 400 千卡、蛋白质 70 克的标准需要量的 85.5%和 67.1%，处于绝对贫困和营养不良状态。

可见，我们观察贫困山区人们的收入水平的变化时，不能只停留在平均数上。平均数把高收入农户与低收入农户的收入平均化了，从而掩盖了低收入户的收入水平及营养水平的现状。其实这部分低收入户正是我们在扶贫工作中要特别着重关注的。

（2）从表 2-1 的数字看出，1985 年以来，人均年纯收入在 200 元以下的贫困人口的比重已经迅速下降了，从 1985 年的 12.3% 下降到 1988 年的 5.3%，但这并没有消除价格变动因素。如果考虑到价格因素，则 1985 年的人均年纯收入 200 元相当于 1988 年的 269.4 元。估算 1988 年人均年纯收入低于 269.4 元的人口就不是只占 5.3%，而是远远高于这个比重，接近 10.4%，1989 年又上升为 12.3%。

（3）随着农村经济改革的深入开展，一般农村及贫困山区都取得了巨大的进步，但两者的经济发展速度是不一致的，一般农村经济基础好，经济发展迅速，贫困山区经济发展速度比较迟缓，因此两者的差距不是缩小而是扩大了，而且还在继续扩大。据统计，20 世纪 80 年代初期，贫困人口比较集中的 11 省（自治区）的农村年纯收入为较发达的 10 省市的 73.89%，到 1985 年下降为 64.82%，绝对额从 70.07 元扩大到 170.67 元。同期，两地农业人均总产值差额的绝对值从 76.85 元扩大到 196.93 元，扩大约

1.56 倍；农村人均工业产值绝对差额从 45.9 元扩大到 214.2 元，扩大约 3.66 倍。表 2-3 反映了江苏省与甘肃省 1978—1987 年年人均收入的变化情况。

表 2-3　江苏省与甘肃省农村年人均收入比较

项目 ＼ 年份	1978	1980	1981	1983	1984	1985	1986	1987
甘肃（元）	98.4	153.33	158.63	213.06	221.05	255.22	269.40	296.14
江苏（元）	152.1	217.94	257.99	357.47	447.87	492.60	561.26	625.48
绝对差距（%）	53.7	64.61	99.36	144.41	226.82	237.38	291.88	330.34
相对差距（%）	35.3	29.6	38.5	40.4	50.6	48.2	52.0	52.7

资料来源：同表 1-7，第 7 页。

可见，贫困山区问题仍然是中国经济生活中一个令人担心的问题，应该引起人们高度重视，绝不能掉以轻心。各地要集中力量对贫困山区的现状进行系统的调查研究，摸清情况，揭示矛盾，总结在治理贫困山区工作中的经验教训，探寻贫困山区脱贫致富的正确方针和道路。动员亿万农民持之以恒，经过长期奋斗，逐步加以解决。这是当前的紧迫任务。

二、现阶段中国贫困山区贫困的原因

当前，中国贫困山区贫困的原因主要有三个方面：（1）长期以来贫困山区开发指导思想的失误所造成的严重后果还没有完全消除；（2）山区资源及环境综合开发治理的艰巨性、长期性和山区自身经济力量单薄的矛盾；（3）贫困山区的经济改革尚有待于深入展开。

（一）长期以来贫困山区开发指导思想失误的表现

经济改革之前的 30 年，山区经济开发方向普遍存在着追求经济效益、忽视社会生态效益的错误。以森林为例，它的木材和林副产品表现为它的经济效益，森林的涵养水源、保持水土、防风固沙、净化空气、调节气候、保护物种资源等功能，则表现为它的生态效益。据科学家估算，森林的生态效益远远高于经济效益，两者之比为（9~10）∶1。照理，人们对重视社会生态效益应更甚于经济效益，而实际则恰恰相反，这是因为经济效益是有形的，看得见、摸得着，能使农户及地方财政现得利，因此人们十分重视。由于生态效益的滞后性和共享性，在短期内往往不易被人们所觉察，对农户以及局部地区来说，似乎关系并不直接，因此往往容易被忽视。但从长远及全局来看，后果却十分严重。长期以来，山区人们重砍伐，轻造林、抚育，许多地方采伐量远远超过生长量，木材蓄积量逐年下降，造成森林、草地以及其他生物资源的严重破坏，就是这种追求经济效益，忽视生态效益的直接结果。

重取轻予，搞掠夺式的经营，是山区开发中的另一个严重失误。表现在：在坡地上大规模开荒而没有相应的保持水土的工程和生物措施，一遇暴雨，便造成水土大量流失。耕作粗放，投入水平很低，有的地块基本上不施肥，每年作物从土壤取走的营养元素无法得到及时补偿，使地力严重下降，贫困山区大部分地块都成了贫瘠的低产田。饲养牲畜头数年年增加，载畜量迅速上升，但草地又缺乏应有的养护和管理，饲草自生自灭，生长量远远不敷牲畜采食量，长期超载过牧，造成草地资源严重退化。此外，国家用低价从山区调木材，利税归中央及地方财政，所谓"山区产木材，城市收税"，但返还给林区作为林业生产投入的却很少。据湖南零陵山区统计，从 20 世纪 50 年代到 80 年代，从该区调出木材 1 100 多万立方米，仅销售一项就得到利税 1.5 亿元，而同期国家对林业投入只有 5 000 多万元。1988 年，江华瑶族自治县林业采育场木材销售价每立方米 498.88 元，林农实得只有 276 元；税费高达 222.88 元，占销售价的 44.7%；税费中除育林基金外，其余多用于弥补地方财政的赤字；在少得可怜的育林基金中，省、地又拿走其中的 30%，剩下的 70％被用于林业部门的人头费，根本没有剩余对林业生产投资。以山区资源为原料的工矿企业（如造纸厂和煤矿）按规定提取的原材料建设基金，也并没有按规定返还山区用于建设纸浆林和矿柱林基地。同样，供销、外贸、商业等部门提取的农林产品培植费和技改费，多数没有返还山区用于产品基地建设。长期的重取轻予，使山区丧失了自我发展的能力。

山区开发的失误还表现在重粮、轻林、轻牧上。长期以来不问山区的优势、不问山区的类型，一律实行以粮为纲，并且单纯以粮食产量的高低来评价山区工作的好坏。在全国山区普遍出现了重田轻山，甚至毁林、毁草造田种粮的现象。结果造成全国范围山区严重的水土流失，粮食生产环境条件严重恶化，土地愈种愈薄，粮食产量愈来愈低，每公顷用工 200 多个，产粮不过 700 公斤。即使在粮食产量创纪录的 1984 年，山区县人均生产粮食仅相当于全国平均水平的 70％左右，缺粮以及严重缺粮县、市占山区总数的35.2％，愈来愈多的山区县进入缺粮县的行列。山区粮食不足问题不仅没能解决，作为山区优势产业的林业、畜牧业、土特产以及其他副业却因此受到排斥而衰落下来。

山区工作的失误还表现在政策及所有制的频繁变动上。中华人民共和国成立以来，山区的耕地、山地资源以及林牧业经营体制经过土改、合作化、公社化，规模由小并大，又从大分小，反复变更。其中大部分的变更都是在生产力水平还没有成熟到非要突破原有生产关系范围的情况下发生的。作为引起生产关系变革基础的生产力发展还不成熟，群众的思想准备也不充分，结果每变更一次，群众的思想就浮动一次，山区资源（特别是林业和畜牧业资源）就被破坏一次。

上述指导思想失误的直接结果是，耕地、山地、森林、草地、牲畜、生物资源及生态、环境都不同程度地长期遭到破坏。但人口的增长却在相当长一个时期内不但没有受到抑制，反而得到鼓励。居高不下的人口自然增长率导致山区严重的人口膨胀，膨胀起来的人口与衰微下去的资源之间的矛盾日趋尖锐。

经过实践的检验，近 10 年来，人们对客观的自然及经济规律有了比较一致的认识，并正在努力纠正过去的失误。但要彻底纠正过去的失误，特别是消除其后果，却绝不是几年时间就能迅速见效的，还需要进行长期艰苦的努力。

（二）山区综合开发治理的艰巨性与经济能力单薄之间的矛盾

如上所述，中国贫困山区是六大社会经济问题（人口、粮食、资源、环境、温饱、落后）集中地区，其中人口与资源的失衡是贫困山区处于第一位的，是最基本的矛盾。

解决这个基本矛盾的根本措施，除须严格控制人口外，还要对资源及环境进行综合的开发治理。但是，要对占国土面积 70% 的山区资源及环境进行综合开发治理，不仅工作量大，而且在短期内难见成效。在相当长时期内，综合开发治理所需要的资金、物资、技术以及基础设施（包括交通、能源、供水、城镇化水平）将是大量的。

但是，长期处于贫困状况的山区，资金、物资以及基础设施严重匮乏，经济发展所需要的各种专业人才极度短缺，这些条件的改善问题绝非山区自身经济力量在短期内所能解决的。可见，贫困山区资源及环境的综合开发治理的艰巨性和长期性与山区自身经济力量单薄两者之间的不平衡性，是第二个难以解决的矛盾。

贫困山区除上述资源及环境的综合开发治理的需求（简称"开发的需求"）外，还存在着另一种需求，即解决温饱的需求（简称"扶贫的需求"）。两者既相互对立，又互为发展条件。因为只有解决了开发问题，才能最终解决温饱问题；同时也只有解决了温饱问题，才能创造出开发的条件，所以两者互为发展的条件。但两者又是对立的、矛盾的，因为资金的有限性，用于扶贫，就无法满足用于开发，用于开发，就满足不了扶贫。

就贫困山区农民的紧迫程度来说，解决温饱的需求总是压倒开发的，是第一位的。在温饱问题还没有解决的情况下，有了资金，无论是国家投资还是银行信用社的信贷资金，即使做了严格规定，最终总是首先流向扶贫，用于温饱。生产仍然只能在简单再生产的圈子中循环，甚至连简单再生产都无法维持，资源与环境继续恶化。这正是为什么在多数地区年年增加扶贫资金的投入，年年仍然贫困的症结所在。

要解决贫困山区问题，必须有针对性地找出解决这个基本矛盾的对策，即能寻出解决人口与资源、综合开发治理与经济条件，以及开发与扶贫矛盾的最佳途径。

（三）贫困山区的经济改革有待深入展开

目前，贫困山区经济改革的第一个步骤即实现家庭联产承包责任制，现在已经实现了，这是个十分成功的步骤，很快就调动起农民发展生产的积极性。但是，家庭经营还只是一种小规模的分散经营，生产方式仍然是自给自足的自然经济，所调动起来的农民积极性仍然是维护自给自足自然经济的积极性。从农户维护自给自足的自然经济发展到启动有计划的商品经济还有整整一个阶梯要迈过。在一般农村地区，目前正在迈过这个阶梯，但从总体上说，贫困山区仍未能打破自给自足的自然经济状态，尚未迈出走向商品经济的步伐。

山西省离石县政府李守智、薛培茶等人对地处吕梁山腹地的赵家山村包产到户7年的系统调查，最能说明这个过程。1980年，赵家山村率先实行家庭联产承包责任制，一年大变成为吕梁山区第一批解决温饱问题的典型，粮食总产由上年的13.5万公斤猛增到28.9万公斤，一年翻了一番多。人均分配从上年的35元增加到186元，增长了4.3倍，一年就摘掉了过去"吃粮靠返销，花钱靠救济，生产靠贷款"的"三靠帽子"。但以后连续7年出现徘徊停滞状态。粮食总产量没有能超过1980年的28.9万公斤，人均产粮从 1980 年的 427.5 公斤下降到 313.5 公斤。人均纯收入随年景丰欠起伏升降，徘徊在 183~198 元，即温饱与脱贫的临界线上。随着人口的增加，农产品的商品率反而有所下降，从原来的 27.6% 下降为 20%，表现出十分突出的自给自足经济的典型特性。

1980 年以来，赵家山村生产水平虽然前进了一步，但生产格局基本上仍是老式的以维持低水平的自给自足为目标的以单纯种植业（主要是粮食）为主的产业结构形式（见表 2-4）。

表 2-4　赵家山村 1980—1986 年产业结构的变化
（以人均纯收入为 100 元计算）

项目 年份	人均纯收入（元）	产业占比（%）				
		农业	林业	牧业	劳务	其他
1980	183	75.0	—	10.2	13.8	1.0
1981	139	75.0	—	15.0	8.0	2.0
1982	141	74.0	0.5	10.1	11.8	3.6
1983	137	71.0	0.3	12.9	12.7	3.1
1984	150	68.0	0.1	11.0	17.9	3.0
1985	160	62.0	0.3	10.8	19.9	7.0
1986	198	67.8	0.5	12.1	13.6	6.0

多种经营多是以养猪（多数户养 1 头）、养鸡（多数户养 10 只）为主的家庭副业经营的小养殖业，目的只是解决自给性需要，或换些盐、油、酱、醋、燃料及衣物等生活必需品，略有节余加上粮食积余部分多用于翻修旧房，解决住的问题。剩余的劳动力无法在家庭副业中加以消化，大量地游离在生产之外（见表 2-5）。

这种自给自足的自然经济特点还反映在农民的收入分配上。收入主要用于非生产性消费，用于生产性消费的比例很低，扩大再生产部分则更低。一般说来，仍只能维持简单再生产（见表 2-6）。

表 2-5　赵家山村 1980—1986 年剩余劳动力的变化

项目／年份	生产用工（个）	占全年可供总工数（%）	其中		非生产用工（个）	占全年可供总工数（%）	剩余工时（个）	占全年可供总工数（%）
			农业用工（个）	占生产用工（%）				
1980	27 449	50.98	21 373	77.86	5 345	9.93	21 049	39.09
1981	23 612	46.94	17 335	73.42	4 462	8.87	22 231	44.19
1982	27 094	50.17	19 105	70.51	4 528	8.39	22 378	41.44
1983	27 377	50.89	18 927	69.13	5 873	10.91	20 550	38.20
1984	27 580	51.65	18 300	66.35	5 300	9.93	20 520	38.43
1985	28 210	52.05	16 610	58.88	7 400	13.65	18 590	34.30
1986	30 000	55.51	16 600	55.33	7 830	14.49	16 210	30

中国贫困山区发展的道路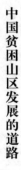

表 2-6 赵家山村 1980—1986 年的收入分配

项目 年份	生产性消费		非生产性消费		储蓄	
	金额（万元）	占比（%）	金额（万元）	占比（%）	金额（万元）	占比（%）
1980	2.52	16.3	11.40	73.90	1.51	9.8
1981	2.55	20.0	11.22	87.80	-0.99	-7.8
1982	2.41	18.34	10.91	83.03	-0.18	-1.37
1983	2.73	21.16	11.13	86.28	-0.96	-7.44
1984	2.25	16.03	10.78	76.78	1.01	7.19
1985	2.54	16.46	12.33	79.91	0.56	3.63
1986	3.31	19.47	13.53	79.59	0.16	0.94

34

这个村 7 年生产性投资共 18.31 万元，其中 88％用于当年生产性农业直接费用，10.65％用于当年家庭副业费用；用于扩大再生产的只占 1.35％，不足以支付固定资产的折旧。7 年累计储蓄扣去赤字，只有 11 100 元，人均 14.4 元。即使是这一点小额储蓄，好多农户也不愿用于扩大再生产，宁愿持币得小利，也不愿投入生产得大利，这是一种自然经济意识在再生产中的表现。

7 年中，现代科技的运用略有进步，主要是化肥施用及种子选用方面的熟练程度比过去有了进步，但在传统科技投入上反而有所下降。有些农户，特别是青年农民的耕作比过去粗放，过去谷子地一般要耕三次，现在多数只耕两次，个别的还有一次入种的。

在经济上造成山区贫困的上述三个方面的原因是相互制约的：由于许多地方的农村经济改革还无法打破封闭的自然经济，所以无法创造出为综合开发治理所必需的资金、物资、技术以及基础设施；资源及环境的恶化难以迅速逆转，人口与资源的失衡还难以在短期内得到缓解，低下的生产力也还无法在短期内改观；资源与环境的恶化所造成的封闭状况及低下的生产力又反过来维系着自然经济，无法开辟出通向社会主义商品经济的前景。这个怪圈年复一年地循环着。

山区的贫困和落后，影响所及不只是山区自身，还牵涉整个国民经济的发展。

三、中国贫困山区经济开发的紧迫性

要尽快开发贫困山区，因为山区是中国农业发展的潜力所在、出路所在、希望所在。

第一，丰富而未开垦的资源在山区。中国是一个人多地少的国家，吃饭问题历来是中国的最大问题。它正在以只占全球 7％的耕

地面积养活世界 22% 的人口，土地负荷已经十分沉重了。从历史上看，中国解决粮食问题主要靠两个途径，即扩大耕地面积和提高单位面积产量，其贡献率各占 50% 左右。但是，自 20 世纪中叶以来，扩大耕地的潜力已经逐渐告竭，耕地每年扩大的部分已经弥补不了每年以各种方式被占用的部分，可耕地正在以每年 47 万～66 万公顷的速度减少。增加粮食产量，只剩下提高单位面积产量这一个途径了。

预计到 20 世纪末，中国人口将达到 13 亿，维持这么多人口的生存资料的重担将长期压在中国相对来说十分稀缺的耕地资源上，人口与耕地的矛盾将长期困扰中国。因此，从全局和长远的角度看，必须跳出"农业就是经营耕地"的狭窄眼界，把视野转向更加广阔的全部国土。在继续合理地集约地利用平原耕地资源的同时，要把资源开发利用的重点逐步转移到占国土面积接近 70% 的山区。这里拥有全国 90% 的水资源和森林资源，44% 的耕地，75% 的草场、草山，大部分矿产以及几乎所有的水能。这些资源目前大部分尚未被开发利用或利用极不合理。如果加以合理开发，就能够为整个社会提供丰富的农产品、畜产品、林产品以及多种多样的土特产品。人均拥有的农林牧副渔产品就能大幅度上升，人口与耕地、人口与食物的矛盾都能得到缓解。可见，山区资源的开发为中国农业展示出十分广阔和光明的前景。从平原耕地转向山区土地资源，这是中国农业在资源利用上的一次伟大战略转移。

第二，保护和改善山区生态环境。这是保证和改善全国生态环境和治理整个国土的关键。山区海拔较高，各个生态因素呈垂直立体分布，生态系统非常脆弱。生态环境遭受破坏，影响所及不仅关系到山区本身的生产条件及生存环境，而且还要危及平原地区。例如，山区的森林和草地遭受破坏造成的水土流失，不仅冲走了人们赖以生存发展的土壤耕作层，而且淤积下游地区水库、河道，缩短航程，抬高水位，造成大江大河决口，危及平原地区生产和人畜生命安全。山区植被和耕作层被破坏，土壤丧失了拦蓄、吸附水分的能力，大量降水形成地表径流流走，暴雨酿成山洪、泥石流，冲毁平原地区耕地、房屋、威胁城市安全。一放晴就呈旱象，造成山区灌溉和人畜吃水困难。平原地区地下水因无法得到及时补充调剂而连年下降，水资源供求缺口日益严重。山区的森林和草地还是降低山区和平原风速、减少风害的重要因素，是防止沙漠化进一步扩大的必不可少的屏障。据史料记载，千百年来由于山区生态平衡遭受破坏，水旱灾害明显增加。过去 2 200 多年共发生 1 600 多次大水灾、1 300 多次大旱灾，许多年份往往是水、旱灾害同时出现。并且到后来，灾害次数愈多，时间间隔愈短。每年灾害出现频率为，隋朝 0.6 次，唐朝 1.6 次，宋朝 1.8 次，元朝 3.2 次，清朝 3.8 次。近 30 年来，许多地方的干旱频率有进一步增加的趋势。

可见，山区是平原的生态屏障，难以设想，在山区的生态环境遭受严重破坏的情况下会出现全国性的生态环境好转。反之，要实现全国性生态环境的好转，为生产和人们的生活提供一个良好、舒适的环境，就得从根本上抓起。要在做好平原地区的生态环境治理的同时，下大力气搞好山区的生态建设。而搞好山区生态建设，必须和山区的经济建设结合起来进行。

第三，山区与平原、落后地区和发达地区同是国民经济统一棋局中的不可缺少的组成部分，它们相互依存、相互促进，推动整个国民经济全局的可持续发展。

山区目前固然很穷，不具备平原地区比较先进的设备、科学技术、相对雄厚的资金。但中国的山区也有自己的优势，它拥有品种齐全、数量巨大的各种资源。全国 30％的粮食，84％的木材蓄积量，90％的毛竹、油茶、油桐，85％的干果和 65％的水果，140 多种矿产资源，27 362 亿立方米地表水总径流量，6.8 亿千瓦时的水能都产在山区。山区是雄厚的战略资源基地，它左右着整个国民经济的全局。

此外，山区还是一个巨大的消费市场。占全国总人口 1/4 的人住在山区，随着山区经济的开发与人们生活水平的提高，山区将会成为吸引平原和沿海地区的技术、资金、人才、生产资料和生活资料的巨大市场。没有这个市场，社会主义市场经济的阵地就不能在广大空间展开。

山区还拥有十分丰富的旅游资源，这是全国国民经济一个重要收入来源。可见，人们应该有一个观念的更新，中国的山区不是整个国民经济的包袱，只要善于开发和充分发挥作用，它就是整个国民经济繁荣昌盛的巨大后备力量。

第四，中国山区是全国 52 个少数民族聚居地，65％的重点老革命根据地县市，45％的陆地边境县市，以及绝大多数的大、中、小水库都集中在这里。可见山区也是民族问题、老区问题、边境问题和水库移民问题的集中地区。山区的优化治理和综合开发搞好了，经济发展起来了，就可以从根本上解决仍处于贫困中的一部分少数民族、老区人民、边民和移民的生活问题，引导他们走上富裕的道路。这对于全国的安定、团结局面的形成将会起到十分重要的作用。

综上所述，山区是中国农业发展的巨大战略资源基地和市场，是全国生态的屏障，是维系全国安定团结局面的一个重要因素。全面认识山区的战略地位具有十分重要的意义。

既然山区经济开发在中国整个经济全局中处在这样重要的战略地位，那么在今后安排全国整体经济发展战略时，是否要集中力量，把有限的资金、设备、技术和资源重点投于山区开发，打一场歼灭战，实行重点突破，利用山区开发所带来的经济、生态及社会效益，推动整个国民经济的发展呢？

回答是否定的。

目前山区，特别是贫困山区所存在的许多问题，如自然条件恶劣，生态环境严重失调，生产手段落后，产业结构单一，交通运输不畅，信息通信不灵，科技、卫生人才奇缺，文化教育事业落后，市场发育程度极低，封闭的自然经济仍占主导地位，等等，是千百年来长期形成的。在这么广袤的国土上，即使集中全国的人力、物力、财力，企图在短期内改变山区的面貌，也是不可能的。而且这种全面推进、四面出击的做法，会耗尽全国多年来积累起来的财力、物力，降低整个社会的经济发展速度，到头来欲速则不达，会使平原和山区经济都得不到发展。

正确的发展战略是依靠重点，以点带面。依靠重点地区的经济发展，积累人力、物力、财力。然后依靠积累起来的人力、物力、财力，投放到非重点地区，带动非重点地区的发展，实行波浪式的推动。就中国当前的情况看，重点首推东部地区。这些地区受太平洋季风影响，雨量充沛，年降水量在 600～2 000 毫米，干燥度一般低于 0.5，并且雨热同期，适宜各种农作物和林木生长。此外，这些地区中比较发达的沿海地区和大中城市，已有较好的经济基础，而且有着良好的发展外向型经济的条件，全国有限的资金和资源在这些地方有着较高的利用效率，并能取得较好的经济效果。优先发展这类地区的经济，使其优势得到充分发挥，对尽快增强国力具有决定性的意义。只有整个国力提高了，才能推动山区经济的发展，改善生产力在全国范围的均衡布局。

中国的中部地区经济基础虽不及东部地区，但比起西部山区却又好得多，经济发展的潜力也大得多。近 30 年来，在东部地区经济辐射效应的作用下，资金、设备及技术都有相当程度的提高，具备了少许投资就能带动经济快速发展的条件。表 2-7 反映了 1980 年以来中国农产品生产在东、中、西部三个地区不同增长速度的情况。

表 2-7　1980 年以后中国农产品生产地区间变动情况

单位：%

项目	东部地区		中部地区		西部地区	
	1979 年	1988 年	1979 年	1988 年	1979 年	1988 年
粮食	32.7	31.4	49.6	51.8	17.6	16.8
棉花	39.6	42.8	50.2	46.9	10.2	10.3
油料	41.2	34.4	43.7	45.2	15.1	20.4
烟草	25.4	15.0	44.4	47.7	29.0	37.3
蚕茧	62.4	60.1	34.7	35.7	2.9	4.2
水果	54.8	50.7	29.8	31.6	15.4	20.9
水产品	83.7	74.9	12.7	21.3	3.2	3.8
肉类	35.7	33.6	47.9	49.7	16.4	16.7

资料来源：中国农业年鉴（1980、1988）[M]. 北京：中国农业出版社，1981、1989；中国统计年鉴（1989）[M]. 北京：中国统计出版社，1990.

　　从表 2-7 可以明显地看出农产品生产向中部地区移动的趋势。这个趋势并不是中部地区农业投资大幅度增加的结果，恰恰相反，它是在农业贷款、地方财政中农业基建投资及农业资金比重大幅度下降的条件下取得的。例如，中部地区农业银行农业贷款从 1984 年的 43.9％下降到 1988 年的 42.8％，地方财政农业基建投资从第五个五年计划时期的 40.3％下降到第六个五年计划时期的 34.9％，地方财政农业资金比重也从 42.3％下降到 38.6％。从这些数字中可以看出，中部地区在经济发展中拥有巨大的潜力和活力。这注定了今后一个时期经济发展的重点，主要还是应放在东部和中部平原地区，不能放在山区，特别是西部山区。

　　但这绝不意味着中国的山区治理开发还不能提到议事日程上来。某些科学家提出，应给予山区的土地和生物资源以休养生息的机会，使其恢复生产力，立足于保护资源，等待将来开发和建设高潮的到来。这种将山区开发置于可有可无、可上可下位置的论点，无疑是不可取的，我们实在不敢苟同。如果按他们的观点行事，那

中国贫困山区发展的道路

么中国贫困山区又会重蹈覆辙，广大山区就会继续拖整个国民经济发展的后腿。再则，如果不立即着手山区的经济开发与建设，贫困问题迟迟得不到解决，要想目前一个时期暂先立足于保护资源和生态，也只能是一种良好的愿望，资源和生态都难以保护下来。

这样，我们就面临一个经济决策中的两难处境：一方面，我们要承认，今后一个相当长的时期内经济建设的重点要放在东、中部平原地区；另一方面，我们又要把山区经济开发和建设毫不迟疑地提到议事日程上来，而又不至于重犯全线出击，人力、物力、财力分散使用的错误。结论是：我们要走一条既不排斥国家加强扶持支援，又能启动以山区内部经济活力为主，全面展开山区经济开发的道路。这就要求贫困山区要有一个正确的经济发展战略，依靠经济的，而不是单纯依靠行政的措施，真正把山区人民动员起来，投入到大规模山区经济开发的运动中来。在幅员辽阔的国土上开展的这一场翻天覆地运动的伟大意义，在中国以后的历史中无论怎样被高估，都不会过分。

第三章　贫困山区的经济发展战略

　　战略问题是关系全局以及长远的力量部署和安排的问题。战略正确，就宛如抓住了链条中的关键一环，从而可调动全局，带动未来，事半功倍。战略不正确，抓不住主要矛盾，四面出击，力量分散，虽能解决一些枝节问题，但调动不了全局，带动不了未来。即使采取更多的投入，所耗时日更长，仍然是事倍功半，改变不了全局的面貌。可见，制定出中国贫困山区的正确发展战略，确定战略目标、战略方针以及选准突破口，具有刻不容缓的紧迫性。

一、贫困山区脱贫的目标及方针

（一）目标

　　贫困山区温饱问题的解决，取决于农民实际购买能力的提高，而实际购买能力的提高又取决于山区经济发展的水平。离开经济发展水平来奢谈实际购买力的提高和温饱问题的解决，无异于缘木求鱼。

　　山区经济发展水平的提高应有一个合适的目标。有的同志做了估算，以东部的江苏省和西部的贵州省为例（见图3-1），前者的人均工农业总产值为后者的 3.5 倍，人均固定资产为后者的 2.8 倍，人均乡镇企业收入为后者的 23 倍。若贵州的人均固定资产投资总额年增长率超过江苏 1%，赶上江苏至少要 28 年；年人均工农业总产值超过江苏 1%，赶上江苏要 35 年；人均年乡镇企业收入超过江苏 1%，赶上江苏则要 200 多年。可见，在没有根本性强烈反差投资的情况下，要想拉平一般地区和贫困山区的经济差别，在可预见的未来是不现实的。

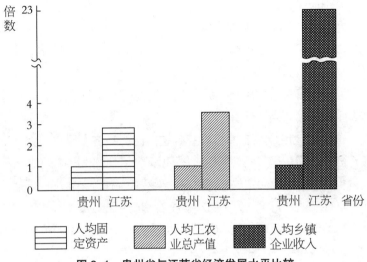

图 3-1　贵州省与江苏省经济发展水平比较

　　因此，贫困地区的经济发展不能把拉平经济发展速度和消灭差别作为目标。恰恰相反，由于客观的自然、经济及社会条件的差别，在发展商品经济的初期阶段，经济水平较高的一般地区的农村会利用自己的优势条件，大大加快经济发展速度，一般都会超过贫困山区。除了部分贫困山区由于快速地开发了自己的优势资源，有可能出现跳跃性的经济发展外，大部分贫困山区和经济水平一般地区间的经济发展不平衡性会长期存在，在一个时期内其差别有可能进一步扩大，这是不以人的意志为转移的。但需要加以说明的是，这种差别的扩大和旧社会地区之间的两极分化是根本不同的。两极分化指的是财富在一类地区无节制地积累起来，贫困却在另一类地区积累起来。我们这里所说的差别的扩大是在两类地区收入水平都同时提高的基础上发生的，不过一类地区由于原有经济条件比较优越，发展速度远远快于另一类原有经济条件较差的地区，因此使两类地区经济收入差别有所扩大。但从长期看，随着贫困山区资源及环境的综合开发治理的进一步发展，经济条件会发生变化，巨大的资源优势会使经济条件的优势从平原地区转移到山区，两类地区的经济差别最终会缩小。

在一个时期内，允许适度的不平衡存在对经济发展不仅无害而且有利。正是不平衡发展及差距，推动了生产诸要素的地区间流动，从效益低的地区流向效益高的地区，生产要素才能进行重新组合和配置。只有这样才能不断涌现新的生产力、新的经济效率，才能有生动活泼的经济运动。

贫困山区用什么样的目标来确定自己的经济发展水平呢？一般可分为近期和远景两种目标。贫困山区要把改变目前存在的萎缩性再生产以及由此决定的不得温饱的生活状况作为要实现的近期目标。实现了这个目标，则要进一步把贫困山区建设成为经济发达、生态良性循环、环境优美、农民生活富裕、具有高度精神文明的山村，使山区与平原的经济差别逐步缩小。这就是贫困山区经济开发的远景目标。概括起来说，前者的目标是脱贫，后者的目标是致富。这两个目标既相区别，又相联系，脱贫目标只有在致富的道路上才能实现，脱贫是致富道路上的起步阶段。

（二）方针

这里有两条可供选择的方针：一条是只着眼于近期目标，单纯依赖生活上救济或先提供若干个临时性应急项目，来缓解面临的温饱问题，而不是针对造成山区贫困的根本性原因，消除其根源，把近期目标和长远目标统一起来加以考虑，以便一劳永逸地解决贫困问题。实践证明，采取这种头疼医头、脚疼医脚的方针，往往滋长了被救济者的依赖心理，年年救济，年年贫困，年年贫困，年年救济，正像一个丧失造血功能的患者一样，只能靠输血来维持生存。这是不能持久的。另一条是不光有近期目标，更有长远的安排；不光考虑增加当前农民的收入，而且找出山区贫困的深层原因，从根

中国贫困山区发展的道路

本上加以解决。这就不光是输血问题，而是从恢复患者自身造血功能着眼，启动贫困山区自身的内在经济活力，发扬山区的优势，克服劣势，依靠山区人民自己的艰苦奋斗去创造美好的未来。这才是应取的方针。

贫困山区是诸多问题集中的地区。因此，要解决脱贫致富问题，就必须综合治理。

1. 要严格控制贫困山区的人口

人口问题是和经济条件联系在一起的，贫困山区也不例外。这些地区由于生产技术水平及投资能力低，人们往往把经济增长的希望寄托在多生孩子上，这就是贫困山区早婚多育、重男轻女思想的根源。结果，人口膨胀，家庭抚育负担过重，生产的增加被增加的人口所消耗掉，生产无法扩大，生活不能改善，陷入"愈穷愈生，愈生愈穷"的恶性循环之中。因此，要把贫困山区的人口自然增长率降下来，除了要加强人口的计划生育行政管理外，还要着重在创造经济条件以及改变人们的观念上多下功夫，逐步实现贫困山区人口与资源、人口与生产条件之间的平衡，这是解决山区生态、资源、粮食、温饱以及落后问题的基础，要下决心去解决。

2. 要把山区的优势资源开发出来

尽管山区的类型不同，但除个别的以外，都各有自己的优势资源。这是山区人民解决粮食困难并进而走向经济繁荣和生活富裕的物质基础，必须要快速地开发出来。各地要因地制宜、因人而兴，创建适应本地区特点的支柱产业，带动多种经营，实现农林牧副渔、农工运建服的综合发展。

3. 改善贫困山区的生态环境及基础设施

山区因为人口增长过快，垦荒过度，导致生态环境的严重恶化和不可再生自然资源的持续破坏，成了山区脱贫致富的一个基本制约因素。所以，贫困山区在开发山区优势资源时，不仅不能再走加重生态环境恶化及资源破坏的老路，而且要实行综合治理，把开发与综合治理巧妙地结合起来，一边开发，一边治理，寓治理于开发之中。中国的贫困山区，大都在西部半干旱、干旱地区，年降水量都在 300~400 毫米，有的甚至在 200 毫米之下，在这类地区，可以说没有灌溉，就没有农业生产。水成了这些地区生产发展和当地居民生活改善的瓶颈，如果利用山区的地形，修筑水库、山塘，把旱地改为水浇地，农作物产量就能成倍增加。此外，贫困山区中脱贫难度最大的是不通公路、交通十分不便的深山区。这些地区的资源即使开发出来形成产品，仍无法转化成商品，实现其价值。因此，加速交通建设就是这类地区要优先加以解决的课题。上述开发山区资源、改善生态环境、改变水利灌溉条件以及进行交通建设，都离不开基础设施的建设。贫困山区要在经济的发展中积累资金，进行基础设施的建设，通过基础设施的建设，进一步创造经济发展的条件。

4. 用先进的科学技术装备山区农民，普及教育，不断改善山区农民的素质

控制人口、开发资源、改善生态环境，发展生产、增加经济收入，实行基础设施建设，制定正确的山区发展战略、方针和政策，优化生产要素的组合，完善经济体制，等等，都离不开自然科学及社会科学，离不开技术。特别是在山区，由于发展生产的其他要素的缺乏，对科学技术的需要比平原地区更具有紧迫性。教育是科技的基础，是科技和广大农民结合的桥梁，如果光有科技的引入，没有广大农民通过教育而提高自己的文化水平，科学技术仍无法在贫困山区生根、发芽、开花、结果。我们在提倡"科技兴农"的同时，还要提倡"教育兴农"，要普及义务教育，要对青年农民进行热爱山区、艰苦创业、振兴故里的教育；要对现有的高中、初中毕业学生进行技术教育，要办农民的成人技术学校。经过若干年的坚持不懈的努力，山区青年一代农民都将成为有理想、有文化、有科学技术知识的劳动者，贫困山区脱贫致富目标的实现，也就指日可待了。

可见，任何一项单项措施都难以解决贫困山区年长日久累积下来的问题，对山区要实行综合治理，把计划生育、资源开发、生态环境治理、基础设施建设、科教兴农结合起来，加以解决，这是中国贫困山区走出贫困的正确方针。

二、启动社会主义市场经济是贫困山区经济开发的突破口

贫困山区开发要进行的工作很多，包括计划生育、资源开发、生态环境综合治理、基础设施建设、科教兴农，等等，已如上述。各个业务部门毫无疑问都可以从各自的业务方面分别进行工作，但是从战略角度来考虑，必须要找出一个中心环节，以便从这个环节突破，把全局和整体带动起来，把各个具体业务方面都带动起来，势如破竹，开创出一个百废俱兴、生动活泼的崭新局面。实践证明，这个突破口就是贫困山区社会主义市场经济的启动。这是因为，市场经济能够调动起山区内部的经济活力，实现山区经济的全面开发。

社会主义市场经济之所以能够启动贫困山区内部的经济活力，是由商品经济的内在机制决定的。

（1）在商品生产条件下，每一个商品生产者都不是为自己生产而是为别人生产。只要这个商品是社会需要的，就能在市场上售出，实现价值，补偿其为生产这个商品而支出的活劳动及物化劳动，从而获得剩余——利润。商品的生产量及销售量愈大，利润额也愈大，物质生活改善速度愈快，扩大再生产的能力就愈强。只要不存在垄断，商品的生产和销售过程对每个商品生产者来说都是平等的，机会也是均等的。这种机制十分有利于调动每个商品生产者的内在动力，把愈来愈多的农民卷进生产和销售的潮流里去，而不必有人来督促、检查和推动。当然，每一个商品生产者的智力水平、经验和信息获得的机遇可能是不同的，但这些不同是可以在平等的市场营销条件下经过千百次的实践、锻炼而接近起来的。

（2）商品具有价值，价值的大小由生产商品时消耗的社会平均劳动量确定。商品在市场上按照商品本身所具有的价值进行交换，这就是我们平时所说的价值规律。当这种商品的数量供过于求时，商品的价格就会降到其价值之下，一部分商品生产便会退出这种商品的生产。而当市场上求过于供时，这种商品的价格就会上升到其价值之上，又会出现供过于求。几经反复，市场上该种商品供求便会趋于均衡。商品经济的这种机制，调动了商品生产者的积极性，可动员他们从事市场上紧缺商品的生产和销售，把劳力、设备、资金及资源按有利于生产紧缺商品的方式重新组合起来，进行生产和销售。这样就保证了市场上商品花色品种的多样化，实现社会上劳力和资源的合理组合。

（3）在商品生产条件下，商品出售在抵偿了生产该商品所消耗的成本后，便可获得利润。但不同产业部门，甚至同一产业部门的不同商品的利润率是不同的，即一个等量的投资或一个工日的劳动消耗获得的利润额是不同的，有的高，有的低。结果，必然引起劳动力与资源重新分配，在利润率高的部门，劳力与资源高度集中，以便获取高额利润率。其直接结果是市场上该项产品过剩而导致价格下降，降低了利润率。如果利润率持续下降以至低于整个社会的平均利润率，劳力与资源就会从这个产品的生产领域转移出去，到其他能获得平均利润率的生产部门中去。在供求规律发挥作用的情况下，该生产部门的商品价格转而上升，到最后停留在其他部门一样能获得平均利润率的水平上稳定下来，保证社会上各个不同的生产部门、各种不同商品的生产都能获得大致相同的平均利润。平均利润率的规律有利于调动商品生产者从事多种多样产业、部门、商品生产和经营的积极性和利用多种多样资源的积极性。产业系统就能得以展开，产业结构就能得以完善，深度及广度的资源利用就能得以实现。

（4）在市场经济条件下，商品的价值是由社会平均劳动耗费决定的。但社会上各个商品生产者生产同类产品时的实际劳动消耗都是各不相同的，有的高于社会平均劳动消耗，也有的低于社会平均劳动消耗，也有的正好等于社会平均劳动消耗。高于社会平均劳动消耗的商品生产者在出售商品时的价格是按社会平均劳动消耗确定的，因此他不能获得平均利润，甚至不能弥补他的实际劳动消耗，于是发生亏损。低于社会平均劳动消耗的商品生产者在出售商品时的价格仍然是按社会平均劳动消耗确定的，因此他获得了一个超过平均利润的利润余额。商品生产者为了避免亏损并争取到超额利润，总要千方百计地采用新技术，改善经营管理，降低成本，其结果是快速地提高了劳动生产率并改善了经济效果。

可见，市场经济能够不断地调动人们内在动力去从事商品生产和销售，促进潜在资源的开发利用和产业系统的展开，推动劳动力和资源的合理组合，以及新技术的不断采用和经营管理的持续改进，最终实现生产力的更新和进步。我们说，商品经济是人类历史上不可逾越的阶段，指的就是商品经济能为更高级的社会准备高度发达的生产力基础。没有这个基础，更高级的社会即社会主义社会、共产主义社会是无法实现的。

当然，市场经济不是十全十美的，有它的弊病。①它的供求平衡是在市场上实现的，商品要在生产出来之后进入市场才能见分晓，具有滞后性。因此，在一定程度上会出现供求平衡的破坏，从而难以避免盲目性和无政府主义。②在市场剧烈竞争的条件下，商品生产者的收入水平往往会拉开档次，这种不平衡发展的规律有利于经济的发展，但如果不加以调节就有可能出现差距的过分悬殊，而不利于共同富裕目标的实现。特别是其中不是依靠诚实劳动却暴富的，更不利于社会公平的实现。③自由竞争虽有利于经济的发展，但在竞争中出现的垄断又会扼杀竞争，走向反面。④在商品经济中逐步形成的利益各异集团，如果不加以诱导、调节和限制，就有可能影响经济秩序和安定团结局面的保持。

我们不是要求任何一种市场经济，而是一种既能保持市场经济调动生产力快速发展的利益激励机制，同时又能加以宏观调节；既能保持市场经济对生产力发展有利的积极功能，同时又能避免其弊病的一种特殊类型市场经济。山区经济改革的核心，就是要把这样一种社会主义市场经济引入山区，代替千百年来停滞不变的自然经济，唤醒人们内在的经济活力，启动山区经济的开发。

农村经济改革后 10 多年的实践也完全说明了这个事实。湖南省曾对全省 37 个县（市）的 3 700 个抽样调查户做了定量调查分析。这些农户在 1982 年实行家庭联产承包到户时，集体土地和大部分生产资料都是按人或按劳平分的。1988 年收入分配的各户当时占有情况基本上相同，处在同一个起跑线上（见表 3-1）。

表 3-1　不同收入水平的各农户资源占有情况

项目 组别	人均耕地 （公顷）	人均山地 （公顷）	人均水面 （公顷）	家庭人口 （人）	劳动力 （人）	负担系数
150 元及以下	0.07	0.05	0.01	4.27	1.87	2.28
151~200 元	0.08	0.06	0.001	4.80	2.55	1.88
201~300 元	0.07	0.06	0.001	4.75	2.62	1.81
301~400 元	0.07	0.08	0.001	4.92	2.80	1.76
401~500 元	0.08	0.04	0.002	4.77	2.79	1.71
501~600 元	0.08	0.04	0.002	4.43	2.79	1.59
601~800 元	0.08	0.05	0.004	4.31	2.83	1.52
801~1 000 元	0.08	0.05	0.01	4.05	2.72	1.49
1 001~1 500 元	0.08	0.05	0.002	3.99	2.81	1.42
1 500 元以上	0.08	0.05	0.01	3.87	2.33	1.66
平均	0.08	0.05	0.003	4.56	2.77	1.65

资料来源：龚道广. 对农户收入差距的实证分析 [J]. 农经理论研究，1990（4）.

经过 10 年商品经济的发展，情况发生了十分显著的变化，最直接的变化是农户收入的分布区间大大地延伸了（见表 3-2）。

表 3-2　按人均纯收入分组的户数及其比重

项目 组别	组中值（元）	户数	占总户数（%）
150 元及以下	113.18	15	0.41
151~200 元	183.96	49	1.32
201~300 元	259.84	362	9.78
301~400 元	353.21	686	18.54
401~500 元	448.19	797	21.54
501~600 元	548.21	664	17.95
601~800 元	681.00	756	20.43
801~1 000 元	880.40	238	6.43
1 001~1 500 元	1 128.50	118	3.19
1 500 元以上	1 690.04	15	0.41
平均 / 总计	515.35	3700	100.00

资料来源：同表 3-1。

绝大部分农户都提高了收入。原来 71% 的农户收入水平在 100~200 元，都在贫困线之下，现在约 70% 的农户收入在 400 元以上，3 700 户农户平均收入达到 515.35 元。另外，收入差距拉大了，1978 年的基尼系数为 0.1076，1988 年上升到 0.2044，增加了将近 1 倍。

我们仔细加以分析，可以看出这个变化是由以下因素促成的。

（1）农户增加活劳动投入的积极性。这表现在耕地复种指数提高、畜牧业及非农产业的投入增加和劳动力的转移率上（见表3-3）。

表3-3　不同收入水平农户的活劳动投入

项目 组别	耕地复种指数（%）	户均牧业收入（元）	劳均非农收入（元）	劳力转移率（%）
150元及以下	136	199.23	115.50	—
151~200元	134	361.54	102.5	—
201~300元	172	523.74	146.1	0.9
301~400元	179	768.11	199.0	1.6
401~500元	185	943.41	257.0	3.9
501~600元	186	1 093.55	332.2	5.0
601~800元	190	1 300.50	424.0	7.2
801~1 000元	188	1 452.65	626.7	9.3
1 001~1 500元	190	1 536.47	1 056.1	13.9
1 500元以上	195	2 519.50	2 690.6	5.7
平均	184	1 016.15	240.1	2.2

资料来源：同表3-1。

（2）农户在生产中扩大生产、增加物化劳动投入的积极性。这比活劳动投入的增加更加显著（见表3-4）。

（3）农户拓宽生产领域的积极性。产业结构的状况正不断改善，推动着资源更加合理的开发和农户收入水平的相应增加（见表3-5）。

表 3-4　不同收入水平农户的物化劳动投入量

单位：元

项目 组别	人均生产性固定资产原值	人均房屋价值	人均存款
150 元及以下	95.66	340.63	66.93
151~200 元	113.79	370.15	77.35
201~300 元	110.63	416.13	84.24
301~400 元	120.79	484.38	95.37
401~500 元	132.20	552.49	114.97
501~600 元	156.00	628.92	128.26
601~800 元	180.68	737.50	160.27
801~1 000 元	204.80	881.01	186.38
1 001~1 500 元	369.30	1 024.07	256.40
1 500 元以上	858.07	1 219.41	882.75
平均	154.09	605.38	128.57

资源来源：同表 3-1。

第三章　贫困山区的经济发展战略

表 3-5　农户生产结构的变化

项目 组别	亩均农业收入（元）	人均牧业收入（元）	人均非农业收入（元）	农业收入占比（%）	牧业收入占比（%）	非农业收入占比（%）
150 元及以下	112.10	46.44	48.48	44.8	18.2	19.4
151~200 元	125.77	75.32	53.96	48.9	23.4	16.8

项目 组别	亩均 农业 收入 （元）	人均 牧业 收入 （元）	人均 非农业 收入 （元）	农业 收入 占比 （%）	牧业收 入占比 （%）	非农业收 入占比 （%）
201~300 元	179.05	110.26	81.18	45.9	26.4	19.5
301~400 元	211.34	156.12	110.57	43.6	29.0	20.6
401~500 元	238.28	197.78	151.15	41.9	29.7	22.7
501~600 元	247.48	246.85	207.63	37.8	30.9	26.0
601~800 元	276.71	301.74	282.65	34.6	28.6	29.2
801~1 000 元	299.98	358.68	417.82	31.2	24.8	34.5
1 001~1 500 元	314.44	385.08	754.36	23.7	20.1	48.2
1 500 元以上	372.75	651.03	1 582.73	15.0	22.6	55.1
平均	241.32	222.84	141.76	37.5	29.6	18.8

资料来源：同表 3-1。

　　各类农户都无一例外地增加了对农业的投资，收入愈高的农户，农业的投入也愈高。由于农业受土地的限制，容量有限，农户剩余的劳动力和资金开始转向养殖业。除养殖业外，一些高收入农户还开辟了非农产业。户均收入在 1 500 元以上的户，非农收入高达 55.1%。

　　这 3 700 户农户 10 多年的变化生动地说明了，在农村经济改革中所发展起来的市场经济，是如何地调动农户的内在动力，增加活劳动及物化劳动的投入，在广度和深度上开发、利用资源，不断开辟新的产业，发展农村新的生产力和增强农户自身经济实力的。

自 1978 年以来，就全国来说，社会主义市场经济有了很大的发展；但值得注意的是，贫困山区进展并不大，这是中国的平原地区和贫困山区经济的差距不仅没有缩小而且有了进一步扩大的根本原因。贫困山区市场经济启动的难点在哪里？这正是我们现在所要探讨的。

三、启动社会主义市场经济的杠杆

细致地分析如何从自然经济中成长起商品经济的因素，从而转变自然经济为社会主义市场经济的过程，对于启动山区的经济是有重要意义的。

商品生产的发展和市场的发育取决于两方面因素。

（一）内部因素

内部因素是指社会内部分工的发展。这种社会分工推动生产者逐步从万物俱全、自给自足的自然经济中摆脱出来，从事一定程度的专业化生产。专业化生产的发展使人们的生产经验日积月累，技术熟练程度逐步提高，生产工具有所改善，竞争能力慢慢增强。产品除满足自身需要外还有剩余，寻求交换，换回自己并不生产却是生产、生活上急需的商品。这种交换在现代社会中是以货币为媒介进行的。有了商品流通，每一个商品生产者就摆脱了彼此孤立封闭的状态，不管主观上愿意不愿意，都要在市场上接受价值规律的检验。上述商品经济对发展生产力方面的积极作用，就会在社会生活的许多方面体现出来。

但在温饱问题尚未解决的贫困山区，农民千百年来似乎千篇一律地实行自己生产归自己消费的产品：生产粮食以解决口粮；自已织土布、染布、缝衣解决衣着，维持很低的生活水平；偶然有一些家禽家畜拿到市场上出售，用以换取农具、食盐等无法自产的物品。即使温饱问题已经解决的山区，剩余产品量也很少，商品交换只能在十分有限的范围内进行。社会分工的发育程度很低，基本上不和外界发生联系。在这里，没有社会分工、没有剩余产品、没有交换、没有市场，封闭的自然经济内部自然无法成长起商品经济的成分。

（二）外部因素

外部因素是指外部的资金、设备、技术及人才的输入，推动内部的资源开发、新产业的开拓、劳动力的就业、剩余产品的出现、社会分工的发育。所有这些都会促进一个社会从内部成长为商品经济的成分。

但是，山区居住分散，被高山深谷分割包围，加之交通阻塞，通信落后，信息不灵，更加重了山区的孤立性和封闭性。一般情况下，山外商品经济的浪潮对贫困山区的冲击呈现以下两种情况。

1. 外部商品经济对地处商品经济十分发达的东部沿海地区或相对发达的中部贫困山区的影响

张仁素等曾对浙江温州的商品经济发展过程做了剖析。

从经济地域上加以划分，温州可分为两类地区。①北起乐清柳市，南至苍南金乡的沿海地区和中部平原地区（因为位于温州东，中部又简称"东、中部"）；②文成、泰顺、永嘉西北部的内地山区（简称西部山区）。1978年经济改革后，商品生产的洪流率先席卷温州东、中部农村。截至目前，已有70％的农业劳动力从耕地经营转向非耕地经营，从事家庭工业、商业、交通运输、饮食服务等。到1985年，农村工农业总产值中，种植业所占比重大幅度下降，只占25.3％；农村工业上升为65.3％。各种专业市场、批发市场如雨后春笋般崛起，物流、货币流、信息流、人流都空前地活跃起来。1983 年农村劳动力的收入水平上升到 808 元，1985 年再进一步上升为 1 100 元。

温州东、中部商品生产的发展，对温州贫困西部山区经济的影响主要表现在以下两个方面。

第一，地区外经济扩展对周围贫困山区经济发展产生的有利影响。

随着东、中部农村工业的发展，生产规模的扩大，产品结构的更新换代，引起了产品扩散和技术转移，带动农村区域向西梯度渐进开发。例如，化工、陶瓷、建材工业的发展，刺激了明矾石、中腊石、高岭土、花岗岩等的开发；对金属需求的增加，加速了西部贫困山区的铜、锡、铅、锌等矿产资源的开采。东、中部生活水平的提高、需求结构的改变，促进了西部山区资源的开发和新产业的形成，猪、牛、羊、鸡等畜牧业，银耳、蘑菇、茶叶、四季柚、橄榄、柑橘、杨梅、柿子等土特产品有了很大的发展。总之，商品经济通过市场机制的刺激作用，直接或间接地逐步改变着西部山区的经济行为，动摇了其自然经济的基础，开发了当地潜在的资源和经济优势，促进了商品经济的发展。

第二，地区外因素对周围贫困山区经济发展的不利影响。

首先，随着东、中部商品经济的发展，为贫困山区一些素质较高的农村劳动力打开了致富的大门，纷纷东流从事家庭工商业。山区本来为数不多的科技人员不再安心在当地工作，纷纷要求调往东、中部，如泰顺县在 1980—1984 年共调出科技人员 112 人，文成县 1978—1983 年调往外地 110 人。

其次，东、中部经济发展导致资金短缺和利润率、利息率大幅度上升，吸引着贫困山区资金流向东、中部经济发展较快的部门。山区素质较高的劳动力向外区域流转也必然带走一部分资金，贫困山区资金短缺情况更趋严重。

目前，温州东、中部对西部贫困山区的这两种效应是同时存在的。但是，在商品经济发展的初期，东、中部资金积累水平仍然很低，在内部进一步容纳资金、技术、劳动力、资源的潜力仍然很大，而且效益远远超过条件很差的西部贫困山区。在投资效益递减规律的作用下，较发达地区对周围贫困山区经济发展的强大的不利影响必然会压倒相对弱小的有利影响，出现贫困山区资金及素质较好劳动力单方面流入发达地区的现象。结果，和东、中部近在咫尺的贫困山区商品经济并没有有效地启动起来，当东、中部 70% 的劳动力已从耕地经营转向非耕地经营时，70% 的贫困山区劳动力仍聚集在人均不到 0.03 公顷的耕地上，农民大部分收入仍只能来源于农业。发达地区与贫困山区的影响关系如图 3-2 所示。

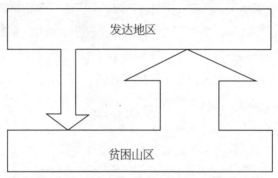

图 3-2　商品经济发展初期，发达地区对贫困山区的
有利影响低于贫困山区对发达地区的有利影响示意图

2. 外部商品经济对处于商品经济很不发达的西部贫困山区的影响

西部贫困山区是中国山区中贫困人口集中的地区，据 1985 年统计，西部地区有 219 个县 6 000 万人人均收入不足 200 元，分别占全国贫困县和贫困人口的 32.3% 和 58.8%。

中华人民共和国成立后，出于对加强国防及地区均衡发展的考虑，曾对西部进行了大规模的投资（即"三线建设"的投资），

"一五"期间占全国投资的 30.6％，"二五"期间占 36.9％，"三五"期间占 52.7％，比同期对沿海投资比重高 21.8％。这种投资在一定程度上启动了西部的工业化，兴建了一批新兴产业。但这些产业并不是在西部经济自然发展的基础上发展起来的，而是从外部嵌入的。主要有原材料工业、重工业和"三线"工业，目的是为东、中部地区配套和国防建设需要服务。因此，这些产业多由中央直接投资和直接管辖，产品大多远销外地，有的甚至原料也来自外地，技术由东部提供，其生产基本上与本地区的其他经济活动无关，形成了东部地区在西部地区的一个个孤立"飞地"。

中国东部轻纺工业占的比重较大，重工业以制造业为主，以产品深度加工为重点。西部工业中以重工业为主，特别是以能源、原材料为重点，制造业则以初级产品加工为基本内容。据 1982 年统计，在全部独立核算工业企业中，东部 10 个省市中，重工业占全部工业总产值的 46.57％，采掘工业只占 7.28％；而西部 6 个省、自治区（不包括西藏）中，重工业的比重为 51.27％，采掘工业占 19.8％，是东部的 2.72 倍。西部向东部输送的产品有木材、煤炭、电能、建材、基础化工原料、原毛、烟叶等，东部则把大量的机械设备和轻纺工业产品运往西部。这种产品交换只在"飞地"与东部地区之间进行，很少涉及封闭的西部广大农村，和贫困山区则完全无缘。

在长期形成的不合理的价格体制下，能源、原材料和初级产品的价格在国家的严格控制下，长期偏低。在东、西部的商品交换中，西部每年都有大量价格不合理的商品转移到东部，东部高价返回的制成品又使西部创造的一部分价值流入东部。随着价值的不断流失，西部地区自身财政状况也在不断恶化，财政收入占支出的比重持续下降（见表 3-6）。

表 3-6　西部六省、自治区财政收入占支出的比重变化

单位：%

时期 省区	"一五"	"二五"	三年调整	"三五"	"四五"	"五五"	"六五"
内蒙古自治区	104.84	75.26	90.18	66.57	28.00	24.63	30.17
新疆维吾尔自治区	91.04	78.88	105.08	70.56	27.94	31.36	27.29
贵州省	139.89	81.57	100.61	64.65	29.93	40.15	53.76
广西壮族自治区	121.62	68.19	79.40	73.69	78.79	71.87	68.70
云南省	130.82	97.37	111.50	73.09	74.75	50.84	62.75
宁夏回族自治区	—	—	—	—	—	46.80	27.71
平均	115.16	80.8	96.17	70.62	51.51	47.27	46.87

资料来源：谢扬．我国西部民族地区经济运行机制分析 [J]．发展研究通讯，总第 123 期．

就西部贫困山区来说，原寄希望于外部资金、设备、技术及人才的输入来帮助山区内部成长为商品经济的成分，结果由于把贫困山区完全排斥在东西部商品交换之外而实际上并没有成长为商品经济成分。当地的地方经济也由于东西部的不合理商品交换没有发展起来，地方财政状况十分虚弱，同样没有能力从外部向贫困山区输入资金、设备、技术及人才，帮助推动商品经济的发展。

可见，不论从上述发展贫困山区市场经济的内在因素还是外在因素的分析来说，都存在着严重的障碍。这是市场经济的运行在贫困山区的特殊表现形式。这正好说明了为什么同样在农村经济改革和发展社会主义市场经济的条件下，贫困山区和一般农村不同，没有能够在家庭联产承包责任制的基础上，快速地从自然经济迈向商品生产。

在上述内在和外在两个因素中，内在因素是根据，外在因素是条件。要启动山区的商品经济，就要下大力气去创造内因及外因。而创造内、外因的关键在于，开发出除满足自给性消费之外的剩余产品或剩余生产要素。只要有了从剩余产品或生产要素转化而成的商品或商品要素，它们才能像一艘艘运载工具，输送贫困山区进入商品经济的汪洋大海之中。

为了研究如何实现贫困山区从自然经济转变为社会主义商品经济，就有必要仔细分析从自然经济发展到商品生产的发展过程。如果仔细分析起来，从自然经济过渡到商品生产，其间存在若干个形态。

第一，封闭型的自给、半自给经济。农民自己生产供自己消费的必需品，基本不和外界发生联系。目前，在中国山区这种典型意义上的封闭型自给经济虽已不多，但在闭塞山区仍存在依靠自己的力量生产口粮和自己织布解决衣着的半自给型经济。农民虽有一些剩余产品，但其剩余产品的品种和数量取决于市场供求。如某种产品求大于供、价格高，农民就有意识地压缩自己对这种产品的消费量，想方设法挤出供自己消费的部分产品拿到市场上出售；反之，农民就扩大自己的消费量，不再在市场上出售。这个形态虽已经与市场有了联系，但从总体上说，生产仍不是为了交换，而是为了自己消费。因此，还是封闭型的自给、半自给经济。

第二，简单商品生产的商品经济。属于这一类的商品生产有：供应附近城镇居民直接消费，或供应轻工业、手工业作为原料而不用于农民自己消费的农副产品生产；以附近城镇或周围农村为市场的农产品简单加工，如：榨油、榨糖、酿酒、豆制品的作坊；砖瓦等建筑材料的生产；农村的土木、修理、服务等行业的经营。这些生产经营项目是农民作为副业而存在的，其货币收入的用途已超出了维持自身必需消费品的范围，进入了商品经济范畴，但仍然是作为兼业形态存在的。

第三，专业化的商品经济。农民的生产不再是为了自给性需求而是为了出售，商品生产成了主业。生产的产供销与其他专业生产相衔接，成了社会分工体系中的一环，有了较高的劳动生产率。维持这种生产的经济资源很多来源于生产单位的外部，如引进技术、聘请技术人员、借贷资金、招收劳动力、购买原材料等，在"供"的环节上依赖生产要素市场，在"销"的环节上依赖产品市场。

贫困山区当前的主要社会生产形式仍是封闭型的自给、半自给经济。所谓把贫困山区经济引上商品经济轨道，就是通过简单商品经济这个中间阶段，最终走向社会主义专业化的商品经济。所以，这里存在着两个过渡：从封闭型的自给、半自给经济向简单商品经济过渡，以及从简单商品经济向专业化商品经济过渡（见图3-3）。

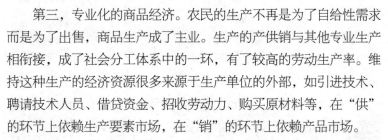

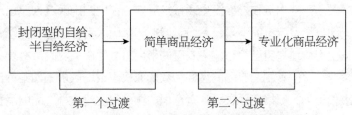

图3-3　贫困山区向社会主义市场经济过渡模式

要实现第一个过渡，必须具备以下两个条件：①除满足自给性消费之外有了剩余产品或剩余生产要素。这是进入商品交换的先决条件。②这些商品或商品要素必须具有比较经济优势，是山外商品市场其他商品所无法竞争的。只有这样，才能在激烈的竞争中立于不败之地，才可能在简单商品生产的基础上，通过进一步的专业分工、生产积聚及适度规模经营，极大地提高生产力水平，为第二个过渡创造条件。

当前，只有把贫困山区具有比较经济优势的剩余产品或商品要素开发出来，才能调动起山区发展商品经济的内部和外部因素。

山区的比较经济优势只存在于山区丰富的自然及经济资源上。因此，调动山区自然及经济资源优势，并把资源优势变成产品和商品优势，进入市场，是把山区经济纳入社会主义市场经济轨道，调动贫困山区经济内在动力的杠杆。

第三章 贫困山区的经济发展战略

第四章　贫困山区的生态问题及其治理

贫困山区的资源开发问题是和生态问题的解决联系在一起的。目前生态问题是贫困山区面临的许多严重问题中的一个，如果长期得不到治理，它将日甚一日，将来总有一天，贫困山区将不再有可供开发的资源。可见，揭示贫困山区生态问题的现状及其后果，寻出其根源，提出解决的途径，对贫困山区的资源开发具有十分重要的意义。

一、贫困山区生态现状及其后果

（一）生态的现状

长期以来，掠夺性地开发利用山区资源，造成目前山区资源生产力严重下降，许多珍贵物种濒于灭绝，生态环境遭到严重破坏，表现在以下几方面。

1. 森林资源不断减少，形势严峻

中国古代曾是一个多林国家，经过长期的乱砍滥伐，到1949年，森林覆盖率只有8.9％。尽管此后森林覆盖率已从8.9％上升到现在的12.98％，但山区森林面积减少的趋势仍未能停止。以中国最大的林区大兴安岭为例，30多年来，森林面积减少了5.8％；黑龙江省的森林覆盖率由中华人民共和国成立初期的52％下降到1981年的33.6％；云南省由50％下降到24％；四川省由19％下降到12％。砍伐的大部分都是山区的水源涵养林。海南省和云南省西双版纳是中国少有的热带雨林区，前者的原始森林面积减少了71.5%，后者从55%下降到1980年的37.5%。

分布在东北、内蒙古、西南、西北山区的131个综合性大、中型国营林业企业是主要木材生产基地。森林面积10多年来减少21.3%，其中有25个林业企业目前可采资源已接近枯竭。南方9个省、自治区（广东、广西、湖南、湖北、贵州、安徽、浙江、福建、江西）的集体林区，蓄积量在300万立方米的林业重点县已由20世纪50年代的158个减到不足100个，能提供商品木材的县由297个减到172个。

两大河流长江、黄河上游沿线的古代森林覆盖率都在50%～60%，现在黄河上游已降至6%，长江全流域平均仅为16%。川西阿坝和甘孜地区，本是长江上游主要的水源涵养林和水土保持林的集中地区，森林覆盖率从20世纪50年代的40%降到1980年的18.8%，被破坏的大部分是水源涵养林。

森林覆盖率的下降，是采伐量大于生长量，采伐面积远远大于更新面积的直接结果。据对15个省区不完全统计，截至1978年，森林更新面积仅占采伐面积的59.2%，未更新的面积中有1/3变成了荒山秃岭。造林成活率和成林率又低，1949—1980年，全国造林成活率仅为25.6%，成林率仅为20.4%，与国家规定的造林成活率85%的指标相距甚远。由于采伐量大于生长量，1984—1988年森林蓄积量赤字已达9 700万立方米。

2. 水土流失严重

森林大面积被破坏，陡坡无节制地被开垦，水土流失面积在40年中增加了50%，约占国土面积的1/6，绝大部分在山区、丘陵区。黄土高原已成为世界上水土流失最严重的地区之一，水土流失量由1934—1958年的16.8亿吨增加到1959—1980年的23亿吨，增加了37%。水土流失面积达47万平方公里，占本流域总面积的72.7%。在冲刷最严重的地方，侵蚀模数达到

44 800 吨／平方公里，造成底土和基岩裸露。冲刷沟的沟头一年平均可前进几米乃至十几米，吞蚀了大片土地，自然界的自我恢复功能已极其微弱。

长江是中国第一条大河流，素有"黄金水道"之称，但目前长江也面临成为"第二条黄河"的命运。据报道，长江水土流失面积已由1957年的仅占流域面积的20.2%（36.4万平方公里）上升到1982年的41%，增加了1倍。据1985年调查，长江上游水土流失面积占上游总面积的35%，其中强度侵蚀以上的区域占31%。长江水土流失量每年达22.4亿吨，相当于冲掉了150万亩耕地上20厘米厚的肥沃表土。

华中、华南、华东等亚热带丘陵地区土壤侵蚀也日趋严重。40年来广东省水土流失面积增加了1 000多平方公里；福建省20世纪80年代水土流失面积比60年代初增加了1.2倍；南方水土流失最严重的江西省，20世纪50年代水土流失面积为1.1万平方公里，1982年增加到3.84万平方公里，侵蚀模数最大达到13 500吨／平方公里；贵州省水土流失面积1964年为1957年的26倍，其中毕节地区水土流失最严重，水土流失面积占该地区的41%，侵蚀模数达到5 381吨／平方公里。

泥石流是水土流失最严重的类型，是一种含有大量泥沙、石块的特殊洪流。以西南、西北和东北山区最为严重。产生泥石流既有客观的地质条件原因，又有人为活动的影响，从某种意义上讲，不合理的人类活动对诱发泥石流作用更大。泥石流具有很强的破坏性，一旦发生，所到之处，人畜伤亡，房屋倒塌，农田被淹没，村庄被毁坏，各种工程设施被破坏，给山区经济和人民生活造成严重损失。

1978年以来，贫困山区的森林破坏和水土流失的严重性引起了全国上下的关注，许多有效措施已被采取以制止生态环境的继续恶化，并取得了良好的效果。但如此大面积的生态环境恶化要

中国贫困山区发展的道路

想在短期内根本扭转过来，难度是很大的，还需要做长期艰巨的努力。

（二）山区生态失衡所引起的后果

众所周知，森林是山区生态系统的主体。森林具有通过树冠截留和林地拦蓄降水来实现其涵养水源的功能。茂密的林冠可截留 15% ～ 40% 的降水量，这部分雨水可直接以蒸发的方式返回大气；林地拦蓄的水被林木和林下植物的根系吸收后，又通过枝叶蒸腾返回大气，增加了空气湿度，为降雨提供了有利条件。一般有林地比无林地空气湿度增加 3% ～ 5%，降水量也有所增加。例如，广东省雷州半岛原来树木稀少，干旱严重，解放后大力造林，森林覆盖率达到 36%，年降水量也增加了 32%。一般林地都有较厚的枯枝落叶层，使林地土壤变疏松，加上苔藓、地衣，滞水能力大大增强，其吸水能力可达到自身重量的 40% ～ 260%，这样林地一般可吸收 50% ～ 80% 的雨水。据科学家测算，一亩林地要比一亩裸露地多蓄水 20 吨。这些水渗入土壤深层或岩石裂缝中，大大增加了地下水的水量，从而既减少了地表径流又调节了河流的流量。一般 5 ～ 6 年生的阔叶林比天然荒坡的径流量减少 62% ～ 80%，泥石流减少 83% ～ 90%。森林生态系统把流域年降水量的 60% 左右形成气态水进入大气，形成水文小循环，其余 40% 左右汇入江河。森林除有涵养水源减少径流的作用外，还可以利用纵横交错的根系固定土壤，以减少或避免土壤的冲刷和流失。在非降水季节，滞留在土层中的降水又能缓慢地流出，形成涓涓细流，用来灌溉农田，保证城市工业及居民用水，调节水资源的供求。可见，森林既可保持山区的水土，又可调节河流水量，还可增加空气湿度和降水量，使山区生态系统中生物与环境之间达到一种相互协调的动态平衡，呈现出山青水秀的局面。相反，森林被破坏，以及随之而来的水土流失，则可破坏山区生态系统中生物与环境间的动态平衡，

第四章　贫困山区的生态问题及其治理

接踵而来的将是土壤瘠薄，气候反常，水旱灾害频繁；下游河床、湖泊、水库被泥沙淤积，农业生产、经济建设和人民生命财产便会受到严重威胁。在中国，因山区生态失衡所造成的后果是十分严重的。

1. 土壤贫瘠，农业生产受到严重破坏

水土流失的直接后果是使农业中最宝贵的农业土壤资源受到不可逆转的破坏。几百年甚至上千年才能形成 1 厘米厚的表土层，在裸露的情况下，很快就会被雨水冲得精光。全国因水土流失而失去的表土每年约 50 亿吨，相当于全国耕地每年被剥去 1 厘米厚的肥土层。50 亿吨表土所含的有机质约为 5 000 万吨（按含 1% 计），氮、磷、钾养分为 4 000 多万吨，相当于 40 多个年产 100 万吨的化肥厂生产的产品白白被水冲走。地球陆地表面经过几亿年形成的许多生物赖以生存的土壤层，由于降水的冲刷一年一年地变薄、变瘠、变少。地处黄土高原的山西省离石区，第二次土壤普查的结果表明，耕作层土壤的有机质含量为 0.5%，全氮为 0.05%，全磷为 0.05%，速效磷为 7 ppm（0.7 毫克 /100 克土），均低于生黄土。青海省第二次土壤普查结果也表明，坡耕地上 62% 的耕地极度缺氮，99% 以上的土壤缺磷。农田生态环境日益恶化。

南方山区多为石质山，山高坡陡，土层薄，在暴雨长期冲刷下，基石裸露，农业生产难以为继。据江西、湖北、湖南、贵州、四川、云南、陕西、甘肃八个省近 1 333 万公顷山区旱地调查，土层厚度多在 1 米以下。据 10 ~ 20 度的坡耕地上的典型调查，每年水土流失量相当于失去 1 厘米厚的土层。照此下去，百年之后，将有数千万公顷耕地变成不毛之地。云南省昭通地区的塘房乡近几年就有 20 公顷耕地冲刷成光石板，已经无法耕种。

土壤贫瘠必将导致作物产量下降。整个黄土高原粮食产量大约只有 1 120 公斤 / 公顷。贵州省毕节地区因遭水土流失而成为低产田的面积占总耕地面积的 67.4%，每公顷单产只有 750 ~ 1 500 公斤。云南省山区由于耕地肥力下降，占全省耕地53％的山区粮田收获的粮食，只相当于全省粮食产量的39.8％。滇南山区是少数民族集聚地，普遍采用刀耕火种，毁林毁草严重。随着水土流失，土壤肥力下降迅速，旱稻连作第三年的产量仅为第一年的44.2％，第四年为第一年的4％，而第一年的旱稻产量也仅1 500公斤／公顷左右。"种一箩，收一筐"的现象很普遍。

2. 水旱灾害频繁

森林的破坏，直接造成河流枯水期流量减少，洪水期洪峰增大，洪枯比值拉大，水旱灾害日益严重。根据历史记载，黄土高原在春秋战国以前森林覆盖率在50％以上，秦至南北朝时降为40％，至唐、宋已降至30％左右，明朝已仅余15％上下。与此相对应的是秦汉年间黄河泛滥、决口平均26年一次；三国五代年间平均10年一次，北宋年间1年一次，元、明、清年间则不到1年就发生一次。黄河频繁地决堤泛滥和改道，给纵横25万平方公里的范围内留下大片盐碱沙荒，给平原人民的生产、生活带来巨大灾难。

据史料记载，唐代以前长江上游原始森林覆盖率达60％以上，几乎没有水灾，宋、元代平均5～6年一次，到清代平均4～5年一次，到1931—1949年平均1.1年一次。

除水灾外，旱灾也日趋频繁。据云南省气象资料记载，1470—1950年，大旱灾平均9.6年发生一次，而1950—1978年每3.2年发生一次。江西省赣南地区，在历史上记载是大旱灾50年发生一次，大水灾30～50年发生一次，而从20世纪50年代初到80年代末，已发生大水灾10次，大旱灾12次。

水土流失还将地面切割得支离破碎，水文状况显著恶化，地下水位不断下降。黄土高原20世纪六七十年代打的深水井近半数已枯竭，地面泉水也多干涸。1980年山西省11个著名大泉的涌水量比1966年减少12％～68％，人畜吃水困难的地区有增无减。

3. 河流、湖泊、水库淤塞

河流上游大量泥沙倾入河道，在地势变缓后，河流流速减慢，泥沙大量沉积下来，致使河床不断抬高，河流泛滥改道。以黄河为例，年输沙量为16亿多吨，花园口以下河床已高出地面4～10米，最高处可达12米，成了地上悬河，威胁着十几条交通干线、上百座城镇、上千万人口和近700万公顷农田的安全。河流上游水土流失，还造成泥沙淤积水库及湖泊，大大降低了蓄洪抗旱的能力。长江全流域水库总库容800亿立方米，已淤积12.5％，更严重的是建于岷江的龚嘴水电站，蓄水12年，泥沙淤积已占总库容的66％。北京官厅水库是1949年后建成的第一座大型水库，原有库容22.7亿立方米，目前已淤积6亿立方米，对首都和永定河下游地区已构成严重威胁。黄河三门峡水库，由于泥沙淤积，至1977年已减少库容59％。据统计，40年来，全国水库淤积损失库容约1 000亿立方米。若以山东省标准，每立方米投资0.3元计算，损失约300亿元，损失之巨令人瞠目。

湖泊由于泥沙淤积缩小了水面。洞庭湖水面由解放初期的30多万公顷缩小到目前的21万公顷。水库、湖泊的淤积，大大降低了蓄洪灌溉、防洪抗旱的能力，从而使水旱灾害日趋严重。

泥沙淤高河床，使中下游航道堵塞，航程缩短。据报道，全国内河通航里程，20世纪60年代初为17.2万公里，80年代初为10.8万公里，短短的20年缩短航程37.21％。长江航道仅湖北省境内，70年代末就比60年代初缩短航程42.1％。四川省1958—1978年，航程平均每年缩短286.4公里；湖南省1965—1974年，缩短航程5 800公里，给国民经济带来极大损失。

二、人口膨胀是贫困山区生态失衡的根本原因

山区生态系统的脆弱性和对山地资源的不合理开垦，是山区生态平衡遭到破坏的两个直接原因，但更深层原因是山区人口的爆炸式增长。

（一）山区人口爆炸式增长及其根源

中国人口增长过快已是公认的事实，山区人口增长的速度又远远高于全国平均水平。1962—1985 年全国人口平均自然增长率为 19‰，西部山区则高达 21‰，宁夏等少数民族地区则更高，达28‰，有的县高达 34‰。中国人口密度原本就高，1990 年全国第四次人口普查时，全国人口密度为 118 人／平方公里，为世界人口密度的 3 倍以上。一般说来，山区人口密度应该远远低于全国平均密度，但是中国的许多山区省份人口密度甚至超过全国平均密度。例如，贵州省人口密度 1990 年就达到 184 人／平方公里，远远超过了全国人口密度。贵州省的毕节地区甚至在 1982 年就达到194.3 人／平方公里。河南省大别山区甚至达到 337.7 人／平方公里。1989 年对山区、丘陵、平原地区的每个劳动力的负担系数做了调查，结果分别为 1.78、1.63、1.59。山区最穷，但负担系数却最高。据专家们研究，山区每平方公里人口密度宜在 100 人以下，才能实现人口与资源的平衡，不至于超过土地的承载能力。而上述地区已大大超过了土地的承载能力。

山区人口增长比平原快，既有认识上的原因，也有经济及社会的根源。

首先，山区人民科学文化水平低，长期游离于商品经济之外，过着一种自给自足的封闭和半封闭的生活，旧的宗法观念诸如"传宗接代""重男轻女""多子多福"的社会人口观根深蒂固，生育

动力机制没有发生根本改变。

　　其次，在推动经济发展的三个因素（物化劳动的递加投入、活劳动的递加投入及科学技术的进步）中，贫困山区极端缺乏物化劳动的递加投入能力和科学技术进步的手段。山区人们经济发展及生活改善的希望世世代代主要寄托在活劳动的递加投入上。换句话说，增加人口从而增加劳动力的数量是他们脱贫致富的希望所在。但事实上，事与愿违，人口与劳动力过快增加的结果，生产的增长部分不仅被新增人口所消耗掉，而且人均占有的资源量持续下降，单位土地需要养活的人口数愈来愈多，出现了人口与资源的失衡。人口与资源的失衡导致经济停滞，社会生产力水平长期低下，又迫使人们增加人口和劳动力去增加产量。这样就出现了一个恶性循环，即愈穷愈生，愈生愈穷（见图 4-1）。

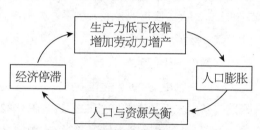

图 4-1　人口恶性增长循环示意图

　　上述人口增长的恶性循环在实行家庭联产承包责任制后，由于以下五方面的因素被进一步强化了。

　　（1）依赖增加人口及劳动力数量来发展经济及增加收入的动机，在过去人民公社制度下，由于实行"大锅饭"和分配上的平均主义，在农民家庭内是被抑制着的。实行家庭联产承包责任制后，农民家庭作为生产、经营和经济核算的基本单位，成了独立的利益主体。过去被抑制着的依赖增加劳动力以增加收入的动机得到了解脱，从而使人口增长恶性循环圈更难以控制地运转起来。

　　（2）经济体制改革前，农村中设有公益金，这是一种社会福利基金，用来对缺乏劳动力、生活没有依靠的鳏、寡、孤、独的社员在生产和生活上给予适当照顾，使他们的生养丧葬都有保障。在实行家庭联产承包责任制后，许多地方集体经济不是很健全，社会保险全部转移到农户身上，农户的风险意识加强了。在当今生产力水平还很低，劳动力剩余产品很少，负担人口能力很低的条件下，一个劳动力难以赡养自己年迈的双亲，必须要有两个以上的劳动力才能做到。这是贫困山区人口快速增长的经济上的根源。

（3）中国控制人口政策的实施，是以政治上和组织上的高度集中统一、协调一致做保障的，通过党、政、军、工、青、妇、团、居委会和村民小组等组织和社会团体多渠道进行计划生育的宣传和组织工作。1978 年农村经济体制改革后，各级行政组织的结构和功能有了很大变化，控制人口方面的能力被大大削弱了。山区由于交通不便，居住分散，计划生育的管理更不易实行，再加上乡村干部受旧观念制约，执行不力，大大降低了对山区农民生育行为的制约力。

（4）山区的生产和生活条件比平原地区要艰难得多，开发山地、修梯田、平整土地、开渠引水、送肥上地、收获产品，主要都是靠肩挑背扛，上山下坡，劳动强度比平原大得多，一般女劳动力难以胜任。另外，贫困山区生活水平低，人口的生育、哺育成本低。这两个原因结合起来，是山区农民要求多生子女，特别是多生男孩的另一个经济根源。

（5）山区是少数民族的聚居地。仅云南一个省就有 24 个少数民族，占全省人口的 1/3，多居住在山区。湖南省 1982 年人口普查共有 240 多万少数民族人口，其中超过万人以上的有苗族等 6 个少数民族。而国家对少数民族在控制生育方面是比较宽松的，这也是山区人口自然增长率远远高于平原地区的一个原因。

（二）山区人口爆炸式增长引起的人与资源的失衡

人口过快增长给贫困山区带来了以下严重后果。

1. 人口增长过快，降低了人口素质

人口增长、经济发展速度和人口素质三者存在于一个内在循环圈中。人口增长过快，经济增长速度减缓；经济增长速度减缓，人口素质下降；人口素质下降，又推进了人口的增长率。就全国来说，1978年经济改革以来，人口文化科学素质有了提高，文盲、半文盲占总人口的比重已由1982年的22.81%下降到1990年的15.88%。但是贫困山区的人口素质仍未有较大改观，1987年山区、半山区的文盲、半文盲还占总人口的40%，贫困山区高达70%。青海省东部垴山地区文盲高达80.6%。这些文化水平低的地区的出生率都很高，1981年广西壮族自治区12岁以上的人口中文盲、半文盲占50%以上的县，人口出生率都在30‰以上，隆林各族自治县文盲率为64.5%，出生率高达41.7‰。

2. 人口增长过快，破坏了人口与土地资源之间的平衡

生态系统是一个物质循环和能量流动的系统。其移动顺序是：初级生产者即绿色植物通过光合作用将太阳能转变为化学潜能，将无机物转化为有机物，再依次经过动物和人类等消费者组成的食物链，进一步把化学潜能和有机物转化输出和传递下去。生态系统的物质循环和能量流动，在通过食物链各营养级时，通常后一营养级的生物量只等于或小于前一营养级生物量的1/10，这种现象称为生态金字塔。人与土地的关系正是生态金字塔的塔顶与塔基的关系。著名生态学家奥杜姆（E. P. Odum）曾用一个生动的事例说明了这种依赖关系。一个12岁的孩子一年的全部食物相当于4.5头牛，而饲养这4.5头牛需要4公顷土地上生长的2 000万株苜蓿。可见，处于塔顶的人，若没有土地这一塔基，便没有坚实的物质基础，便无法维持生存。而且，人与土地之间应保持合理的数量关系。当人口的数量与生态系统所能提供的生物量相适应时，才能保持生态系统的平衡和稳定。从这个意义上讲，人与资源之间的平衡是生态平衡最基本的、居第一位的平衡。

贫困山区耕地资源本来就少，由于人口过快增长，人均耕地在

中国贫困山区发展的道路

不断下降。以广西壮族自治区为例，1950—1962年，人均耕地从0.13公顷下降到0.07公顷，1984年进一步下降为0.06公顷，远远低于全国平均0.1公顷的水平。人地矛盾首先在农产品供需不平衡上反映出来，而农产品供需不平衡首先在粮食上突出起来。这是因为，从维持人们的生存的角度来说，粮食是所有农产品中效能最高的农产品，其他任何农产品都抵不上粮食。所以，在人地矛盾逐渐尖锐时，人们首先要挤掉其他作物，保证粮食生产，导致出现单一种植粮食的局面。当人均粮食拥有量下降时，说明人地矛盾已经发展到了一个更为严重的新阶段。

解决粮食供需矛盾的出路有两条：一条是在现有土地上进行高技术的集约化经营，不断提高人类对生物、对环境的控制能力，建立一个更高水平的人与土地之间的协调平衡关系；另一条是毁林、毁草开荒，增加耕地面积，实现粮食的供需平衡。

选择哪一条出路，不取决于人们的主观愿望，而取决于经济实力和人口素质。山区的经济实力薄弱，能向土地投入的资金少，农业的自我调节能力低，加上人口文化素质低，科学技术落后，思想观念保守，缺少开拓和创新精神，于是，为解决温饱，不得不选择通过开荒来增加粮食产量的后一条途径。西双版纳的农业生产是可以用来说明这个过程的最好例子。就农业生产来说，西双版纳可划分为两个地带：平坝和山地。在20世纪50年代前期，平坝以种粮为主，粮食自给有余，供应山区。山区发展林业、茶叶、紫胶及热带水果，以换取平原地区的粮食。当地居民完全了解森林在保护生态平衡中的重要意义，守着茂密的热带雨林，轻易不加砍伐。每增添一个孩子，就种植20～30棵铁刀木（一种生长迅速的薪炭材树种）做燃料。所以整个地区多种经济全面发展，生态平衡，山青水绿，珍鸟异兽，成为中国著名的风景旅游区和珍贵的天然基因库。经过20多年的发展，情况发生了变化，这个地区人口增加了两倍（一半是自然增殖，一半来自外来移民），结果人与土地资源、人与粮食之间原来的平衡被破坏，变成了不平衡。邻近地区没有能力供应本地区粮食，稍远地区则由于交通不便和运费高昂，无法运进粮食。为了解决粮食困难，不得不采取简单地扩大粮田面积的办法，出现了全地区范围长期的毁林开荒。粮食的种植技术又十分落后，刀耕火种，广种薄收，在山坡上烧树林，种地一年，撂荒两年，周而复始。每种 1 公顷地，需毁林 3 公顷，产量不过 750～1 500 公斤，并且造成严重的水土流失。据统计，20 世纪 50 年代西双版纳的森林面积为 92 万公顷，现在下降为 17.6 万公顷，连国家划定的一些自然保护区都未能幸免。

在毁林开荒的初始阶段，由于面积的增加，粮食总产量确实有所提高，其增长速度超过了人口的增长速度，人均占有粮食有所增加。但是随着森林被破坏而来的水土流失，土壤变得贫瘠，水旱风沙灾害频仍，许多新垦荒地被冲毁，粮食单位面积产量及总产量出现了长期徘徊不前的局面。有的山区人均拥有粮食不仅没有增加反而下降了。黄土高原 115 个县的调查表明，1976 年粮食产量比 1949 年翻了一番，同期人口也增加 1 倍，增加的粮食都被新增人口所消耗，其中 39 个县人均占有粮食反而降低了。表 4-1 是国务院贫困地区经济开发领导小组办公室周彬彬对贵州省毕节县人口和粮食变动情况的调查资料。从表 4-1 中可以看出，40 年来，粮食的总产量虽然也有所增加，但由于生态环境恶化，增长速度很慢。而人口增加的速度却更快，以致人均占有粮食不仅没有增加，反而下降了。这种情况不仅在毕节有，在许多贫困山区都有。西部 11 个省（自治区、直辖市）在 1968 年以前为净调出粮食地区，1953—1968 年共调出粮食 2 165 万吨，年均 135 万吨。1969 年开始变净调出为净调入，至 1980 年，年均调入 81 万吨，1981—1985 年年均调入粮食增至 314 万吨。单纯地抓粮食结果却走向反面，非但粮食没有抓上去，还破坏了生态，恶化了粮食生产环境，降低了粮食生产能力。粮食供需的恶化，又迫使人们去开垦更多的荒地，毁坏更多的森林和林地。

表 4-1　1949—1988 年毕节县人口、粮食变动情况

年份	人口		粮食		人均占有粮食（公斤）
	人口数（万人）	增长速度（％）	粮食数（万吨）	增长速度（％）	
1949	198.67	—	40.67	—	204.5
1952	239.26	20.4	48.99	20.5	204.5
1957	280.10	17.1	71.14	45.2	254.0
1960	269.65	−3.7	51.27	−27.9	180.2
1962	275.33	2.1	58.31	13.7	212.8
1965	297.32	8.0	67.36	15.5	226.5
1970	356.06	19.8	80.74	19.8	226.8
1975	425.56	19.5	94.10	16.6	222.1
1980	479.14	12.6	97.96	4.1	204.5
1985	512.94	7.1	91.24	−6.9	117.8
1988	541.57	5.6	103.83	13.8	191.7

　　这里，我们遇到贫困山区另一个恶性循环，即人口增长过快，造成粮食供应不足；被迫毁林毁草，在坡地上开荒，造成水土流失，地力下降，干旱灾害频仍，生态环境变坏，恶化粮食生产环境；粮食生产长期徘徊不前，进一步加剧了生态环境和人口的快速增长间的矛盾；结果又不得不进一步被迫毁林、毁草开荒，周而复始，使山区愈垦愈穷，愈穷愈垦（见图 4-2）。

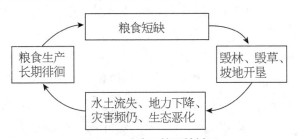

图 4-2　生态环境恶性循环

在贫困山区除由于人口剧增造成粮食短缺、生态平衡破坏这一事实外，还存在着人口剧增，燃料短缺而破坏生态平衡的事实。中国每年约有 7 000 万立方米的木材、1.5 亿吨薪材被作为燃料烧掉，约占全国木材生长量的 1/3、森林资源消耗量的 1/4。即使这样，仍有 5 亿农民每年缺柴 2~6 个月。有些贫困山区缺乏燃料的危急程度比缺粮有过之而无不及，不仅山林被砍，草根被挖，甚至牲畜粪肥都作为烧料烧掉。这是造成山区生态平衡破坏的又一因素。

可见，在贫困山区生态平衡遭受破坏的背后，是粮食供求平衡的破坏，而粮食供求平衡的背后是人口与资源平衡的破坏。不去揭示山区生态平衡背后的更深层的经济原因，只局限在生态平衡上来解决生态平衡；不去解决粮食供求的失调以及更为深远的人口与资源的平衡，无异于隔靴搔痒，并不能真正解决生态平衡问题。

（三）山区人口的控制

考虑到贫困山区人口的过高自然增长率以及对生态环境破坏的严重后果，应该说，节制生育，控制人口，比一般农村更为紧迫。但是考虑到山区劳动强度大以及少数民族等特点，在制定深山区人口政策时要比一般平原地区稍宽松一些。

贫困山区的计划生育工作，除做好宣传，完善人口控制的行政手段，加强节育技术指导等平原地区通用的一般手段外，要特别针对贫困山区人口过快增长的经济根源，更多采用经济上的手段，使过快增长的人口速度减缓下来。

首先，应该试行新增人口不分田的政策。这意味着新增人口（包括人口变动，如死亡及婚嫁而变动的人口）不得在已有耕地中重新分地。如果要求增地，只能在划定可供开垦的未垦荒地中分给土地并按符合生态综合治理的技术规程开垦。这样做不仅有利于对人口的控制，同时也有利于山地资源的有效利用。目前山区山地资

中国贫困山区发展的道路

源利用中的一个重大问题是，农民承包的土地，由于人口增长，不得不经常调整，积若干年的小调整就是大调整，农民心中无底，不知现在经营的土地哪年要重新调整给别人。其后果是农民普遍出现短期行为，表现在掠夺性使用土地、对多年生果树不精心管护、土壤肥力下降等方面，这对山地经济开发是十分不利的。新增人口不分地政策的实施，对于改变农民在土地经营上的短期行为有十分重大的促进作用，国家应据此制定相应政策，促其实现。

其次，要改变贫困山区经济增长主要依靠活劳动力增加的落后生产方式，代之以主要依靠科技进步。要把农民脱贫致富的希望从增加人口转移到科技进步上来。这在今天农民科技文化较为落后的情况下，似乎有一定难度。但只要在思想上重视，将之列入议事日程，在政策上倾斜，持之以恒，局面就会改观。

最后，在村社内要恢复原有的若干社会保险制度，例如公益金、合作医疗，以及灾害保险制度等。同时，为计划生育搞得好的地区和育龄对象，创造更多的务工、经商、上学、就业、贷款等机会和待遇。改变农民养儿防老的陈旧观念，代之以发展社会经济、改变山区面貌防老的新观念。要引导农民在致富道路上和各种机会成本的权衡中，把计划生育作为最佳选择。将它看成是机会最多、风险最小、收益最大的选择。

三、小流域开发治理是山区生态经济建设的基本模式

（一）山区开发治理的基本措施

影响山地资源开发的自然因素中，除光、热、气等因素目前人类尚不能控制外，绿色植物、水及土等虽然也是自然物，却受制于人们的生产活动，正是它们促进或者制约着山区开发性产业的发展进程。

绿色植物生长在土壤中，由土壤提供它生长和立足扎根的环境，以及生长发育所需要的水、气与各种营养物质。没有土壤，绿色植物就失去了上述生长因素供应的源泉和各种物质能量转化的场所，因而也就失去了存在的基础。但是山地的地形恰恰是造成土壤侵蚀的重要因素。当雨滴打击土壤时，土粒随雨水溅移，随着降水的延续，表层土壤孔隙被泥浆充塞，水分下渗受阻，由于重力作用，泥浆随地表径流大量冲向坡下。在雨量稀少的地区，风是土壤侵蚀的动力，引起沙粒移动的风速是 4~5 米／秒。小于 0.1 毫米的沙粒，以悬移形式被带走；0.1~0.5 毫米的沙粒，以推移、滚动形式被移走；0.5~2.0 毫米的沙粒，以蠕动方式被移动，并因重力作用，淹没山下农田、道路。因此，在山地资源的开发治理中，要保持山区的生态平衡，首要任务是控制土壤侵蚀，而防止土壤侵蚀的基本措施是工程措施和生物措施。

1. 工程措施

在坡度较缓的坡面上整修隔坡梯田、坡式梯田和水平梯田。水平梯田是指在坡地上，按一定距离，内切外垫，修成地面平整、外筑堰埂、内修拦水蓄水沟的高标准梯田。这种梯田具有较高蓄水能力，一般能减少径流 70%、泥沙 90%。在 25 度以上较陡的坡面上，不宜修筑梯田，可修水平沟、水平阶、沟头埂、鱼鳞坑等水土保持工程，从上到下层层拦蓄水土。

在治理坡梁的同时，还应治理沟岔，否则坡梁的水土流失虽得到控制，但沟道却仍继续下切，结果沟壁塌陷，沟坡变陡，坡地面积逐年缩小，水土流失仍然无法制止。因此，必须配合治沟工程。治沟工程主要是在沟道上打坝，滞水淤沙形成水平阶梯，减轻水土流失，有的地方还可以根据地形兴建山塘，蓄水灌溉。

2. 生物措施

利用树、草等生物的强大根系来加固工程措施，提高防护效益。例如，在 25 度以上的陡坡坡面上，以及截水沟、鱼鳞坑、梯

中国贫困山区发展的道路

田的地埂等工程上面栽种乔木或灌木或多年生牧草等来保护工程措施，或在沟道打坝的同时，在沟坡造林种草稳定沟坡，防止塌陷，增加地面覆盖，减少土壤冲刷。

此外，在一时还无法开发的 25 度以下的荒山、荒坡和荒滩以及不适宜种植作物的坡地上，采取种草种树的措施大面积控制水土。据测算，十年生人工林平均每年可减少径流 30%、泥沙 80%；人工种草木樨可减少径流 55%、泥沙 77%；自然荒坡植被覆盖率达 80%，可减少径流 92.7%，减少泥沙流失 96%。

通过上述工程措施和生物措施层层拦蓄水土，可使大部分水土不下坡；即使有小部分随地表径流进入沟岔，也可在淤土坝及其植被的层层堵截下分段消纳在沟底，不流出沟外。

在工程措施和生物措施二者中，生物措施，即发展山地植被，特别是森林，是防止水土流失的根本出路。防护林在很大程度上可削弱水力侵蚀，而且受自然因素破坏的概率很小，只要开发利用适当，稳定性是很高的。利用植被的生态效应，又能进一步提高工程措施的稳定性，延长使用寿命。从开发山地的目的来看，工程措施是改变微地形，其可以为植被的最初生长创造良好的条件，而发展山地植被才是既能获得良好的生态效益，又能获得一定的经济效益的根本措施。

植被发展以后，特别是林木生长后，可以有效地降低风速。国内外科研成果表明，在防护林庇护下，可使树高 10~15 倍范围之内的风速降低 50% 以上，一般可低于地表起沙的临界值，因而可保护土壤免遭风蚀。

（二）生态经济沟建设

生态经济沟的建设是在水土保持工程措施及生物措施的基础上发展起来的成功经验，是近年来中国山区生态经济建设的一个新创造。

生态经济沟建设是以小流域为单位进行的。在水土保持中，小流域一般指小于 30 平方公里（最大不超过 50 平方公里）集水面积的沟道，它是一个小而完整的自然集水区，一般多由现代集水沟组成。其分为山（梁、峁）顶部（即分水岭）、沟坡和沟谷三部分，以分水岭作为小流域的边界。其特点是：面积小，沟壑数量多，地形相对高差显著，沟坡和沟道纵坡陡峭，多属季节性流水沟道，坡陡汇流特别迅速，冲刷力很强，水土流失十分严重。

生态经济沟建设之所以要以小流域为单位是考虑到：①小流域是水土流失的一个最基本单位，因此整治开发时，必须以小流域作为一个完整单位进行。②小流域是大流域的组成部分，在水土尚未控制住的小流域，沟头不断前进，沟底继续下切，结果沟壁陡峻，泥沙大量进入大流域。可见，只有小流域治理好了，切断了大流域的泥沙来源，大流域才能治好。

生态经济沟建设的具体做法是，在坡顶和坡度大于 25 度的坡面上，建立能增加林木覆盖度和以草本植被为主的防护体系，重点营造水土保持林、水源涵养林，实行乔、灌、草相结合，增加地面覆盖度，形成保水保土的防护林。在营造防护林时，要适当增加造林密度，灌木株行距为（1~1.5）米 ×（1.5~2.0）米，乔木为 1.5 米 ×2.0 米，以便形成较大的郁闭度。混交林以带状、块状混交为主，乔木、灌木采用行间混交；行向、带向与等高线平行，栽植点呈品字形排列。考虑到小流域中营造防护林工作量很大，在降水量和土壤条件较好的地区，实行飞播和封山育林育草是行之有效的措施。一般封山 2 ～ 5 年能形成较好植被，取得明显的水土保持效益。

对 25 度以下坡面的治理开发同样是以减少和消除径流为中心，并要与建立农、林、牧生产基地建设结合起来。主要措施是修筑梯田，把现有的坡耕地或现有荒山坡改造成坡式梯田、水平梯田或隔坡梯田。水平梯田外缘要修筑地埂，埂上要种植护坡植物；也可培植天然杂草，形成覆盖，同样能达到保护地埂的作用。梯田的田面要平整，外缘稍高，内缘设有排水、蓄水小沟，在正常的降水条件下，能拦蓄绝大部分降水，如遇特大降水时，能把梯田内的地表径流排出梯田，以免冲毁工程。在水土流失严重的地区，要修筑隔坡梯田，在上层梯田和下一层梯田之间留出坡面，在隔坡上带状种草或带状造林，以增加保持水土，扩大生态效益的能力。在地形复杂无法修建梯田的坡面上，要因地制宜修筑水平阶、截水沟、鱼鳞坑等保护水土的工程，以拦蓄尽可能多的径流。

梯田的耕作措施也影响坡面水土流失状况。例如，加深耕作层、增加土壤有机质含量、等高耕作、套种、种植绿肥等保土耕作措施，都能达到增强蓄水保土、保墒增产的作用。

由于坡面是地表径流和泥沙的主要产地，又是农业、林业、牧业的主要生产基地，因此坡面治理必须和生产的发展结合起来。一般来说，坡面具有宜经济林、宜粮、宜牧的特性，但重点应以发展经济林为主。因为经济林本身也是林木，具有通常森林能改善生态环境的一切属性；经济林特产品价格放开、市场紧俏，有些还远销国外市场，兼具经济效益高和生态效益好的双重特性；经济林产品的经济收入能支持整个山区经济的发展和经济实力的提高。当然，经济林特产品生产也有其本身的弱点，即生产周期较长，生产投资在短期内无法取得报偿，这就要求在幼龄林果行间间作粮食、药材、油料、牧草等短期内能有收益的作物，以这些短期内就有收益的项目来支持较长时期始有收益的经济林特产品的生产。

在一些土壤发育程度低、肥力水平低下的梯田里，一时还不宜于从事经济林特产品生产的，可以先种植牧草。利用牧草以及依靠牧草发展起来的畜牧业所提供的粪肥，来改良培肥土壤。在粮食不足的贫困山区也可以利用坡面梯田发展粮食生产，除了满足口粮需要之外，也可以提供精饲料来发展畜牧业，以生产畜产品和改良土壤。总之，各地应因地制宜地选准适生适销的经济林特产品，配合粮食、经济作物和畜产品进行开发，实行种植业、林业、畜牧业的综合发展。据浙江省估计，建立高标准梯田每公顷约需投资7 500元，但建成后年年可得益，三年即可收回全部投资，是一本万利的措施。

沟壑是水力重力侵蚀的集中点，是洪水和泥沙的通道，治理的重点是拦蓄泥沙，滞洪蓄水，发展灌溉。办法是自上游到下游，沟沟闸坝、节节拦蓄；在干沟上修筑谷坊、塘坝和小型水库。这些工程在洪水来临时可蓄积径流，在旱季时可蓄水灌溉。

在小流域治理中还应结合道路建设，以利于把生产资料送到田间和把产品送下山。道路建设也要有利于水土保持工作，道路要和坡向成正交或斜交，内边修筑截水沟，拦截坡顶来水；外边种植乔、灌、草，并养护天然杂草，防治侵蚀。

可见小流域治理是把工程措施和生物措施结合在一起的综合治理开发系统。要坡顶、坡面及沟壑上中下结合，先治上后治下；沟坡兼治，先治坡后治沟。在工程措施上应从上到下，建梯田、截水沟、水平阶、鱼鳞坑、地堰、谷坊、塘坝和小水库，使之配套发展，层层拦蓄水土。在生物措施上应从上而下发展防护林、用材林、经济林、草地，实行乔灌草综合发展，把小流域用绿色植被覆盖起来，达到既治理山地，又开发资源，繁荣山区经济的目的。

凡认真采取上述措施的山区，生态环境及经济水平都发生了巨大变化。我们在吕梁山区的河曲县做过调查，自1983年以来，经连续治理，全县治理水土流失面积6.3万公顷，占应治理面积的59%，每年减少流入黄河泥沙量约634万吨。已经治理的地区做到了水土不出沟，因此产业结构发生了根本性的变化（见表4-2）。

表4-2　河曲县土地利用结构的变化

项目 年份	总面积		农地		林地		草地		果园		宜林草地		其他	
	面积（万公顷）	占比（%）	面积（万公顷）	占比（%）	面积（万公顷）	占比（%）	面积（万公顷）	占比（%）	面积（万公顷）	占比（%）	面积（万公顷）	占比（%）	面积（万公顷）	占比（%）
1983	13.2	100	5.2	39.4	2.2	16.7	0.6	4.3	0.1	0.7	2.0	15.2	3.1	23.5
1986	13.2	100	3.8	28.8	3.5	26.5	1.1	8.3	0.7	5.3	1.4	10.6	2.7	20.5
2000*	13.2	100	2.5	18.9	5.5	41.7	2.3	17.4	1.1	8.3	—	—	1.8	13.6

* 2000 年材料为规划数。

1986 年，全县粮食总产量突破 5 000 万公斤大关，人均占有 500 公斤，比以前增长 1/3，羊、猪增至 17 万头（只）。此外，人均拥有 0.2 公顷乔木林、0.09 公顷灌木林、0.058 公顷果木。农村经济已从过去单一粮食生产转向农林牧综合经营。

太行山区的邢台县是另一个例子。根据我们的调查，该县从 1984 年开始进行了林果为主、农林牧副渔配套发展的山区小流域综合治理。截至 1988 年底，5 年中全县小流域治理总面积达 45 866 公顷，覆盖全县山地面积的 1/3，增值效益 5 849 万元，年递增 159%，各项经济指标见表 4-3。

表 4-3　邢台县 1984—1988 年山区小流域治理经济效益

年份 项目	累计治理沟数	累计面积（公顷）	每公顷增值（元）	全县增值（万元）
1984	114	14 333	150.00	215
1985	214	26 666	230.25	614
1986	265	32 666	338.25	1 105
1987	315	40 533	422.55	1 713
1988	365	45 866	480.00	2 202

该县的前南峪村从 1977 年开始山区小流域治理，使全村 10 条大沟，72 条支沟，553.3 公顷荒山、荒坡披上绿装，植被覆盖率达到 84.3%。1987 年与 1977 年相比，干鲜果收入由 3.7 万元增加到 47 万元，林木收入由 5.8 万元增加到 25 万元，农业收入由 4.1 万元提高到 14 万元。

总之，小流域治理的最大特点和优点是：它能把山区的环境治理和资源开发利用很好地结合起来，把生态、经济和社会效益融为一体，把当前脱贫和山区长远经济建设合而为一；它能把山区的丰量、优势资源转化为产品优势，从而为贫困山区走向商品经济提供可能性。

四、山区生态村的建设

农村的村一级单位，往往就是一个自然地理小单元，山区尤其如此。现行的村一级组织虽不是完全的生产单位，但仍负有部分组织、计划和指导生产的任务，并或多或少直接经营部分工、副、商业；同时，它还是村民生活的组织者、社会福利的实施者。因而以村为单位建立生态体系，是比较合理的，也是比较容易实现的。

生态村是以自然村落为单位，依据生态学原理建立起来的具有良性循环机制的生态系统。关于生态村的标准，目前还没有统一的认识，归纳各方面的看法，有以下几点是一致的：①根据大农业区划分，因地制宜做到农、林、牧、渔加各业结构合理；②绿色植被率高，山区森林覆盖率要达到 40%~60％；③生物产量逐年上升，土地肥力逐年增加，经济效益逐年提高；④消除污染，饮水清洁，空气新鲜，环境优美；⑤人口自然增长率合理，人民生活水平和健康水平不断提高；⑥开发农村新能源，因地制宜发展各种可再生能源，节约用能。所以生态村是生态效益、经济效益和社会效益的统一体。

目前，许多贫困山区村落较小，作为农业生产和村民聚居的中心是可以的，但作为生态村，规模过小不利于新产业的形成和基础设施的建设。在经济条件许可时，可以适当调整，逐步向中心大村集中，把小村并成大村；或者以现有大村为核心，把周围若干个小村纳入辐射范围内，形成一个生态村落。

生态村的建设应包括以下具体内容。

（一）积极发展生态农业

农业生产是农村的基本生产活动，生态村的农业生产必须走生态农业的道路。它要求合理调整生产结构和产品布局，努力提高太阳能的利用率，促使物质在系统内循环利用和多次重复利用，提高能量转换效率，以最少的投入生产尽可能多的产品及加工品。

1. 较高的太阳能利用率

生态村首先应大力开发、充分利用取之不尽、用之不竭、在山区具有特殊优势的太阳能。只有绿色植物能固定太阳能，它通过光合作用将太阳能转化为化学潜能，把无机物转化为有机物。有了绿色植物，才有草食动物的第二级生产，才有肉食动物的第三级生产。可见，绿色植物是能量流动的源泉，是一切生物得以生长繁衍的基础。要扩大畜牧业和养殖业以及加工业，只有增加第一级生产者的数量。生态村要使一切可以种植绿色植物的地面和水面都布满速生高产绿色植物，以截获更多的太阳能。这对尽快改善山区水土流失造成的不稳定的生态环境也有特殊意义。

目前太阳能利用率还很低，野生植物光能利用率平均只有0.5%，粮食作物平均利用率为0.5%~1%，高产作物也只达到1.5%~2%，但有个别的高产农田，光能利用率已达到5%以上。所以，经过努力，是可以将光能利用率提高到2%~5%的高水平的。

提高光能利用率除增加大地上绿色植被的面积外，还应大力提高绿色植物转化无机物为有机物的转化效率。提高转化效率的途径基本有三条：①因地制宜，因土种植，将各种树木、草、农作物都安排在各自适宜的环境中。②选用转换太阳能效率最高的，即单位面积上产出生物量最大的品质优良的品种。③改善环境条件，通过培肥土壤、兴修水利、植树种草、保持水土等方法，为植物生长提供适宜的生态环境。为此，生态村必须调整好生产结构和产品布局，利用优化绿色植物生产结构，协调它们与环境的关系；或改善生长环境，适应绿色植物生长发育的要求，来强化初级生产，为农业生态系统创造前所未有的物质基础，大大丰富完善系统内的全部运转过程。另外，还要严格控制收获量，使收获量小于生长量，保护其再生能力。只有这样才能做到生物资源科学管理，永续利用。

在提高光能利用率保护植物资源的同时，要特别注意保护土地资源。土壤是作物生长的基地，如对土地一味采取掠夺式利用，会导致土壤肥力衰退，土地生产力下降，农业生产系统的良性循环也就无从谈起。一定要做到用地与养地相结合，以养为主，使土地越种越肥。中国传统农业中大量使用有机肥料、与豆科作物轮作、间混套作等，都是行之有效的培肥土壤的方法。

2. 保证较高的生物能转化率和"废物"的再循环率

生态村在尽量扩大绿色植被，提高生物产量的基础上，还要合理利用植物产品，否则也不能为社会创造更多的财富。换句话说，还要提高第二、第三级生产者的转化效率，以增加肉、奶、蛋等食品的生产。这就要求，一方面，通过饲养那些饲料转化率高的优良品种，配合以优良的配合饲料和科学的饲养方法来提高生物能的转化率；另一方面，通过设计合理的食物链对物质和能量进行多级和多次利用。既要求生物资源产生出食物和饲料，又要使它们能成为燃料和肥料，使生物资源的各种物质成分能为人们充分利用。生态农业不应有"废物"产生。习惯上所指的"废物"，其实常常是另一种生产的原料。例如，作物秸秆、稻壳、棉籽皮等所谓的废物，可加工制成食用菌的培养剂；食用菌采摘后，剩下的菌糠可制成猪、牛、鸡的饲料；猪粪入沼气池可产生沼气，作为农村燃料，或加工业的动力；沼气渣入鱼塘养鱼，其中一部分被鱼吞食，一部分用于繁殖大量的浮游生物，再为鱼提供饲料；鱼粪和塘泥又可做肥料肥田。廉价的秸秆经循环利用后不仅可形成无废物生产，而且可输出比本身价值高许多倍的产品。

3. 建立结构合理的立体农业

生态村在农业生产上要充分利用生物种群之间共生互养的关系，合理配置农业植物、动物、微生物，实行立体种植，混合喂养，建立结构合理的立体农业，使有限的空间，水、土、光、热资源得到充分利用，并在功能上相互补偿，增强农业抗御自然灾害的能力。例如，利用种间互利关系，采取豆粮间作，豆科、禾本科牧草混播，间作套种等。在这方面，山区农民在长期的生产实践中创造了丰富的经验，如林粮间作，果粮间作，林药、林菜、林茶间作，或茶园梯田埂种黄花菜等。既充分利用了光、热、土地资源，又培养了地力；既稳定了粮食生产，又发展了经济植物，增加了农民的收益。

例如云南省就有林药套种的传统。在天然林或人工林下种植药材（三七、萝芙木、砂仁、天麻、百合等），上层林木以樟树类、栎树类、栲树类、松柏类、竹类及橡胶、漆树、果树等经济林为主。上层林木为下层药材的生长提供蔽阴条件，为药材生长创造特殊有利的环境条件。

在山区有水库和水塘的生态村，可发展水产养殖业。鱼在水库中是一个独立的生态系统，不同的品种有不同的分布规律，顺应规律就可形成水体的立体养殖。鳙鱼、鲢鱼喜爱生活在水体上层，鲩鱼生活在中层，鲮鱼、鲤鱼在底层，中层鲩鱼排出的粪便促进了浮游生物的繁殖，供上层鱼食用。一般鲢鱼食用游浮植物，鳙鱼食用浮游动物，用剩的饲料以及浮游生物和鲢鱼、鳙鱼的粪便沉到库底，又成为鲮鱼、鲤鱼的食料。它们的排泄物分解出来的氮、磷、钾等混合在塘泥中，又成为优质的有机肥料。这种生态系统管理技术既可以充分利用生物资源，也可以保护当地农业环境，促进生态及经济的双良性循环。

4. 一业为主，多种经营

生态农业应是农林牧渔加各业之间相互协调、全面发展的农业。多业结合综合经营可以获得更好的效益。它可以全面开发利用各种资源，有利于农业生态系统内能量和物质的多次综合利用，提高转换效率；有利于发挥各业之间的相互促进作用。林业的发展，有利于保持水土，改善作物生长环境；畜牧业的发展，既利于充分利用各种植物产品，使农业有机废弃物资源化，又利于培肥土壤；沼气的发展，有利于改善农村生活环境和生物能的充分利用。

5. 创造较好的经济效益

生态村可以通过对各种资源的反复利用，实现多次增值。每在食物链的链条上多加一个环节，就能使资源多转化一次，多得一项新产品，从而增加出成倍的产值。例如，有人计算，利用 100 斤稻草培植蘑菇，菌糠养牛，牛粪入沼池产沼气、沼渣、沼液喂鱼、肥田，经过如此循环后，所产生的产品价值比稻草本身价值高出30 多倍。

除利用食物链加环增值外，还可以设计合理的加工链，对产品进行深加工，多次增值。农村生态系统作为一个系统来说，如以出卖原料为主，则流出系统之外的能量和物质很多，而返回系统的价值流（产值）却很少，加工次数越多，产值越高，流失的物质和能量就越少。如种 0.67 万公顷亚麻，卖原料只值 400 万元，经过三次加工，产值可增加到 1.5 亿元，增值 37.5 倍。

（二）大力发展新能源，解决农村燃料问题

1982 年，中国农村能源总耗量约为 8.4 亿吨标准煤，用于农村工农业生产的只占 26.48％，其中农业生产用量更低，只占13.72％，生活用能占 59.75％。即使生活用能占到整个农村用能的60％左右，仍然感到能源不足，每年约有 40％的农户严重缺柴。不足的部分就用砍树、捋树枝、挖树根、铲草皮、烧牛粪等方式解决。这些被烧掉的生物物质占农村生活能源的 85.7％，而煤、电、油分别只占 12.5％、1.2％、0.6％。在生物质能中，秸秆占50.8％，薪柴占 46.4％，畜粪占 2.5％，沼气只占 0.3％，可见，秸秆和薪柴所占比重最大。有人估算，目前被烧掉的秸秆约 5 亿吨，木材约 7 000 多亿立方米，薪柴 1.5 亿吨，畜粪 1 000 多万吨。这样多的生物物质被烧掉，是造成农村秸秆不能还田、山林被毁、生态恶化的重要原因。

农村生物物质直接作为燃料被烧掉，是一种严重的浪费：一是能量的利用率很低，被烧掉的秸秆、木材、畜粪的热效率分别为

10％、15％和18％。也就是说，热能分别被浪费了90％、85％和82％。二是大量的氮、磷及其他营养元素和维生素、粗蛋白、粗脂肪、糖类等有机物质被白白浪费。如将这些物质用来还田或饲养牲畜，则可以增加粮食和肉、蛋、奶的产量。有人计算，每吨秸秆所含养分相当于30~35公斤化肥，可增产粮食60~70公斤；烧掉5亿吨秸秆，等于烧掉3 000万～3 500万吨粮食，相当于近年来年进口粮食总量的一倍。

可见，加强农村能源开发建设迫在眉睫。生态村除应节约利用矿物能源外，还应积极开发可更新能源的利用，如生物能、风能、太阳能等。特别是沼气的利用，这些能源具有少污染、合理利用不会枯竭等优点。生态村可结合当地实际情况，有选择地开发利用。

1. 提高能源利用率，节约能源

大力改造旧式炉灶为节能灶。旧炉灶不仅热效率低，耗柴多，而且烟尘大，污染严重。据河南、江西、山东等地改旧式灶为节能灶的实践，热效率可提高20％~30％，特别是二次进风灶，热效率可达30％以上，比旧式灶节约燃料一半左右。这是一项花钱少、技术简单、见效快、农民愿意接受的节能措施，也是解决农村能源的一项重大节流措施。如将目前农村烧掉的秸秆和薪柴节约下来一半，就能为畜牧业提供30％的粗饲料，或为农田增加50％的有机肥源。

2. 大力营造薪炭林，建立农村可再生能源基地

薪炭林是以生产薪柴为主要经营目标的林种，具有投资省，生长快，树种多，耐瘠薄，适应性广，萌发力强，一经种植成活，年年可以有收益等特点。它是良好的生物再生能源，对解决我国农村燃料不足具有重要的作用。在山区，它除了可做能源外，还有涵养水源、保持水土、调节气候、改善山区生态环境等作用。山区缺柴户利用四旁闲地、荒坡，每户种0.06~0.13公顷薪炭林，不仅可以基本满足烧柴的需要，而且可以得到一些小径材、农具材、肥料和饲料。

薪炭林投资少，除人工外，每公顷只需投入 150 多元的苗木费，但收益却很大。例如我国南方种植桉树，当年种植，次年就可采伐，一般树高可达 6~7 米，每公顷产薪炭材 37~45 吨；北方种植刺槐，种后 4 年可平茬，每公顷产干柴 37 吨以上；旱柳、枫杨长到 5~6 年，每公顷也可提供 1.5 万公斤左右的薪柴，一般 5~6 年即可收回成本。山区宜林荒地甚多，薪炭林种植技术简单，容易掌握，如能在今后 10 年发展 1 400 万 ~2 000 万公顷，再加上其他能源，则农村缺能问题可得到根本好转。

3. 积极发展沼气

沼气是生物物质经微生物发酵而产生的能量，是一种先进能源。优点在于人畜粪肥及作物秸秆等各种有机物质中含有的碳、氢、氮、磷、钾等各种元素，经微生物发酵后，碳氢被分离出来，化合成甲烷用于燃烧，其他各种元素和有机质被保留下来，作为肥料施入土壤。秸秆的四种不同利用方式所产生的效果见表 4-4。

表 4-4　农作物秸秆的不同利用方式及效果

利用方式 ＼ 项目	能量利用（％）	营养物质（粗蛋白等）的利用率（％）	氮、磷、钾利用率（％）	有机质利用率（％）
直接燃烧	10	0	仅钾 100	0
直接还田	0	0	部分利用	部分利用
过腹还田	0	60	60	部分利用
沼气发酵	60	90	95	部分利用

资料来源：丁举贵，何遒维.农业生态经济 [M]. 郑州：河南人民出版社，1990：181.

从表 4-4 可以看出，秸秆经发酵制成沼气后燃烧，是直接燃烧热效率的 6 倍。秸秆中 90% 以上的营养元素和有机质被保存下来，沼渣、沼液是优质肥料。沼气不仅可以用作燃料，还可以用来照明和发电。柴草、粪便经沼池发酵可以消灭病菌虫卵和降低草籽的发芽率。虫、菌在沼池内存活时间是：痢疾杆菌 30 小时，副伤寒杆菌 44 天，钩端虫螺旋体菌只有 29~31 小时。沼气池内沼液中的虫菌比进料时人畜粪中寄生虫和病菌少 98％。可见，沼气发酵切断了虫菌传染途径，保证了人畜健康，有利于生态环境改善。如以一户五口之家每年燃烧秸秆 2.5 吨计，则建造一个 8~10 立方米的沼气池，以一年利用 8 个月计，只需投入 1.1 吨秸秆，再加上粪便，就可以基本满足全家生活用能需要，可节省 1.4 吨秸秆。全国山区农户约 8 000 万户，如有一半建立沼气池，就可节省秸秆 5 600 万吨，同时还可获得优质肥料，这一数字十分可观。

4. 充分利用水利资源，办好山区小水电

全国水力资源几乎全部集中在山区，资源丰富，发展水力发电的潜力很大。水力发电设备技术比较简单、成本低，但却兼有航运、养殖、灌溉等综合效益。"以电代柴"有利于保护山区森林资源和生态环境。在电力充足的情况下，还可向大电网输电，使电力小网与大网相互协调，促进山区乡镇企业和工农业的稳定发展。因此，积极开发水能是我国山区能源建设的一个重要方面。

5. 充分利用太阳能和风能

太阳是巨大的能源宝库，太阳能干净、无污染，是人们能够自由利用的能源之一。山区利用太阳能的方式有：太阳能温室、塑料大棚、薄膜阳畦、地膜覆盖以及太阳能灶、太阳能热水器、太阳能干燥器等。据实验，一般一个农户有 2.5 平方米采光面积的太阳灶，基本能解决做饭问题，一年的热量相当于 600 公斤原煤。中国大部分山区全年日照时数都在 2 000 小时以上，华北、西北、青藏高原的山区是太阳能资源丰富的地区，全年日照可达 2 500 小时以上，是开发太阳能的有利条件。

山区风能贮量很大，如按有开采价值和地理上有可能利用的

约占 10％计算，其资源量也是相当可观的。近几年不少山区推广
50~100 瓦微型风力发电机，可用于生活照明、电视机，也可用于
排灌。开发季节性风能与水能、太阳能相配套，可以达到资源互
补，合理利用。

山区农村分布多种能源，应本着因地制宜、多能互补、积极
开发、综合利用的原则，加以开发利用。到 20 世纪末，农村能源
的结构应由现在直接燃烧的生物质能占 80％以上、其他能源不足
20％的状况，改变为沼气占 25％，水电占 25％，太阳能占 20％，
直接燃烧占 20％，风能占 5％，其他能源占 5％。

（三）农村环境的保护

农村环境主要指的是农村自然环境。它包括气候环境、土壤环
境、水体环境等无机环境，以及自然的或人工栽培、饲养的生物种
群和群落所构成的有机环境。目前人类的生产和生活活动排放的污
染物超过了自然环境的自净能力，严重地污染了农村生态环境，这
与建立生态村的要求是相悖的，主要表现在以下几方面。

1. 有机物污染

农村的院落和村落是人畜粪便及作物秸秆、垃圾等有机物的集
散地。在有机肥堆沤和积攒的过程中容易酿成有机物污染以及病菌
和有害昆虫过度繁衍。农村是若干传染病的病源地，也是疾病高频
率发生的地区。

2. 化学污染

农药、化肥、地膜等现代化学工业产品在山区使用，造成一
些有害于人畜健康的化学元素残留在土壤、水体和大气中，并随食
物链或植物的根系吸收而在生物体内富集，最终危害人类健康。例
如，土壤中受农药污染较普遍的是有机氯农药，其中六六六（六氯
环己烷）和DDT（双对氯苯基三氯乙烷）使用数量多，残留期长，
危害大。1983 年中国已禁止使用六六六、DDT，但由于它们降解

缓慢，对环境的危害还将存在较长时间。化肥污染也较严重，水体的富营养化在农村十分普遍。

近年乡镇企业迅猛发展，但大多数企业技术水平低，工艺落后，设备陈旧，排污量大，对工业"三废"（废气、废水、废渣）又都缺乏治理能力，"三废"已成为农村环境中占主要地位的新污染源。这些有害物质通过各种方式破坏环境和危害人体健康。

3. 地貌破坏

采矿、建筑、交通建设、水利工程等可使原有地貌发生变化。其中有的变化对人们生活、生产有害，例如，毁坏耕地、诱发自然灾害（地震、岩崩、滑坡、河流泛滥等）、破坏植被、加剧水土流失，最终破坏了生态环境。

4. 植被破坏

由于过量采伐森林、超载放牧、毁林开荒和基本建设等原因，植被群落衰退和消失，引起土壤侵蚀、沙漠化、土壤肥力下降、气候恶化、土壤次生盐渍化，危害农业的发展。

生态村要形成生产自净体系，利用生物技术和工程技术相结合的净化工程，把生态村建设成为拥有清洁而优美的生活环境和劳动环境的村落，以保护人民身体健康，促进经济发展，故必须做到：

（1）控制山区人口的增长，以减轻对环境的压力。

（2）搞好环境卫生。净化厕所及牲畜圈，使有机废弃物资源化，并把这一工作与防疫工作结合起来。

（3）对乡镇企业坚持执行"谁污染，谁治理"的原则，限期治理。根据《中华人民共和国环境保护法》的规定实行排污收费。不许将公害转移到社会上和广大群众中。

（4）建立合理的农村产业结构。首先要重视第一产业的发展，特别是森林及草地植被的恢复和保护。只有植物的生物产量多了，才有发展牧业、渔业的基础，第二、第三产业的发展也才有可靠的基础。有些树木和水生植物还具有净化大气、富集重金属、净化污

中国贫困山区发展的道路

水的功能。

（5）尽可能减少化学农药和化肥的使用。积极采用以生物防治为主的综合防治措施，选用抗病品种，改进耕作制度；作物施肥应坚持有机肥与化肥并重的原则，以减少土壤和地下水的污染。

（6）增强法治观念，认真执行环境保护的各种法律法规。对违法者除给予教育外，还应有必要的惩罚。

第四章 贫困山区的生态问题及其治理

第五章　贫困山区的资源开发

撬动贫困山区商品经济的杠杆在于，把资源转化成商品。而贫困山区拥有丰富的自然经济资源。可惜，这些作为贫困山区优势资源的相当大部分，目前尚处于未开发状态。所以勘察资源现状，找出开发和利用资源的潜力，探索资源开发和利用的途径，便成了启动山区经济首先必须解决的问题。

一、贫困山区资源的潜力及开发利用中的问题

中国山区资源相当丰富，包括耕地、山场、矿产、药材、土特产品、水能、野生动植物，以及劳动力资源等。

（一）山区的资源潜力

中国山区的土地面积有 6.49 亿公顷，占全国土地总面积的66.1%；耕地 0.44 亿公顷，占全国总耕地面积的44%；草场面积2 亿公顷，占全国总数的 3/4；山区还拥有占全国 98% 的荒地资源。这些山区土地资源，除种植粮食外，还可以用来生产木材、竹子、油桐、乌桕、漆树和桑、茶等；此外，还可栽植木本粮油、各种干鲜果、林副产品和药材、食用菌、毛皮兽以及土特产品。山区还为发展畜牧业提供了得天独厚的自然条件，可用来发展牛、马、羊、兔、家禽、家畜等。

山区是能源的主要产地，有 5.73 万平方公里的山岳冰川，年水融量达 490 亿立方米。全国地表水年径流量约 2 736 亿立方米，

主要来自山区。山区河流径流丰富，占总量的 93％。高山和高原湖泊水资源达 5 700 亿立方米，占总水量的 76％。山区集中了全国地下水总量 7 718 亿立方米的 63％。全国水能蕴藏量 6.8 亿千瓦时，几乎全部在山区。山区还有可开发的小水电资源 7 000 万千瓦时。此外，还有丰富的风能及太阳辐射能。

中国山区蕴藏着丰富的矿产资源。煤储量占全国 60％左右，铁矿、铜矿、铝锌矿、钨矿、锡矿、锑矿、金矿、汞矿等都很丰富。此外，中国非金属矿产资源品种多达 75 种，如磷矿、硫矿、石棉矿、石墨矿、云母矿、石膏矿、高岭土、宝石、玉石、彩石、大理石等，在山区分布也很广。

中国山区还拥有丰富多彩、驰名中外的旅游资源。许多山区风光秀丽，有奇石异洞、高山、云海、流泉飞瀑、奇花异木、珍禽异兽；许多名山大川是古代帝王封禅及宗教活动的圣地，还有许多名胜古迹、寺庙宝刹、关隘遗迹等；山区还有许多少数民族乡土风情浓郁的地区，等等。这些都使山区具有很高的旅游价值。

据统计，1987 年山区人口近 5.98 亿人，占全国总人口的 55.4％，其中 80％在 45 岁以下，青壮年居多，劳动力资源极为丰富。

但是，许多中国山区的丰富资源还处在严重的浪费之中。

（二）山区资源利用上的严重浪费

现分别按山地资源、矿产资源及劳动力资源三者加以论述。

1. 山地资源

山地资源是山区的最基本资源。我们曾对太行山区的河北省邢台县吕家庄的山地资源和利用情况做调查。吕家庄是个贫困村，1984 年人均收入 174 元，1985 年为 206 元，1986 年又下降为 147 元，波动幅度大，恩格尔系数超过 60％。我们把 1985 年吕家庄的产业结构和自然资源结构做了对比（见表 5-1、表 5-2）。

表 5-1　1985 年吕家庄各业收入结构

项目	合计	种植业	林牧副渔业				
			合计	林业	牧业	副业	渔业
总收入（元）	171 200	102 480	68 720	38 440	9 900	20 380	0
百分比（％）	100	59.9	40.1	22.4	5.8	11.9	0

表 5-2　1985 年吕家庄自然资源结构

项目	总计	耕地	宜林牧副渔业用地
面积（公顷）	325	17.3	307.7
百分比（％）	100	5.3	94.7

　　通过上述两个结构的对比分析可以看出一个十分值得重视的经济现象：吕家庄只占农用地 5.3％ 的耕地，却产生了 59.9％ 的经济收入；而占农用地 94.7％ 的宜林、牧、副、渔业用地，只产生了 40.1％ 的经济收入，如图 5-1 所示。

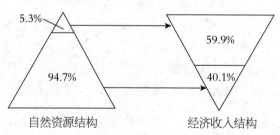

图 5-1　吕家庄的自然资源结构与经济收入结构对比

　　这里是两个正置与倒置的金字塔。正置的金字塔代表自然资源结构，耕地只占金字塔 5.3％ 的塔尖部，塔基部的 94.7％ 为宜林、牧、副、渔业用地。产业结构的金字塔却倒置了过来，位于塔基部的 59.9％ 经济收入是由只占 5.3％ 的耕地产生的；而位于塔基部的 94.7％ 的宜林、牧、副、渔业用地只产生了 40.1％ 的经济收入，这是一种反常的经济现象。

　　这种不正常的资源利用形式的后果，可以从吕家庄经济效益比较中看得十分清楚。

第一，占农用地面积 94.7％的巨大林、牧、副、渔业资源优势没能得到充分的发挥。我们算了一笔账：吕家庄现有林业、牧业及渔业收入分别为 38 440 元、9 900 元及 0 元；如果把尚未利用的荒山、荒坡及荒滩、荒水都利用起来，并实行集约化经营，林、牧、渔业能够增加的经济潜力分别为 895 400 元、72 500 元及 60 000 元。从表 5-3 的资源潜力及利用现状的对比中可以鲜明地看出，目前的这种资源利用形式严重地浪费了山区的自然资源。

林业资源利用率只有 4.3％，牧业 13.7％，渔业为 0。总的资源利用率只有 4.7％。

表 5-3　吕家庄资源潜力与利用现状

项目	林业	牧业	渔业	总计
经济潜力（元）	895 400	72 500	60 000	1 027 900
利用现状（元）	38 440	9 900	0	48 300
资源潜力利用（％）	4.3	13.7	0	4.7

第二，5.3％耕地资源的过度利用造成经济效益的持续下降。在技术水平变化不大的条件下，大量劳动力和生产资料集中投放在一小块耕地资源上，投入的边际效益明显递减（见表 5-4）。

表 5-4　1970—1985 年吕家庄种植业经济效益比较

单位：公斤

年份 项目	1970	1975	1980	1981	1982	1983	1984	1985
化肥投量	3 100	5 000	12 500	16 000	25 000	27 000	25 500	50 000
粮食产量	8 135	82 575	139 890	97 940	117 164	118 200	127 400	125 435
化肥增量	1 900	7 500	3 500	9 000	2 000	−1 500	24 500	
粮食增量	74 440	57 315	−41 950	19 224	1 036	9 200	−1 965	
每公斤化肥边际产量	39.2	7.6	−12	2.14	0.52	—	−0.08	

上述资料表明，除 1981 年受非常规因素影响，粮食产量出现非正常减产外，其余年份产量基本上是正常的。从上述 1970—1985 年的产量变化中可明显看出报酬的递减现象。到 1984 年，由于化肥的过量增加，出现了边际效益的负值，进入了生产函数的第三阶段。

如果把吕家庄上述不正常的资源利用形式纠正过来，经济效益就会发生根本性的变化。

（1）把投资用于外延性扩大再生产，则单位投资的效益就会大幅度提高。设种植业的单位投资经济效益为 1，则果树为 14.7，渔业为 28.2。

（2）从劳动生产率来看，1980—1982 年吕家庄每个劳动力的产出，种植业为 180.3 元，林、牧、副、渔业为 462.9 元，种植业只是林牧副渔业的 39%。所以只要改变一下资源利用形式，农业劳动生产率就会大幅度提高。

（3）从总收入来看，资源利用形式转变后，就可以额外增加林、牧、渔业收入 979 600 元，相当于人均年增加收入 1 000 多元，这是一个十分惊人的数字。做到了这一点，吕家庄人不仅可摆脱贫困，而且可进入小康水平。无怪乎有人说，吕家庄人手捧金饭碗沿街乞讨。

这种情况不光在吕家庄有，在贫困山区到处可见。湖南湘西自治州 8 个县共有土地资源 215.5 万公顷（人均 0.74 公顷），其中：耕地 24.4 万公顷，占 11.3%（人均 0.087 公顷）；山地 175 万公顷，占 81.2%（人均 0.6 公顷）。同样是以林地、草地为主的山区县，但是农民从占地 81.2% 的山地中只得到 6.5% 的林业及畜牧业收入，从只占农用地总面积 11.3% 的耕地中却得到 44.7% 的经济收入。太行山区土地总面积中耕地只占 16.9%，山场占 73.9%，只余 9.2% 为村庄、道路和裸岩。但在占地 73.9% 的山场中只有 13.9% 为林地，其余 60% 宜林宜牧山场和宜渔水面都没有得到利用。太行山区是中外著名的林果产区，闻名世界的有邢台板栗，阜平、赞皇红枣，平山核桃，曲阳鸭梨等，但目前种植面积却十分有限，荒山还在沉睡。占地 73.9％的山场只提供了占农业总产值 20.75％的林牧业收入。

资源结构和产业结构的巨大反差说明，农民过分着眼于与自身生活消费攸关的耕地资源的利用，而对广阔的宜林、宜牧、宜渔的山地资源的经济价值估计不足，投入很小，利用不力。这是自给、半自给经济在资源利用上的表现，不仅对山区经济自身是重大的损失，就农业资源相对不足的全中国来说，也是农业发展战略上的一大失误。

2. 矿产资源的利用

山区的矿产资源长期以来处在沉睡的状况中，这是由以下原因造成的。①矿产资源财产权属国家，是全民所有的财产，只有国家有权以全民所有制形式来组织生产，集体和个人都无权参与矿山资源经营。② 1979 年经济改革以前，全国实行的是以粮为纲的方针，全国一切劳动力归田，凡是要先发展工副业，包括开矿山在内的，都被批判为"走资本主义道路"，谁也不准搞。③开发矿产资源和开发山地资源不同，投资大，技术要求高。后者农民单家独户都能搞，而开发矿产资源则农民单家独户难以承担，必须联合起来集体经营，并在得到外部财力和技术支持的情况下，才能办成。

这里所举的山西省阳泉市就是一个有代表性的例子。该市的山地和丘陵占土地总面积的 80％以上，农业生产条件很差，但矿产资源分布广、种类多、储量大，初步探明的矿藏达 50 多种，有煤、铁、铝矾土、硫铁、磷、石棉、硅石、大理石、石灰石、高岭土等，其中无烟煤闻名中外。但在上述几个因素的制约下，矿产资源的开发只能在很小的规模上进行，农村中从事工副业的劳动力只准被压缩在 3.2 万人的范围内，其余 20.66 万劳动力集中在十分狭小的耕地上进行过度密集生产。1978 年农村剩余劳动力达 10 万人，占农村总劳动力的 40％。矿山资源的命运和山地资源一样，被大量闲置，还连带引起农业劳动力的严重浪费。在改革开放、搞活的政策启动下，阳泉农民才挣脱了各种限制，大规模地开办了以矿山资源开发和加工业为主体的乡村工业。到1986年，阳泉全市乡镇企业发展到12 037个，53.8%的农业劳动力转入乡镇企业成为工业劳动力，整个农村商品率提高到82%以上，实现了从自给经济向商品经济的转化。但从总体上说，像阳泉这样的山区终究还是少数，山区富饶的矿产资源还有待开发。

3. 劳动力资源的浪费

山区劳动力资源的开发不足是和作为山区优势的山地、矿产资源开发不足联系在一起的，在全国农村劳动力的剩余率中，山区农业劳动力的剩余率居首位。

据西部地区调查，劳动力的剩余率达40.5%。这个材料没有单独列出西部贫困山区剩余劳动力资料，但考虑到山区耕地面积相对要远远少于平原地区，而广阔的非耕地资源又未能利用，非农产业发展水平又低，因此，贫困山区劳动力的剩余率必定高于40.5%。

事实不仅如此，贫困山区彼此间人地资源分布的极端不平衡性，还使劳动力剩余的矛盾更趋尖锐化。这种不平衡性表现在两方面：①人均占有资源数量的悬殊。以武陵山区的慈利县为例，人均占有土地0.7公顷，但其中杉木桥只有0.33公顷，索溪镇则有1.33公顷。②人均占有土地资源质量差异很大。武陵山区的泸溪和古丈两县山地资源等级对比材料鲜明地说明了这个问题（见表5-5）。

表5-5　泸溪、古丈两县山地资源等级表

等级 县别	一等地 （公顷）	占山地 （%）	二等地 （公顷）	占山地 （%）	三等地 （公顷）	占山地 （%）
泸溪	0	0	3 414	41.8	4 753	58.2
古丈	3 367	53.1	1 822	28.9	1 143	18.0

山区资源占有的不平衡性很难通过要素的流动来打破。因为，山区农民习惯于固守祖业；生活水平极低，承受不了要素流动而产生的风险；长周期的生产项目占有家庭经济的一定比重，搬迁代价太大；交通不便；土地具有自然生产力，决定了土地占有者的排他性。武陵山区的石门县渡水乡虎峪村共 133 户，541 人，只有20.2 公顷耕地，人均 0.037 公顷，30％的户一年吃不到食用油和猪肉，40 年来人口翻了一番，但没有搬迁一户。大量闲置劳动力就这样年复一年地被浪费掉。

贫困山区的优势在于拥有丰富的自然资源和劳动力。但是不幸的是，这里既严重地浪费着自然资源，同时又严重地浪费着劳动力。

二、发展商品性的开发性产业是贫困山区走向商品经济的基本途径

（一）什么是商品性的开发性产业

商品性的开发性产业是以发展商品经济富裕农民为目的，以建立商品性生产基地为基本形式，对目前尚未利用或利用不充分、不合理的资源进行广度和深度开发的一种形式。通过发展开发性产业，把广大的荒山、荒坡、荒水、丰富的地下矿藏和过剩的劳动力资源统统开发出来。发展林果、畜牧、水产养殖、工矿加工业以及服务行业，优化产业结构，推进劳动分工，创造愈来愈多的剩余产品，并把剩余产品转化为商品，把整个贫困山区引入商品经济的轨道。因此，商品性的开发性产业应该被看作贫困山区脱贫致富的基本途径。

商品性的开发性产业的发展可给贫困山区带来以下的变化。

第一，引导亿万农民进入脱贫致富的阵地。开发性产业的对象是山区的山山水水，各地所拥有的这些资源种类及丰度虽有区

别，但村村都有，世代相传，都是群众所十分熟悉的；开发所需要的资金及技术跨度极大，从只需要投入劳动以及家家户户都能搞的一般性技术行业到有机构成较高、需要高投入、高技术的行业，都可以因地制宜地加以选择。可见山区的开发性产业具有极其广泛的群众性。开展开发性产业，就等于把亿万农户引导到开辟的新生产领域、向自然界开战的伟大战役中去，把脱贫致富的阵地充分展开。

第二，优化山区的产业结构。目前山区结构的现状是：①农业内部产业单一化，形成了单一粮食型的经营结构。如太行山区，1982年全区农业总产值中，种植业占60.25%，林业占6.54%。在种植业中，又以粮食生产为主，粮食面积占耕地总面积的83%，经济作物及其他作物只占17%。②工业还是作为家庭副业存在，尚未形成独立的产业部门，这是农业和家庭手工业相结合的传统农业胎记的典型表现。③服务行业薄弱，交通不便，货流不畅，产品及生产要素市场不健全，信息闭塞，文化教育落后，产前、产中、产后的服务网络尚未形成。四川贫困山区在1988年曾做过一个调查，农民人均纯收入为372.83元，比全省低76.02元，约低16.9%。从进一步的分析中可以看出，一是种植业获得的收入比全省低38.92元，占差额总数的51.2%；二是畜牧业获得的收入比全省低12.01元，占差额总数的15.8%；三是来自非农产业收入比全省低10.64元，占差额总数的14%；四是其他收入比全省低14.45元，占差额总数的19%。可见开发性产业的发展能改变产业布局极端不合理的现状，优化产业结构，缩小和平原地区经济发展的差距。

第三，是改变中国人均耕地少，农副产品供需矛盾的重要途径。山区通过开发性产业提供丰富多彩的产品，不仅可满足社会的需要，有些"高、精、尖、稀、优、偏"的特产还是出口的重要物资、创汇的重要源泉。

开发性产业的发展还可改变山区在市场价格方面所处的特殊不

利地位。据四川省统计局的调查，全省山区 1988 年有 2/3 以上的农副产品价格低于全省平均价，其中商品量较大的生猪每公斤销价比全省低 0.4 元，山区人均光这一项就要少收入 7.26 元。在购买主要农业生产资料上，由于要多支出运费，增加了生产资料的购价，山区农民购买每公斤农药要比全省多支出 0.48 元，每公斤化肥多支出 0.04 元，每公斤柴油要多支出 0.15 元。山区农民购买以上生产资料，人均要多支出 3.3 元。这一多一少，使山区人均要比全省平均少收入 10 多元。如把山区农民消费的工业消费品的价格差异算上，山区农民的损失就会更大。目前山区大部分农民仍只习惯于经营传统的生产项目，如种粮和养猪。这种产业发展模式把山区放置在一个市场价格特殊不利的位置上。开发性产业的发展，可从根本上改变这种传统性产业模式。林果畜牧产品及水产品价格是开放的，价格与价值比较接近，这些产品的发展可大大改善山区农民在农产品价格上的地位；传统产业产品在价格上的劣势会被山区逐步发展起来的第二产业产品价格上的优势所抵消；第三产业的开发，特别是商业、运输、信息还能扭转山区在市场价格上的不利局面，增加贫困山区农民的收入。

第四，可促进农村商品经济的发展。开发性产业的产品不论在质还是量方面，都具有下列的特殊性：①从商品的质来看，商品性强，更多的是鲜活产品，数量大、时间性强，非自给性，必须冲破自给自足的封闭圈子，进入国内外市场。②从商品的量来看，数量大，即便是可以自己消费的产品，超过自身消费的剩余部分也必须进入市场，否则无法实现自己的价值。据广东省 1986 年调查，47 个山区县光开发性农业的发展一项，就把农副产品的商品率从 1984 年的 28.5％提高到 51％。可见开发性产业是贫困山区走向商品性经济的根本途径。

需要加以说明的是，这里所说的开发性产业并不是任何一种开发性产业，而是一种和传统的开发性产业相区别的、称为商品性的开发性产业。它的根本特点如下。

第一，虽然它也是以资源为基础，开辟农民增收就业的门路，但却以市场为导向，具有突出的商品性。它一开始便瞄准国内外广阔的市场，把资源开发利用结构和市场结构结合起来，把生产要素的组合与市场需要结合起来，根据市场需求来组织生产，重点发展名、特、优、稀产品，以提高市场的占有能力。

第二，着眼于生产的专业化、基地化。商品性的开发性产业是以市场为导向。因此要求专业化，具有较强的市场竞争能力；进行大批量生产，形成专业化的、有一定规模的商品生产基地。

第三，走系列开发、综合利用的路子，实行加工、储藏、保鲜、运输、销售等配套建设。商品性开发性产业不同于自给性开发性产业，它着眼于商品价值的增值和价值的实现，因此，总是把资源开发与市场开发结合起来。前者指对资源的广度和深度的利用，是它的内涵；后者指加工、运输、储藏、销售的配套发展，使产品从质和量两个方面不断满足社会日益增长的需求，是它的外延。例如广东省广宁县在利用荒山荒坡栽种竹子的同时，大搞对竹子的综合加工利用，引进了年产1万吨钢板纸的生产线，创办2万吨产量的竹浆板厂。新会县则在开发荒山荒坡种果树的同时，发展果品加工，建成了年榨水果60万担、年产250毫升纸包装饮料5 000万盒的果汁厂，实行系列化生产。

第四，与引进的先进技术相结合。某个资源能否充分加以利用，取决于是否掌握了利用该项资源的技术。资源利用起来后，其技术低，在一个相当长时期内影响未来，难以更改。例如荒山定植果树，果品种类及品种确定后，几十年内很难改变；果树生长初期生产技术落后，导致树势及株形不佳也要在一个长时期内影响果树发育和产量，用落后技术生产出来的产品难以进入市场，在激烈的竞争中也难以站稳脚跟。因此，商品性的开发性产业一开始就要和先进技术的引进相结合，不仅要着眼于当前能否适应市场需要，而且要预见到未来的技术发展方向及水平，要保证本产品在若干年后仍能经受住市场的挑战，站稳脚跟。

可见，商品性的开发性产业是传统开发性产业发展到高级阶段的产物，它顺应商品经济的需要而诞生，它的诞生又推动着贫困山区大踏步地走向商品经济。

（二）山区开发性产业发展中应遵循的原则

1. 变对资源的反向利用为正向利用

任何一种现实的生产必须具备以下的条件：首先，要具备进行该项生产所必需的生产要素，包括劳动工具、劳动对象和劳动力。其次，这些生产力要素必须通过一定的生产关系结合在一起。没有一定的生产关系，这些生产力要素是无法结合并组织起来投入生产的。当然愈适合生产力性质的生产关系类型愈能调动起人们的积极性，有利于生产效率的发挥。最后，这些生产要素彼此间必须合乎比例，假如某一要素特别稀缺，那么生产的规模就由这种最稀缺的要素的数量来确定，不管其他要素如何富裕，即使有大量剩余也无济于事，只能游离在生产之外，无法在生产中发挥作用。

在资源开发利用上存在着两种形式，一是把主要的劳动工具、劳动力、资金、技术投放于丰量资源开发利用之中，使生产诸要素按比例地组织起来，充分发挥作用，这称为正向资源利用形式。二是把主要的劳动工具、劳动力、资金、技术投放于贫量资源开发利用之中，形成诸生产要素彼此间不成比例的运转状态。生产规模只能按贫量的资源来确定，超过与贫量资源相配套的多余部分生产要素，只能游离于生产之外，处于剩余状态，这是反向资源利用形式。反向资源利用是资源利用中极不正常、极不合理的一种形式。

山区山地面积大、矿产丰富、劳动力充裕，这是山区丰量资源所在；耕地资源相对稀缺，应该被看成山区贫量资源。但长期以来，中国山区重耕地，轻山地、矿产及劳力资源的这种反向资源利用形式，严重地阻碍了生产潜力的发挥。在发展开发性产业时，首先要改变对资源的反向利用，把山地以及和山地有关资源、矿产资源及劳动力资源作为开发重点，集中加以开发。

2. 遵循绝对经济利益和比较经济利益优先的原则，确定山区开发的顺序及规模

任何一种资源开发，一方面，需要有投入，包括工具、设备、资金、技术、劳动力；另一方面，有产出，即产品。在投入与产出之间存在一个可比的关系，投入少而产出多，则意味着每一次取得单位产品的耗费少、成本低，经济效果好；反之，如果投入多、产出少，则意味着每一次取得单位产品的耗费大、成本高，经济效果差。在贫困山区因为经济能力薄弱，资源开发规模扩大的源泉来源于伴随着高经济效益而来的高积累率，因此，贫困山区发展开发性产业要极端重视开发的经济效果。

经济效果的高低取决于主观和客观两方面的因素：主观因素指生产中技术水平的高低、经营组织管理水平的优劣等，都可影响每单位投入的经济效果。但是即使主观因素相同，即在同样的技术条件及投入的情况下，也有可能产生不同的经济效果，这意味着还存在客观因素，即资源的因素。相同的投入在不同资源利用中会获得不同的使用价值，这取决于资源的生产力。同一资源如土地，在不同区域可以有不同的生产力，生产力高的资源就能生产出消耗少、成本低的产品，就会有较高的市场占有率。这些具有较高生产力的资源因为具有较高的质量而被称为该地区的独有优势资源。可见，资源不仅在数量上有丰度、贫度之分，在质量上也有优势和劣势之别。

优势资源能获得比劣势资源更多的经济利益。这种经济利益可分为绝对经济利益和相对经济利益（或比较经济利益）。

（1）绝对经济利益。指某种资源在具有比其他地区无可比拟的优势条件下而获取的经济利益。例如，宁夏回族自治区南区山区是个盐碱区，玉米、小麦以至乔木都无法生长，但在这种环境下的滩羊却生长良好，肉味鲜美，皮毛中外驰名。浙江龙井茶、云南蒙山茶、长白山人参、京东板栗、新疆的葡萄和哈密瓜等著名特产，都是在特定条件下，各资源要素优化组合而成的优势资源，这是其他地区所不可能有的，这样获得的经济利益称为绝对经济利益。这里所列举的只是个别的名特产，其实具有绝对经济利益的资源在山区是很普遍的，如许多矿产资源、水利资源、因昼夜温差大而形成的山区优质果品等都是大量存在的具有绝对经济利益的产品，它们正等待着人们去挖掘。

（2）相对（比较）经济利益。指在本地区许多资源中花费资源成本最少的资源所获得的经济利益。这里所指的资源优势并不具有绝对优势，而只具有相对优势。通过具有相对优势资源产品的交换，也能使两地生产者都获得比较经济利益，双方得利。

例如，甲地有种植蔬菜的优势，每公顷产蔬菜 15 000 公斤，成本 3 750 元，如生产粮食则每公顷只能生产 12 000 公斤，成本 1 650 元。乙地有种植粮食优势，每公顷产 15 000 公斤，成本 1 800 元，如生产蔬菜则每公顷产 11 000 公斤，成本 3 520 元。按市场比价，每公斤粮食可交换半公斤蔬菜。现按市场比价，把交换价值量相同的商品在不同地区生产的成本加以计算（见表 5-6）。

表 5-6　甲、乙两地交换价值量相等商品的成本

地区	项目	12 000 公斤粮食	6 000 公斤蔬菜
甲地	总成本 （单位成本）	1 680 元 （0.14 元 / 公斤）	1 500 元 （0.25 元 / 公斤）
乙地	总成本 （单位成本）	1 440 元 （0.12 元 / 公斤）	1 920 元 （0.32 元 / 公斤）

如果甲地充分发挥蔬菜优势，全部生产蔬菜。拿蔬菜和乙地的粮食交换，则每出售 6 000 公斤蔬菜就能换回 12 000 公斤粮食。这 12 000 公斤粮食如果由自己生产，则要耗费成本 1 680 元，而现在只要耗费 1 500 元，可获得 150 元比较经济利益。同样，乙地充分

发挥粮食优势，全部生产粮食，拿粮食和甲地的蔬菜交换，则每出售 12 000 公斤粮食就能换回 6 000 公斤蔬菜，这 6 000 公斤蔬菜如由自己生产，则要耗费 1 920 元成本，而现在只需要支出 1 440 元，可获得 480 元比较经济利益。

可见，在发展开发性产业时，利用优势资源，无论获取绝对经济利益还是比较经济利益，对山区都是有利的。但从启动山区的商品经济并在山外市场上比较容易占领位置来说，绝对经济利益更为重要。为此，要遵循绝对经济利益和比较经济利益的次序来开发资源。

3. 资源的开发利用和治理保护相结合

在没有人们的干涉之前，山区存在着自然生态系统，它之所以能千万年维系下来，就是因为参与生态系统的诸因子包括水、气、土、日光、植被等彼此间能周而复始地不断进行物质循环。资源的被开发，意味着原有生态动态平衡受到干扰冲击而遭到破坏，这就要求人们能自觉地在开发的同时进行治理保护，并建立新的物质循环和生态平衡。

因为顾虑到原有的生态平衡的破坏，而不去利用资源就等于因噎废食，资源就会白白浪费，人类社会就无法进步和发展。但是，在开发中不对资源进行必要的治理和保护，不去建立更高水平的新平衡，开发利用也无法长期进行下去。特别是在山区，原有的生态平衡本来就很脆弱，极易遭受破坏，因平衡破坏而带来的生态环境变坏的恶果需要很长时间，付出极大代价才能逆转，有的将永远难以恢复，在这种情况下，山区社会同样无法进步和发展。可是这两种倾向都是错误的。当前哪一种倾向构成主要危险呢？在人们的经济实力还比较薄弱，着眼当前利益的短期行为冲动严重存在，科学技术水平还不高的今天，重开发轻保护，重当前经济利益轻生态社会效益的倾向就成了主要危险。许多地方滥垦乱伐、超载过牧等造成水土流失、资源枯竭、环境恶化、生态失

中国贫困山区发展的道路

调，人与资源的矛盾日趋紧张，我们为此已经付出并要继续付出沉重的代价。所以山区的资源开发要特别防止这种杀鸡取卵的错误做法。

近几年来，河北省太行山和其他许多山区的实践证明，把开发与治理结合起来是可能的。他们在开发中治理，寓治理于开发之中的做法，为资源开发提供了成功的经验。

4. 以短养长，长短结合

资源开发涉及两个方面的因子。

（1）作为对象的资源，它的优势大体有三种情况：①现已显示优势的资源；②只要进行少量投入就可显示近期优势的资源；③潜在优势资源，需要大量投资和较长时间的持续经营才能形成优势的资源，或尚未被发现和挖掘但实际已存在的优势资源。

（2）作为改造资源的投入因子即经济实力，也存在着不同状况：还处在贫困状况下的农民，往往没有扩大再生产能力；温饱问题解决以后的农民，作为资源开发的经济实力仍然很小；只有进入小康水平之后，投入资源开发的经济实力才较为雄厚。

这两方面的因子决定了，山区资源开发不能全面出击，只能循序渐进。首先，应开发那些具有现实优势，投资少而见效快，容易开发，经济效益较高，即所谓短平快项目，争取短期内尽快增加农民收入，改善生产生活条件。其次，投入那些有近期资源优势、难度稍大、投资较多而需要一定时期才能见效的中期项目。最后，在条件许可时再转而开发那些具有潜在资源优势、难度大、投资多、投资回收期长的长期项目。提倡短平快起步、长中短结合，就能做到从短期项目的收益中让山区人民先得实惠，同时支持中期项目的投资；中期项目的展开，就能从根本上改变山区面貌，走上富裕的道路。三种资源项目结合开发的效益与开发的时间关系如图 5-2 所示。这种短、中、长项目相结合的开发形式能稳步持久地引导贫困山区走向脱贫致富的道路。

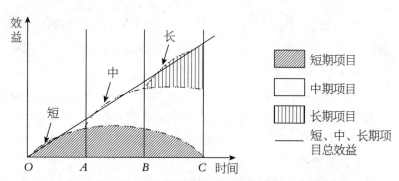

图5-2　短、中、长期资源项目结合开发的效益与时间关系

5. 资源的系列开发与多项增值

系列开发指的是，对资源进行多层次的深度开发利用和多方面的广度开发利用。资源的系列开发具有很大的好处：①资源能得到充分合理的利用，最大限度地减少资源的浪费。②在资源系列开发过程中，前一产品生产所产生的副产品可以作为后一产品的原料，可以形成良好的物质循环，减少环境污染，有利于良好生态环境的形成。③在向社会提供多种多样产品的同时，可多次加工增值，大幅度增加农民的收入。例如，把甘薯加工成粗淀粉可以增值63%，再加工成精淀粉可增值120%，再加工成酒精等可增值233%，把薯干制成柠檬酸可增值8倍。

上述资源开发应遵循的五个原则，并非在任何情况下都是统一的，有时甚至是相互矛盾、相互排斥的。例如，正向利用的资源有时并不就是优势资源，有时也不是短平快目前就可以上马的项目。至于开发与保护生态环境的矛盾则是随处可见的。可见，山区的资源开发是一项十分复杂的系统工程，需要综合考虑本地资源的长处及短处、开发中各方面的矛盾，找出一种能把各种矛盾都统一起来的最好开发途径。要做到这一点，就必须对山区资源进行必要的考察、分析和评价，在综合考察评价的基础上进行综合开发利用。

中国贫困山区资源类型差别极大，在实行资源的综合开发利用时必须因地制宜，针对不同资源类型，选择最佳的利用方式。按资源用途来划分，后面分别加以阐述。

三、可用于农业的山地资源开发

小流域开发治理，既是山区生态治理的最基本形式，也是可用于农业的山地资源开发利用的最好形式。

今天，山地资源开发区别于自给自足经济条件下的旧式资源开发，它是把小流域的开发治理和支柱产业的确立和商品农产品基地建设联系在一起进行的。

（一）专业化、大批量生产形式的创立

小流域开发治理在家庭联产承包责任制条件下是依靠农户经营来实现的。在商品经济还没有充分启动的严重封闭贫困山区环境条件下，自给性需求的满足成了农民行为的优先导向。即使在小流域开发治理进行得十分顺利，农民有了剩余产品并把它转化为商品的情况下，农民终究还只是个小商品生产者，只能提供零星、小批量及低质的商品。

这种零星、小批量、低质的小商品生产和日趋成熟的商品经济存在着下列矛盾。

第一，商品经济要求按比较经济利益原则来开发资源和小商品生产者自给性需求的资源利用导向之间的矛盾。

特别是在山区，由于地形的复杂性而形成的资源多样性，提供了多种多样的资源利用选择。例如，山区的土特名产就是巧妙地发挥了当地特有的自然资源优势，经过长时间的自然或人为的筛选逐步形成的。自给性需求资源利用导向在一定程度上排斥了比较经济利益资源利用原则，一些优势产品不仅没有进一步开发出来，有些反而衰落下去，例如，山西省万荣县的柿饼、运城县的酸枣以及清徐县的沙金红杏，均处于绝迹的边缘。

第二，商品经济要求提供优质低耗的产品参与市场竞争的要求与小商品经济在大多数情况下只能提供质量差、消耗多的商品间的矛盾。

商品量少、小规模经营的商品经济，无力引进优质品种，生产技术落后，管理不善。许多商品不仅不能日新月异地改进质量，以崭新面貌进入市场，反而质量退化、下降，处于被淘汰状态。例如，上党地区原是中药党参的故乡，所产党参质地密实、直径大，驰名国内外，但近年来产品质地疏松、直径小，产品由畅销变滞销，大量积压。

第三，商品经济要求技术不断更新，用高技术来更新产品降低成本和小商品经济技术落后、难以进步之间的矛盾。

商品零星、小批量生产的小商品生产者在封闭状态下缺乏信息和新技术来源，经济实力低下无法购买更新设备和生产工具来装备自己。结果，技术停滞、落后，产品的市场占有率很低。

第四，从产品到商品转化对加工、运输、储藏、销售的要求与小商品经济实力弱小之间的矛盾。

商品从产地进入市场，要经过加工、运输、储藏及销售等许多环节。它要求商品有一定批量、规格要统一、品种要整齐、质量要合乎标准，否则无法加工。小商品生产者没有能力进行及时的运输销售和储藏，特别是鲜活产品往往因此而腐烂变质。

所有上述矛盾，只能在专业化、大批量及规模经营的情况下，才能加以解决。因为专业化商品生产要考虑市场导向，能因地制宜选择适于该地区优势的资源作为支柱产业，重点发展；实行专业化生产，生产者长年累月从事该项产品的生产，便于积累生产经验，提高技艺水平和改进生产工具，有利于推进技术进步；专业化生产一般来说商品率高，经济实力强，能够进行运销基础设施建设，引进新技术，改善经营管理，改进产品品质和降低成本，增强市场竞争能力；专业化生产还能进一步推动劳动分工分业，一部分生产者从生产者的行列中分化出来专门从事加工、运输、销售及储藏等专

中国贫困山区发展的道路

业性服务行业，能较好地解决商品的销售。

可见，仅有产品甚至剩余产品还不能立即引进商品经济，还必须要有从产品到商品的服务体制作为中介，以及和服务体制相适应的生产形式，即建立在社会分工基础之上的专业化、大批量生产形式。

（二）以支柱产业为核心的商品基地建设

专业化、大批量生产形式，指的是以支柱产业为核心、辅助性产业为补充的一种生产布局形式。支柱产业又称主导产业，指在经济上占有重要地位、往往在总产值及商品总值中占的比重最大、耗费的劳力及生产资料也是最多的产业。支柱产业在一个地区或一个农户中有时不止一个，可能两个甚至三个。补充产业一般是适应、服务于支柱产业的需要并充分利用支柱产业还无法充分利用的资源及劳动力而建立的，因此也不是可有可无的。支柱产业以本地区本单位丰量及优势资源为主要对象，而补充产业则主要从事零散资源的开发利用。

支柱产业的标志是：①在经济上起决定作用。②区域性支柱产业有的按资源分布，如南方的茶叶、板栗、毛竹主要分布在中低山区，蚕桑主要分布在缓坡丘陵，有的以传统产区为中心，有的以城镇或交通条件为依托，还有的按传统技术集聚。因此，都带有地域特色。③具备相当规模，一般都是连片种植，参加农户占农户总数一半或一半以上；批量生产，具有80%~90%的商品率。④实行系列化生产，一般是立足资源发展农业，围绕农业搞加工、销售，形成农工商一条龙的系列开发态势。⑤基础稳固、后劲足，开拓的市场面广，能经受风险，在山区发展和脱贫致富中能长期发挥作用。

建立支柱产业、发展商品生产基地，关键在于解决好以下三个主要问题：如何把小规模的农户经营纳入大规模商品基地建设的轨道；如何选择支柱产业；如何扶持支柱产业的发展。

1. 如何把小规模的农户经营纳入大规模商品基地建设的轨道

要做好统一规划。全区应根据本地丰量及优势资源确定重点支柱产业。按不同类型地域规划布局，向县、区、乡、村下达任务，各地则在总体规划指导下，分别确定自己的支柱产业。这样可以有四种情况：①有集中连片资源的地区就可以建立板块状布局的专业经济区。②对该地区来说有丰量及优势资源，但和邻近地区不连片，呈星网状分布，则按地域建立支柱产业和商品生产基地，通过加工和销售把它们联结起来，形成星网布局。③在一些资源比较分散还难以形成丰度和优势资源的地域，则可先从多项产业起步，逐步筛选，最后形成支柱产业。④考虑到山区资源多样性的特点，在确定支柱产业之外，还应该同时确定若干辅助产业作为补充，充分利用支柱产业尚无法利用的资源，并为支柱产业服务。

统一规划确定后，一要做好动员工作，动员千家万户发展同类产业。例如，安徽省的金寨、霍山等县就提出户栽千株桑、万株栗等，从而在全县范围内形成了较大规模的专业商品生产。二要利用典型的扩散效应，如传统产区、专业村、专业户的示范扩散效应，抓一户带一村，抓一村带一片，形成专业经济区。三要在人烟稀少的大面积荒山、荒坡地域，集中资金、人力及技术，采用多种形式进行集中开发。六安地区仅 1989 年即采取这种方式整地造林 2 万多公顷，其中丰产林 0.35 万公顷，板栗等经济林生产基地 1 万公顷。

2. 如何选择支柱产业

支柱产业和商品生产基地一旦确定，不仅影响当前，还会影响今后长期的建设和发展。因此是一个关系到山区建设的全局及长远发展的战略性问题，必须要慎重对待。六安地区的经验是优先选择投入少、见效快的产业项目起步。具体方法是：①从传统产业起步。因为是传统产业，往往千家万户、老老少少都有这种技术，都能动员到这种产业中来，然后再循序渐进，逐步延伸成为支柱

中国贫困山区发展的道路

产业。②从劳动密集型产业起步。这些产业往往投入少，活劳动投入多，覆盖面大，消耗低，适应贫困山区劳动力多、经济实力薄弱，比较容易形成支柱产业。③建设周期短、见效快的"短平快"产业。这些项目往往当年就能见利，对渴望早日摆脱贫困和解决温饱的山区农民具有吸引力，容易为农民接受，短期内可形成支柱产业。

3. 如何扶持支柱产业的发展

在贫困山区建立支柱产业和商品生产基地，对农民来说是破天荒的创举，不是轻而易举就能够成功的，需要把作为发展支柱产业主体的千百万农民的积极性调动起来，并采取切实有效的措施来帮助他们解决困难。

（1）扶持资金启动。把扶贫贴息贷款、老少边资金及当地财政中提出的扶贫资金等捆在一起，把资金交给有关部门用来购买发展支柱产业所必需的物资，例如桑苗、蚕种、茶籽、种蛋、种禽等，发给农户种、养，支持支柱产业的发展。

（2）支柱产业从传统产业和传统技术起步，但必须向技术型、效益型和集约化经营方向转变。否则很难摆脱"低收入—低产出—低效益"的恶性循环，难以跻身市场。而促进这个转变的关键是新技术的引进。六安地区采取了对农户免费培训，技术质量把关，并把科技和生产任务结合起来一道下达等手段强行注入科技。凡不参加培训、不按技术规程操作及不采用优良种苗的农民，不予扶持，不给优惠。

（3）围绕支柱产业提供产前、产中、产后的系列服务。如围绕蚕桑丝绸业，从提供桑苗、蚕种，到小蚕共育、药械供应、技术辅导，直到蚕茧收购、加工服务全部配套。帮助农民解除后顾之忧，促进支柱产业的巩固和发展。

（4）采取包括对支柱产业产品实行物质挂钩、保护价、返利于农、免费培训等优惠政策加以扶持。此外，必要的行政措施也是不可少的。

10 年来，六安地区农村采用上述办法，初步形成了蚕丝绸、茶业、麻纺、羽绒、棉纺、建材、造纸、编织、罐头食品和食用菌等十大支柱产业，产值约占全区农村工农业总产值的 65%，其中有的已发展成支撑全区经济的重要支柱。

　　支柱产业的发展，使山区潜在资源得到全面开发利用，并收到多次增值的效果。以蚕茧为例，通过缫丝、织绸、印染到成品服装，增值了 4 倍。以农产品为原料的工业产值有了大幅度增长，1981 年全区农业产值为 12.25 亿元，农村工业产值为 4.3 亿元，两者之比约为 3∶1；到 1989 年，农业总产值为 17.06 亿元，农村工业产值为 16.96 亿元，两者之比约变更为 1∶1。地方经济实力有了极大的增长，1981 年财政收入仅 0.87 亿元，1989 年上升到 1.9 亿元，增长 1.18 倍，其中茶、蚕、麻、建材等支柱产业的利税占主要部分，加快了山区脱贫致富的步伐。实践证明，凡形成支柱产业的地方，农户都有 1~2 项商品率高的产业作为主要收入来源。金寨县 1988 年农民人均纯收入 301.5 元，其中蚕桑一项即为 71.66 元，占 23.77%。该县两河乡蚕桑收入占全乡农业总收入的 60%，不仅还清了 65 万元的旧债，还储蓄了 37.2 万元。

　　更为重要的是，支柱产业启动了贫困山区专业化商品经济，表现在：①直接推动了劳动分工。这是一种有计划地发动同一经济区域内千家万户共同发展相同的产业，实现区域性的种、养专业化生产，深化了劳动分工分业。据统计，六安全区已涌现各类专业经济区 120 多个、专业村 300 多个、专业户 2 万多个、专业市场 50 多个。②推动了商品化生产。支柱产业商品率一般均在 80% 以上，其中有些商品如生丝、茶叶、羽绒、麻袋、编织工艺品等已流向国际市场，开辟了外向型经济，余下产品均流入国内市场。商品经济的发展又向支柱产业提出了新的要求，进一步促进了支柱产业的发展。③提高了生产社会化的程度。支柱产业一般都具有从种苗、肥料、资金、技术直至加工、销售的系列化配套服务。这种系列化社会服务把贫困山区封闭的、隔绝的、分散的农户经济，同大市场、

中国贫困山区发展的道路

大社会紧密联系在一起。没有劳动分工、商品化生产和与市场的紧密联系，专业化的商品经济是不会到来的。

（三）庭院经济是农民对山地资源加以利用的补充形式

支柱产业是在集体固定给农户使用的承包责任山及自留山上进行的。除这部分山地资源外，农户屋前房后的宅基地、水面和多余生活用房也是山区另一种资源。所谓庭院经济就是利用这些资源从事种植、养殖和加工等商品生产的经济活动，这也是贫困山区农户充分利用自然资源及剩余劳动力的又一种形式。

从已经发展起来的庭院经济来看，第一种是以种植业为主。按照植物形态、习性和不同生长阶段对光、温和空间的不同需要，因地制宜综合发展果树、蔬菜、瓜果、苗木、药材、食用菌等生产。第二种是以养殖为主。农户根据自己的特点，养猪、鸡、鱼、鸟、兔、貂、蜂、蚯蚓等。第三种是以加工业为主。农户利用个人专长和家庭设施，举办作坊和小手工业，如制作粉丝、豆腐等。第四种是以种养加相结合，多层次地综合利用。

庭院经济的发展对贫困山区的脱贫致富起着重要的作用。①庭院面积相当可观。据一些县调查，可利用的庭院面积相当于耕地面积的10%左右。而且农民对宅基地具有较强的安全感，如果说农民对承包集体土地还有怕政策变的疑虑，那么对宅基地则较有信心。这是因为40年来，国家对农民房产及宅基地一直采取稳定的保护措施，因此十分容易调动起农民投资积极性去开发这部分资源。②庭院土地离人们生活环境近，人、畜、禽密集，肥水充足。表面看来，产品量有限，但由于实行集约化经营，商品率高，成千上万个农户集中起来，就是很大的商品量。③由于实行密集型经营，劳动力容量大，老弱病残幼均可参加，是剩余劳动力转移的一个既方便又可靠的途径。据一些县统计，以主要精力搞庭院经济的劳动力已占农村劳动力的25%。④贫困山区之所以贫困的一个重要原因就是农村产业结构单一。庭院经济的发展，可帮助农民向生产的深度及广度进军，改变农村产业结构，增加农民的收入。一些地区庭院经济收入已占农业总收入的1/4。⑤庭院经济的发展还有利于促进承包集体土地经营的发展。例如，庭院经济中养蜂业的发展有利于广大山区果树授粉，庭院经济中畜牧业也有利于增加对集体承包土地的投肥量。庭院经济的技术引进，提高农民的文化素质与农户收入，相应便增强了对整个山区资源及环境的综合治理开发的经济能力。⑥庭院经济提供的商品可帮助农民在与市场的频繁接触中逐渐熟悉市场，提高对市场的反应能力。

四、户包小流域开发治理的社会组织形式

（一）户包小流域治理

流域治理是一项十分艰巨的事业，必须持之以恒，要"咬定青山不放松"，年复一年坚持下去，才能取得明显的成效。因此没有千家万户农民自愿的积极性和主动性，是无法取得成功的。因此，仅找到小流域开发治理以及按支柱产业的方式开发山地资源的道路，而不相应地找到一种能把农民的积极性充分调动起来的社会组织形式，仍难以取得成效。30年来的实践已经充分证明，只靠那种大呼隆、大锅饭，而治山成果与农民切身利益相脱离的社会组织形式，虽然也不乏有少数成功的例子，但在大多数情况下，总是钱花了，山区面貌仍难以改观。由于没有调动广大农民群众开发治理的积极性，在开发治理的同时又引起了新的生态破坏，而且不少地方新的生态破坏比治理开发的速度快得多。

1978年以后，随着经济改革的开展，首先在农村推行的家庭联产承包责任制给山区开发治理提供了一种最好的社会组织形式。它在山地开发治理中的具体运用和创造，就是户包小流域治理开发制度。

户包小流域治理是把农业上的家庭联产承包责任制具体运用到

治理荒山、荒坡和水土流失的小流域上，把一个小流域作为一个基本单位，单位内的治理开发任务由一个农户和联户来承包。在承包期内新淤的坝地、新造的梯田上的生产收入归己所有是经营期限不受 15 年限制，可延长至 30 年、50 年。这样做的结果是把权、责、利结合了起来，使承包户的自身利益十分直接明确地和小流域治理开发的成果挂起钩来，调动了千家万户向山地资源进军的积极性。

户包小流域治理的具体做法是：把口粮田、自留地、责任地、机动地、饲料地、蔬菜地等名目繁多的地类，统一合并为耕地（口粮田和责任地）和林草地（包括荒地和退耕地）。口粮田的承包采取"以地定等，以等定产，以户定量，以量找地"的办法，确定口粮田的承包。责任地和林草地的承包采取了以劳按能、自愿投标承包的办法。为了尽可能把耕地承包同小流域承包协调起来，有的坡随地走，有的地随坡走，合理调整插花地。一般说来，农民都愿意把种地、造林、种草、治山治沟安排在一个经营单位内，使劳动力、资金、技术等生产要素得以集中使用。承包治沟治山任务大的农户，可以少承包或不承包责任地，以利于集中精力搞好小流域治理。

户包小流域治理形式开创了山地治理开发崭新的局面，许多长期得不到治理的小流域，在农户承包之后，只用了很短的时间就得到了治理，而且涌现出了许多动人的事例。山西省河曲县小王村新尧沟，长 1 公里，流域面积 14 多公顷，原有耕地 1.7 公顷，树1 棵。1980 年专业队投工 700 个，投资 2 000 元，只修了 0.13 公顷地，打了两个小坝基。1981 年实行户包小流域制，农民苗混瞒承包了这条小流域，一年多时间，初步治理了 11.7 公顷，其中造用材林 9.3 公顷，栽梨、枣、桃、杏、桑等经济林 2.4 公顷；打坝 4 座，平整沟地 2.3 公顷，收粮食 2 000 公斤，马铃薯 9 000 公斤，加上其他作物，共收入 2 750 元。七成归己，人均收入 320 元。1986 年全家纯收入 18 000 元，一举成了全县首富。目前他还购买了推土机，不仅扩大自己所承包的小流域治理面积，而且为其他农户提供山地开发治理的机械服务。

要进一步巩固户包小流域治理的制度，须解决以下几个经济问题。

1.承包地调整中的土地基本建设投资的补偿问题

许多地方虽然对小流域承包做了长期不变的规定，但由于人口和劳动力的变动，承包地的小调整仍难以避免，故农民仍有"不怕上变怕下变，不怕大变怕小变"的顾虑。担心自己在山地开发上的投资会随土地调整而化为乌有，从而影响了农民经营土地的积极性。解决这个问题的办法有两个：一是实行新增人口不分地；二是土地调出的承包户在该土地上的基建投资保证能得到合理的补偿，变无偿调整为有偿调整。如果农民在土地小调整中能够收回他所付出的土地基本建设投资，就可以减少他们的后顾之忧了。

2. 允许小流域使用权的出租问题

户包小流域时采取以劳按能承包的办法，这对充分治理开发山地资源是有利的。但是我们既然承认小流域承包长期不变，就得承认在一个长时期内各户劳动力的数量及质量是变化的，在承包时劳多能强的户可能变为劳少能弱的户，反之，劳少能弱的户也有可能变为劳多能强的户。结果就会出现有能的无沟可治，无能的照样继承的不合理现象。为了解决这个矛盾，应该允许并提倡农户间的转让承包，使无能力开发治理的农户把小流域出租给有能力的农户，收入按比例分成，这对全社会以及对农户双方都有好处。

3. 农户承包纳入总体规划中去的问题

户包小流域治理后，农民具有很大的自主权，为了防止农户承包后可能出现的治肥不治瘦、治近不治远、治沟不治坡、包而不治或掠夺性经营等弊病，在承包合同中必须严格规定，农户的开发治理活动要遵照全县的科学开发治理总体规划行事。这个总体规划要把治理措施落实到地块，既有定性、定向，又有定量、定位。农户要按照规划的要求统一行动，限定时间，综合治理，并按统一的支柱产业规划，进行开发利用，把分头进行的农户的治理开发纳入全县总体规划中。此外，对于包而不治的农户要有惩罚措施，屡教不改者，应勒令其退出承包的小流域，改由其他有能力并有积极性的农户承包。

（二）山地治理的其他社会组织形式

流域面积有大有小，有些面积较大的小流域治理开发工作量很大，许多工程项目由于单家独户、势单力薄，难以单独完成，在一定程度上存在着开发治理劳动力的集体性和单家独户承包之间的矛盾。因此，在家庭联产承包责任制的基础上，应以户包的形式为主，采取多种多样的其他社会组织形式并存的办法来解决上述矛盾，既发挥农户承包的优势，又实际地解决上述矛盾。这些社会组织形式有以下几种。

1. 集体治理，分户承包

对于一些面积较大目前还无人包治的荒山荒坡采取先治后包的办法，即由集体组织劳动积累工进行集中统一的治理，治妥后再承包到户。

2. 联户承包

由一个农户牵头，联合其他农户联合治理。例如，河曲县天洼村的邬家沟西沟流域，面积 87 公顷，单家独户无力单独承包，改由 1 户牵头，8 户农户联合承包。由一个治山治水"能人"担任技术指导。按全县开发治理的统一规划要求，具体安排综合治理的措施和农、林、牧各种用地的布局。在该流域内的大型基本工程集体整治，小型工程及生物措施分户治理，不到一个月就完成了西沟流域的治理。

3. 专业队承包治理

主要由该地过剩的精壮劳动力组成，长年累月从事小流域治理，主要承包小流域治理中的骨干工程、重点项目，或为连片治理而劳动力不足的承包户服务，收取服务费。

4. 专业合作社

这是一种由农户自愿组合，独立经营，有统有分、按利益比例分成的专门性开发组织形式。一般在已形成支柱产业和商品生产基地的地区实行。例如，靖州县太阳坪乡柑橘专业合作社，参加农户达 2 个乡、3 个村的 218 户和 116 公顷柑橘园。由入社农户选举组成管理委员会。全社实行统分结合的双层经营。柑橘园的水利设施、道路、工棚建设、柑橘品种搭配、苗木供应、栽种技术规格由社统一规划和管理，承贷承还国家及银行贷款。农户在分户经营的柑橘园中实行谁种谁有，多种多得。这个社在 4 年中共引进开发资金 95 万元，把 116 公顷土地全部种上了柑橘树，长势喜人。

5. 股份公司

采取国家、集体、个人集资，开发治理农户不易治理的荒山、荒坡的一种形式。河曲县五花城小流域开发公司就是一例。该公司地跨七个村，由集体入股土地 701 公顷，折 31.8 股；国家入股资金 22.8 万元，折 38.8 股；农户入股劳力 32 000 个劳动日，折 8.5 股，三者共计 79.1 股。从 1984 年建立以来的两年中，共修梯田 220 公顷、谷场 18.8 公顷、水平沟 226.7 公顷、鱼鳞坑 73 公顷、淤地 13.3 公顷、水库 1 座、渔塘 9 个。共造经济林 310 公顷、用材林 326.7 公顷、灌木 80 公顷、林草混种 73.3 公顷。并把这些修好的土地承包给 342 户种植。1986 年集体及承包户纯收入达 14 万元。

以上形式虽然多样，但农户仍是承包的主体及基础。为了解决农户在产前、产中及产后方面存在的困难，有必要成立各种服务公司，为农户提供服务，这是山区开发中的一项紧迫任务。这类服务公司有专业的，如种苗服务公司，负责种苗的培育、采购、分配和调运；推土机服务公司，为投入农田建设的推土机个体户开展操作培训、零配件供应、上门维修、柴油供应等；畜牧兽医服务公司，为畜牧业提供良种、防疫治病、饲料、销售服务。此外，还有综合服务公司，提供全面服务。

6. 租贷开发

这是一种以土地或水面作为租贷对象，由承租者付给一定租金，在租期内开发山地的形式。如黔阳县沅河镇的高台山农业综合开发实验区，是由该镇镇政府向本镇沅河城村部分农户承租80公顷荒山（包括4口水塘）兴办的。租期5年，5年内栽柑橘50.6公顷，板栗15.4公顷，机耕道旁栽梨、桃6.6公顷，全部无偿交给土地所有者作为租金。县财政借款6万元，雇请400多个劳力，投工2.4万元进行开发，在5年内的收益除支付成本外，全部归镇所得，一部分用于扩大再生产，一部分用于改善干部职工福利。

7. 私人农场

这是在政府扶助下，由私人独立经营的小流域治理开发的另一种方式。私人农场和承包农户经营的区别在于，前者规模大，没有雇工经营难以完成开发治理任务。例如，黔阳县岩龙乡农民钦万有一家，1983年自筹资金20万元，贷款58万元，通过调换、租贷、转包等形式获得邻近4个村、97户村民、47.3公顷荒山的经营使用权。雇请600多个劳力把这片荒山修成水平梯田，栽上8万多株柑橘。他们还修通公路5公里，建房11栋，购汽车3辆，建蓄水池58个，安装管道6 200米，实现了柑橘园的自流灌溉。此外，还在场内办起3个养猪场，在柑橘园内间作西瓜、黄豆、花生、蔬菜等。到1987年，经营收入达14万元，1988年超过20万元，1991年可收回全部投资。这个农场还计划近年内再建6个猪场，年出栏肥猪2 000头左右，种植楠竹13公顷、板栗27公顷和其他经营。当然，私人农场一般在商品经济比较发达，大量劳动力转向第二、第三产业，户包小流域治理难以为继，或者大片荒山荒坡一时农户难以承包治理开发等特殊情况下作为补充形式采用。基本形式仍是户包小流域治理。

户包小流域治理为山地资源开发利用提供了新的希望。据河曲县统计，实行户包小流域开发治理后，治理速度上升为12.5%。偏关县治理速度也超过10%，质量也大大超过往年。过去，人们对山区治理的速度能否达到 1%，就有过争论。户包以后，有的地方达到 5%，现在河曲、偏关县连片治理，速度超过 10%，靠的就是户包小流域制度。它调动了广大农民的积极性，为山地治理开辟了十分广阔的前景。

第六章　贫困山区非农用资源的
合理开发

贫困山区除了可用于农业的山地资源外，还存在着大量的可用于发展第二、第三产业的资源。合理开发这些资源对迅速引导贫困山区进入商品经济轨道，实现脱贫致富关系极大。但山区县有许多和平原地区截然不同的特点，如果忽视这些特点而照搬平原地区发展第二、第三产业的做法，肯定是要吃亏的。因此，正确估价贫困山区在发展非农产业上所存在的特殊困难条件，合理决策第二、第三产业的类型及发展战略，以及探讨通过非农产业的发展来带动贫困山区经济发展是十分重要的。

一、贫困山区的工业

（一）贫困山区要发展什么样的工业

"无农不稳、无工不富、无商不活"的说法，不仅适合于平原，也适合于贫困山区。改革开放以来，以农村工业为主要内容的乡镇企业在山区也有了一定的发展。以地处西部山区的陕西省为例，从 1978 年到 1988 年，乡镇企业从 4.6 万个增加到 57 万个，年均增长率 28.6％。职工就业人数从 55.2 万人增加到 247.8 万人，年均增长率 16.2％。总产值从 6.5 亿元增加到 110 亿元，年均增长率 32.7％。1988 年，乡镇企业总产值占农村经济总产值的比值已达46.6％，乡镇企业就业人员占农村总劳力的 21.9％，乡镇工业产值占全省工业总产值的 20%，农民纯收入中来自乡镇企业的收入已占 22%。

西部山区由于基础差，起步迟，和平原地区相比，乡镇企业目前仍然落后。西北地区人口 7 492 万人，比江苏省多 1 144 万人，而 1988 年乡镇企业产值仅为江苏的 17.6%。陕西是西北乡镇企业最发达的省份，1988 年，乡镇工业产值 61 亿元，还不及江苏无锡一个县乡镇工业 82.3 亿元的产值。1980—1987 年，全国农村社会总产值的增量中有 60.4% 是由乡镇企业提供的，江苏高达 75.1%，而西北地区仅占 40.3%。1988 年，全国农村居民纯收入中有 150 元来自乡镇企业，而在西北地区仅有 50~60 元。更值得注意的是，在陕西省，乡镇企业主要集中在大中城市密集、经济发达、交通方便的关中平原地区，其中五地市产值占全省的 80.23%，工业总产值占全省的 82.75%。陕西的秦巴山区及陕北的黄土高原仅分别占全省乡镇企业总产值的 14.29% 和 5.48%、工业总产值的 12.42% 和 4.83%。

贫困山区乡镇工业发展缓慢、经济比重低的根源，一方面，固然和山区的资金、技术、能源及产品销售等方面客观存在的困难有关；另一方面，还要归咎于主观上的原因，表现为求富心切，不顾条件人为地创造出一批批既不是立足于本地资源又没有可靠产品销售市场的乡镇工业。往往是一哄而起，一哄而散，损害了本来已经十分困难的贫困山区经济。有些虽然坚持了下来，但经济效益不断下降。

对贫困地区乡村工业进行仔细分析可以得出，这些工业不是遵照贫困山区的经济特点，而是尾随发达地区乡镇工业的模式发展起来的。由于中国价格体制的不合理，资源型产业的利润远远低于加工业，发达地区乡村工业形成了以加工业为主的产业结构类型。发达地区乡村工业结构和城市国营工业存在着同构化现象，而贫困地区乡村工业和发达地区乡村工业也存在着同构化现象。表 6-1 为陕西省乡村工业产业结构的资料。

中国贫困山区发展的道路

表 6-1　陕西省乡村工业产业结构

单位：%

项目	陕西省		全国
	1984 年	1988 年	1988 年
总计	100.0	100.0	100.0
一、轻工业	41.2	42.6	53.1
1. 以农产品为原料	19.1	27.7	31.0
2. 以非农产品为原料	22.1	14.9	22.1
二、重工业	58.8	57.4	46.9
1. 采掘工业	13.5	7.9	5.6
2. 原料工业	7.6	7.5	7.9
3. 加工工业	37.7	42.0	33.3

资料来源：黄守宏，等 . 西北地区乡镇企业发展思考 [J]. 农业经济问题，1990（1）.

从表 6-1 中可以看出三个问题：第一，1984—1988 年，陕西省乡村工业中加工业仍在以高速度发展，致使重工业的加工工业在乡村工业中的比重从 37.7% 上升到 42%。第二，和全国乡村工业相比较，加工工业的比重甚至超过了全国平均数 8.7 个百分点。第三，贫困地区的乡村工业不是避开平原地区乡村工业和城市工业之所长，这样必不可免的后果是，刚刚一起步就遇到了又多又强的竞争对手而陷于困境。这正好说明了为什么贫困地区乡村工业的经济效益在刚刚起步不久就急剧下降，这在经济发达地区是没有先例的。

经济发展是资源、社会、经济等要素的合力，不同要素的组合必然形成不同的生产力水平，并表现为不同的产业选择。贫困地区乡村工业的产业选择应有自己的模式，具体表现如下。

1. 发展立足于本地资源的农村工业

一般以矿产资源的开发和农林牧产品的加工为主，因为这类工业企业具有市场需求量大、原料来源广泛、工艺简单、技术要求不高、能安排较多劳动力、投资少、见效快、效益好的特点。以食品工业为例，每百元固定资产创造的产值比重工业高出 2 倍多，比整个轻工业系统高出 1/3。对乡镇企业各类产业的经济效益比较分析，农产品加工企业效益最好。可见，只有立足于本地丰量和优势资源，工业企业才有生机和活力。

2. 发展为农业服务的乡村工业

就大多数贫困山区来说，经济的发展总是从农业开始的。因为农业资源丰富，分布面广，人人能搞，从农业起步就等于把绝大多数农户和劳动力调动起来，把经济开发的阵地展开了。为农业服务的乡村工业除了上述的农副产品加工工业之外，还有饲料工业、农机具维修配套工业以及小水电等能源工业。它能提高农业的水平，推动农产品商品基地和农业现代化建设。

3. 发展主要立足于本地区，同时着眼全国、拓展国际市场的市场开放型的农村工业

贫困地区具有丰量和绝对利益优势资源，这是其他地方所不具备的，因此具有争夺本地区、拓展全国进而打进国际市场的潜力。另外，乡村工业又存在技术落后、资金短缺、管理落后、信息不灵等短处。这就要求大力发展横向联系，引进和吸收发达地区先进技术、设备、资金和管理经验，发展具有地方特色的优势乡村工业。贫困地区乡村工业既要从实际出发，从低处着手，又要从远处、大处着眼，有走向全国、全世界的雄心壮志。

（二）矿产资源开发

资料表明，中国东、中、西部贫困山区都储有丰富的矿产资源，据不完全统计，全国 18 片贫困地区中已发现 70 多种矿产，探明有一定规模储量并有开采价值的矿产 1 300 余处，储量的潜在价值为 11 000 亿元。

矿产资源属于国家所有，过去只有国家有权开采，束缚了群众办矿开矿的积极性。1978 年经济改革后，在中央"放开、搞活、管好"地下资源方针的指导下，已经出现了国家、集体、个人一起办矿的蓬勃发展的新局面。一般来说，大、中型矿山以及一些骨干企业需要国家有计划、有步骤地改建、扩建和新建。一些品质较低、容量较小、不便于国营矿山机械化开采的矿点，可以依靠农民的闲散资金和积极性，兴办乡镇矿山，即山区乡镇办、村办、联户办矿山和个体采矿业。

据统计，1989年全国乡镇矿业企业已发展到7.11万个，总产值215.75亿元。煤炭产量占全国总产量的33.5%，铁矿占57.1%，磷矿石占41.0%，硫铁矿石占30.3%。

中国许多贫困山区，就是通过开发矿产资源，跨进了商品经济的新时期，位于太行山区的山西阳泉市就是其中的一个典型。阳泉市境内可用于农业生产的山地资源很差，但矿藏丰富，种类多，分布广，尤以煤炭资源为最。初步探明矿种有50多种，现已开采的有煤、铝矾土、石灰石、硫铁矿、耐火黏土、各种陶土、大理石等。

1978年以前，阳泉市农村和全国其他农村一样，农民不准从事矿产资源的开采，全市10余万剩余农村劳动力被禁锢在少量的耕地上，人均纯收入只有110元左右。1978年农村经济改革后，农民开发当地矿产资源的积极性被充分地调动了起来。1978—1986年，出现了矿产资源开发的三次较大战略转移。第一次是从只开发农业资源转移到重点开发矿产资源；第二次是从开发矿产资源转移到发展矿产品加工业；第三次是从普通的矿产品加工业转移到利用现代科学技术，发展矿产品的深加工、精加工。

由于采掘业、矿产品加工及深精加工的发展，阳泉市农村经济出现了崭新的局面。

第一，农村经济发展迅速，效果显著。1986年农村社会总产值比1978年增长了3.02倍，年均增长率22.0%，其中各业增长情况见表6-2。

表 6-2 1978—1986 年阳泉市农村社会总产值变化

单位：万元

时间	社会总产值	其中		
		工业产值	农业产值	其他产值
1978 年	28 602	17 296	9 108	2 198
1986 年	114 919	73 931	14 900	26 088
1986 年比 1978 年 ± %	301.79	327.45	63.59	108.69

资料来源：王云山 . 滚动经济 [M]. 太原：山西人民出版社，1987：17.

　　农民办的乡镇企业发展尤为突出，1978 年只有 3 190 个企业，33 974 人，年产值 17 918 万元，到 1986 年发展到 12 037 个，143 525 人，年产值 89 892 万元，分别比 1978 年增长了 2.8 倍、3.2 倍和 4.0 倍。乡镇企业从业人员占农村总劳力的 55.19%，矿业总产值占农村社会总产值的 78.2%。

　　第二，农村矿业的发展带动了建筑业、运输业、商业及服务业的发展，山区的产业结构趋于合理。1986 年农村工业产值占社会总产值的 64.3%，建筑业占 9%，运输业占 9.5%，商业服务业占 4.2%，农业的比例下降为 13%。与工、农、商、运、建、服六业欣欣向荣相对应的，是农村固定资产的快速增长。1978 年以前的 20 年中，农村固定资产原值只有 16 247 万元；到 1986 年，上升到 55 483 万元，增长了 2.4 倍；当年积累达到 10 362 万元，比 1978 年净增 7 942 万元，净增 3.28 倍。农村固定资产是农村经济发展的物质基础，固定资产的快速积累预示着整个山区经济今后的进一步快速增长。

　　第三，农村经济的快速发展带来了农民生活的不断改善（见表 6-3）。

表 6-3　阳泉市农村人均纯收入增长情况

单位：元

项目	1978 年	1983 年	1985 年	1986 年
人均纯收入	112	328	583	599
人均生活消费额	—	178	336	362
人均年终储蓄余额	24	140	243	316
人均年末持币待购额	—	51	94	83

资料来源：同表 6-2，第 27 页。

反映贫困山区农民生活水平的恩格尔系数也有了明显的下降，表明消费结构渐趋合理。阳泉平定县农业区划办公室对全县 1 264 户农户、平定县统计局对本县 6 个乡镇 60 户农户及平定县委对 100 户农户恩格尔系数的抽样调查结果表明（见表 6-4），由于产品量的增加，商品生产的规模不断提高。1978 年以前，阳泉市农村是一个自给自足的自然经济区域，农村商品率只有 20% 左右。1986 年商品率已高达 82% 以上，比 1978 年增长了 3.1 倍。作为贫困山区的阳泉市，已经实实在在地进入商品经济的大潮之中了。

表 6-4　1983—1986 年阳泉市农村生活消费的恩格尔系数

抽样农户	1983 年	1984 年	1985 年	1986 年
1 264	54.4	—	45.4	42.0
60	—	51.4	43.1	46.0
100	—	—	—	46.6

资料来源：同表 6-2，第 34 页。

山西省左云县是又一个通过开发矿产资源致富的山区贫困县。该县地处塞上高原，发展农业生产条件很差，但煤藏极为丰富而品质又高，他们制定了大力开发煤炭资源，以带动全县经济发展的战略。短短几年时间，工农业总产值、国民收入、人均国民收入都翻了两番多，财政收入增长了 10 倍，农村人均纯收入由 72 元上升到

716 元，从全省最贫困的县一跃成为全省最富裕的县。

要开发矿山资源必须解决以下几个问题。

1. 尽量扩展资金集聚范围，以解决矿山资源开发的资金问题

矿山资源开发和山地资源开发不同，需要有一定的资金，这是贫困地区开发中碰到的一个带有普遍性的问题。解决这个问题的途径是，尽量扩大资金的聚集范围。看起来各个局部地区都很穷，但如果把局部的潜力都挖掘并集中起来，就形成了相当大的生产能力。例如，左云全县 15 个乡镇中，只有 4 个乡镇煤储量大，3 个乡镇边缘有煤。这些有煤的乡镇较穷，没有开发力量，而经济条件较好的乡镇又没有煤炭资源。他们采取了"统一规划，合理布局，联合经营，共同受益"的办法，把全县所有各乡各村的资金、劳动力和技术都动员起来，组织无煤乡村到有煤乡村办联营煤矿的办法，实现了村村办煤矿、家家出劳力的局面。1978—1985 年，全县煤矿由 16 座发展到 45 座，原煤产量由 87.3 万吨发展到 615 万吨，其投资的 84% 就是靠这个办法解决的。

2. 进行微观调节，平衡从工和从农劳动者的利益

贫困山区工矿企业的迅猛发展，使从事工农业生产的农民收入过分悬殊，工农业收入失衡的矛盾突出。阳泉市也不例外，1978 年以来，耕地和粮田面积同步锐减，农民种田积极性下降，农业由主业转变为副业，农业投入持续下降。1983—1985 年，工矿企业发达的村庄，一般工业劳动力年均收入 5 000 元以上，而同等农业劳动力从事农业生产收入虽也大幅度提高到 1 200 元，但只有务工收入的 24%。全县 1985 年务工与务农收入比是 3.8∶1，即近四个务农劳动力才能拿到一个务工劳动力的平均工资。

为了解决工农业失衡问题，他们利用乡镇工业企业发展快、经济效益高的优势，进行微观调节，平衡从工和从农劳动者的利益关系，调动农民种地的积极性，控制农业面临的萎缩局面。

（1）利用工矿业利润，购买农业机械，进行农田基本建设，改善农业生产条件。山西省左云县店湾镇 5 年来共投资 140 多万

中国贫困山区发展的道路

元，购买大型推土机 47 台，组织起机械化基本农田建设专业队，共平整土地 1 309 公顷，筑淤地坝 20 多万米，动土方 100 多万立方米，建设基本农田累计达到 1 733 公顷，人均 0.21 公顷。

（2）以工补农，鼓励农民增加对农业投入。办法有：平衡各户务工和务农劳动力数量，即尽量做到每户既有务农劳力又有务工劳力，实行以户自我补贴；对作为农业薄弱环节的林业及畜牧业，实行定向补贴；按承包土地级差收益实行差额补贴；按承包土地多少，参照常年化肥、种子、农药等主要费用投入情况，限额补贴；减免农户上交提留和其他摊派款项；专业承包，实行工农统一分配，平衡工农业人员劳动报酬；按完成商品粮任务进行粮价补贴；工矿企业和农业挂钩，企业根据农时季节，为各农业户无偿提供种籽、耕畜、化肥、农药和机械设备；农工商统一经营，农业实行企业化经营，在一般情况下，每个农业劳动力年均纯收入可达到同等工业劳动力收入的 90% 左右。

（3）实行规模经营，建立家庭小农场。把已经转移到工矿企业中的劳动者原承包的土地集中起来转包给种田能手，建立家庭小农场，实行专业化经营。这些家庭小农场由于规模较大，有了实行机械化、专业化经营，以及采用先进农业科学技术的可能，农民收入较高，与务工劳力基本相当。从更长远的意义来说，中国贫困山区在商品经济推动下开始出现的、在工农业劳力分工基础上建立的、具有一定规模的现代化家庭小农场，是未来中国农业经营的雏形。

3. 实行统一规划，重视技术改造

由于煤矿能挣快钱、挣大钱，容易产生一哄而上、遍地开花、乱开乱采和破坏资源的后果。左云县采取了以下两项措施：①坚决执行"统一规划"的原则，把国营矿不能进行大规模机械化开采的构造破坏带、古空破坏带、残留边角带煤区，让给乡镇煤矿去开采。②重视小煤窑的技术改造。1982 年开始，随着煤矿收入的增加，他们按照乡镇自筹为主、县财政补贴为辅的原则，进行技术改造和扩建。全部煤矿都逐步实现了半机械化生

产，扭转了资源浪费问题，使资源平均回收率接近于国营煤矿的水平。

有些人一提到乡镇矿业，总是把它同破坏资源和浪费资源联系在一起，甚至主张禁止乡镇矿业，把这些不可再生的资源保护起来，在技术问题还没有解决之前，不准随便开采，以便留给子孙后代。当然，这样的想法是可以理解的。但是，在矿产资源问题上必须辨清以下三个问题：

（1）不可再生资源固然是有限的，但从发展的观点来看又是无限的。譬如，就当前的技术水平来看，资源的储量有限而不可再生，但随着科学勘探技术的发展，尚未探明的资源储量正不断地被发现；随着综合利用技术的发展，资源利用过程中的新产品不断地被开发出来；科学技术的进步还把新的可以替代的资源挖掘出来，用以弥补被消耗了的不可再生资源，等等。从科学技术进步及发展的观点来看，包括不可再生资源在内的资源又是无限的。

（2）把现有资源保护好，留给子孙后代固然好，但问题在于在贫困山区，我们这一代还很穷，把资源留给后代，无异于要穷人把自己的财富捐献给富人，其不合理性是显而易见的。事实正好相反，只有我们这一代开发了资源而富裕起来，我们的子孙后代才能在我们这一代富裕遗产的基础上更加富裕，才有可能具备更高的知识、技术、资金去开发利用资源。反之，我们这一代留给下一代的如果仍然是一个贫困不堪的烂摊子，子孙后代只能如我们俗话所说"捧着金饭碗要饭"。可见，为子孙后代着想，也应是加快开发利用现有资源。

（3）一定要防止破坏、浪费资源，但问题不在于工矿企业的性质是国营大企业还是乡镇小企业，而在于是否按科学态度办事。当然在乡镇企业初创阶段，由于资金紧张，土法开采，资源回收率要低些。但这个阶段正是积累资金，向半机械化、机械化生产和向现代科学技术过渡所必经的。否定了今天这个阶段的乡镇企业，就等于否定了明天用现代科学技术装备起来的乡镇企业。

（三）发展农副产品加工工业

在没有或很少矿产资源的贫困山区，乡村工业的重点在于发展农副产品加工业。农副产品加工业的发展对山区经济开发具有重要意义。

1. 推动山区资源的综合利用，变潜在资源为现实资源

柴炭、桐果、油茶果、山苍子、野生纤维、野生药材等，长期以来无人采集；有些资源利用率不高，如树木、竹子等只利用其主干，将头、尾、枝作为废物遗弃。加工业的发展就能变废为宝。如广东省广宁县利用木薯资源生产葡萄糖注射剂，利用松脂资源生产彩色油墨，利用竹笋资源生产罐头，用竹子生产竹制品。光竹编加工厂 130 种产品中就有 56 种产品打入国际市场，为国家创了外汇。

2. 有利于支柱产业及商品农产品基地的巩固和发展

山区农产品多具有易腐、易霉、易污的特点。特别是作为支柱产业的该类农牧产品成熟时被大批量生产出来，如果不及时加工，就会造成严重的损耗。经过加工的农副产品耐储藏，便于长距离运输，拓宽了市场，有利于商品农产品基地的巩固和发展。

3. 增加产品价值，有助于山区人民脱贫致富

农副产品大致可划分为三类：第一类是原始产品；第二类是粗加工产品，如经过储藏、保鲜和包装加工的水果、蔬菜、畜产品以及低档家具等；第三类是精加工产品，如罐头、皮革、毛纺、裘皮服装等。作为原料出售的农产品经济收入甚微，如果经过多层次加工，成为具有较高价值的二、三类产品，经济效益就能明显提高。

农副产品加工工业的原料主要来自支柱产业和商品农产品生产基地，这是大宗的、基本的资源。此外，许多贫困山区还存在着各自特有的大宗野生资源。例如，福建省安溪县境内有丰富的葛藤、竹梢等野生资源，他们就利用这些野生资源办起了安星藤器企业有限公司，把原来视为废料的藤丝加工搓成绳子，配以竹梢、地瓜藤、芒草心、竹片、葛藤等材料，编结成各类藤竹工艺品、藤木藤竹家具及服装、丝花等产品。公司自1985年1月创办以来，到1986年年底收回了全部投资，并盈利100多万元。1987年全年产值达3 500万元，创汇850万美元，上缴税收60万元，利润200万元，发放工资总额750万元。全县5 000多个贫困户依靠藤竹加工收入解决了温饱问题，占全县脱贫户总数的1/10。

这一类事例到处可见。如安徽省南部属于石灰岩地貌的一个贫困山庄，没有耕地，但当地生长着一种棕榈树，其生产的纤维可用来做毛刷。这个仅20来户的小村就办起了毛刷厂，产品从小至瓶刷到现代大工业使用的巨形刷，品种规格达三四十种，产品远销全国。这个村就靠这种加工业脱贫致富。和这个村相距不远的另一个偏僻山村，唯一的资源是遍地丛生的茅草，该村请了江苏省的一位退休师傅办起了培训班，教授茅草编织技术，成品是各种各样色彩鲜艳的工艺美术品及日常生活用品，玲珑可爱，远销国外，供不应求。该村靠这一粗看起来一无用处的资源，使自己摆脱了贫困。

（四）贫困山区安排产业结构的策略探讨

贫困山区安排产业结构的策略可分为三种：一是以工业作为经济发展的重点，实现富县和农民脱贫的目标；二是以农业为重点，大规模发展林果业和畜牧业；三是农业和工业并举，以农业—"农业、工业并举"的开发时序发展经济。近一个时期以来，在贫困山区刮起了一股兴办工业的风，普遍选择了第一个策略。这有两方面的动力：一来自县乡行政领导的提倡，因为没有县办、乡办工业，县乡两级财政难以改观，这是出于富县的考虑。二来自扶贫工作队的倡导，认为无工不富，贫困山区要脱贫致富，短期内扭转乾坤，捷径是兴办工业。在拥有丰富工业资源的贫困山区，人们对重点发展工业是没有异议的。但在一般地区，在没有优势工业资源条件的贫困山区迅速发展农村工业的可能性到底怎样？它的前景如何？这样的决策是否正确？为了解答这个问题，我们在云南省禄劝县借助系统动力学方法建立了经济动态仿真模型。通过模拟展现了不同产业进化策略的动态演化过程，全面分析评价了不同产业调整方案的优劣。

模型以该县的实际经济部门构成其基本框架，主要考虑产业转移的各种调整措施。科技、教育、公路、城建等基础设施条件作为系统环境处理。模型分为五大子块，即人口劳力块、农业块、工业与建筑业块、商业服务和运输业块、总量块，而以工业与建筑业块和农业块作为模型重点。各个子模块是通过各种变量交织串联起来的，按变量间的因果关系和作用构成模型的网状反馈结构。

方案设计了产业转换的三种策略，并调控参数形成了不同的发展方案。①工业型：以工业作为该县产业转换的重点，利用本地水利、矿产、农副产品资源发展工业，在较短时间内使工业成为经济的主导，实现富县和农民脱贫的目标。②农业型：农业置于众业之首，大规模投资发展林果业和畜牧业，抓好粮食单产，以期粮食自给。③综合型：多途径互相协调的产业转换模式，形成农业—农工并举的开发时序，争取15年内实现向大农业结构转换，并使工业成为国民经济的重要支柱。

根据产业转换的不同构想，通过调控一些参数，每一个策略下又形成几套方案，共12套。这三种策略的模拟结果简述如下。

（1）工业型：两套方案均以工业为重点，分为重工型和轻工型。2000年的工业产值是1985年工业产值的20倍，工业产值占社会总产值的47%以上，接近一半。国民收入及财政收入分别是1985年的2.5倍和5倍多。人均纯收入基本达到500元。要实现这两个方案，15年的工业累计投资要高达3.6亿元和3.5亿元，缺电近4 000万度。禄劝县有发展工业的资源，但投资过巨，能源缺口很大。方案实施的可行性差，综合效益不理想。

（2）农业型：两套方案都采取农林牧并举、全面发展的方针，突出果林，抓好粮食。到2000年国民收入增加2倍多，财政收入增加3倍，人均粮食占用量275公斤，人均纯收入400多元。但是农业产值仍占社会总产值的一半以上，占工农业总产值的67%。人均收入未达全国"七五"计划末的平均水平，粮食仍不能自给，畜牧业精饲料需求将是1985年的2.5倍，饲草需要量将比1985年增加1.5亿多公斤。这样的农业型方案既难实施，效益也不好。

（3）综合型：八套方案均实行农业、工业和第三产业综合协调发展。以果林、畜牧业为起步产业，"七五""八五"计划期间搞好大农业转换；"八五""九五"计划期间重点投资工业，财政收入年递增率平均为11%，人均纯收入超过450元，接近500元。人均占有粮食达到250多公斤。工业产值占工农业产值比重超过40%的四套方案，15年累积投资为2.35亿元；达50%的另外四套方案的累积投资为2.8亿元。其中以工业占40%的综合型方案的工业投资规模最为可取，综合效益也好，2000年人民生活水平基本上达到"七五"计划末期的水平，比较切合禄劝县的实情。

仿真结构表明，像禄劝县这样山区面积占98.4%、有一定矿产资源但优势又不很突出的贫困山区，很难依靠农业脱贫与发展，也难通过高速度发展工业来改变山区面貌。农工并重、以农业为先的综合发展策略是现实可取的。在短期、中期内大农业转换是首要的，农业资源的率先开发既是解决温饱的基础，又为工业的发展提供再生性原料。工业的发展受投资、能源、交通与技术等制约，贫困山区的现实基础条件一般来说很难承受工业高速增长，只能循序前进。不顾这些客观条件，盲目发展，不仅不能给脱贫致富带来任何好处，相反变成了贫困山区经济的拖累。

就乡镇工业自身的发展来说，也要遵循循序渐进的方针。在起步阶段，要立足于当地农牧业生产的基础条件，充分利用劳动力资源优势，注意开发当地市场，以手工劳动、薄利、小型项目为主，逐渐积累企业经营管理经验，发展农业初级产品加工，发展为农业服务的小型农机具等。随着农牧业生产和庭院经济取得进展，商品性的果品、土特产品和畜产品生产形成了明显的规模经营，这种状况就自然地推动农村工业转向发展阶段。这时的农村工业可以扩大企业生产经营规模，由作坊式生产逐渐转向企业化生产，从本地市场向外地市场渗透，经营目标从为农业服务转向注重企业效益的获得。但仍不能脱离农业生产的基础条件。要进一步寻求当地潜在的农业资源优势，着力发展农产品的深加工，如饲料、皮革、鸭绒、果品、杏仁等产品的深加工，为农林牧业生产的产前、产中、产后服务。当农村工业发展到形成了一定规模、进行技术改造、实行现代化生产时，产品结构应转向农林牧业产品的精加工，发展名优产品。还要打入国际市场，进行国际竞争，这时的农村工业就进入了大发展阶段。与这三个阶段相适应，农村工业自身也经历了从原始工业、经传统工业到现代工业的转移。

二、贫困山区的服务业

有了农业、矿业、农副产品加工业的商品，只能说有了商品经济的一个方面的条件，还不能说就有了商品经济。因为商品如果不能运送到市场并销售出去，实现其价值，商品的再生产过程就要中断。因此，作为商品经济还需要其他环节与之相配合。这里指的是运输、储藏、销售、信息等方面的服务。提供这些服务活动的行业统称为服务产业。如果把农业称为第一产业，工业称为第二产业，则服务产业称为第三产业。随着贫困山区商品经济向纵深发展，商品的生产与消费在时间上和空间上日益脱离，对服务产业的需求就会愈来愈迫切。

（一）贫困山区的商业

商业是一个以实现商品实体转移和价值实现为职能的产业部门。山区从事生产活动所需要的生产工具、原材料等生产资料大部分需要依靠商业从外部提供，生产的商品也要通过商业在市场上销售。星罗棋布在贫困山区的村民的消费品也要靠商业提供；商业还要为山区商品生产提供市场需求信息，帮助生产者调整生产规模及产业结构；商业作为一个独立的产业部门还有积累资金、消融过剩的劳动力、提供就业机会的作用。

中国山区生产力发展水平很不平衡，经过10多年来的山区经济开发，其差异性更大。既有现代化水平很高、规模很大的"三线"企业和矿山企业，专业化大批量生产的农产品商品基地，也有规模不一的乡镇工业，还有大量的农民家庭经济。在布局上有的比较集中，但大部分十分分散。这些具有不同生产力水平的经济单位及其分布状况对商业流通具有不同的要求，只有实行国营、集体（供销社为主）和个体商业并举，大、中、小相结合，才能满足山区商品流通的需求。

国营商业起着规定和引导市场的发展方向，执行国家的政策和计划，代表国家在宏观上调整商品供求和平抑物价的作用。但在山区，国营商业只到达县城，少数下伸到集镇，广大乡村的商品流通则主要依靠供销社。供销社商业在中国农村具有悠久的历史，和国营商业一样有雄厚的资金技术、较高的经营管理能力，布点十分广泛，在许多穷乡僻壤都有基层供销社或代销点，在组织商品流通方面占有很大优势。但不论国营还是供销社，都是在传统经营管理体制下实行垄断性经营，吃大锅饭，缺乏内在经营活力。经过这几年的改革，国营商业试行承包经营、租赁经营或股份经营，供销社逐步恢复了"三性"（群众性、民主性、灵活性），正在向真正的农民群众集体所有的合作商品组织转变，由单纯购销型向经营服务型转变。改革取得了一定成绩，并在进一步深化中。

在供销社向合作商业组织的方向实行改革的同时，贫困山区和全国其他地方一样出现了农民群众自愿地组织起来参与农村商品流通的实践活动，如贸易货栈、购销公司、运输联营社、社队企业产品经销部、专业合作社等多种多样的新经济联合体。其中特别值得重视的是专业合作社。专业合作社是支柱产业已经具有一定规模、专业化程度较高，在专业户的基础上建立起来的。一般先由少数专业户为了解决供销的困难自愿联合起来，并吸收周围的专业户参加。由于这种合作社是按专业建立的，往往跨村跨乡，各基层专业合作社还联合成地区性专业合作社、联合社，以扩大经营范围。农户把产品交专业合作社销售或委托购买生产资料，在每笔交易中支付一定比例的手续费。专业合作社有了利润时，实行按社员同合作社交易额的比例分红。此外，还有农民和国营或供销社合办的农商结合，农民和加工企业、商业企业合办的农工商结合以及农民集体商业和国营商业合办的商商结合的商业形式。这些新型的农村商业既区别于国营商业，又不同于供销社商业，是农民群众自己独立地进入商品流通领域的尝试，具有联合、自主、灵活、多样的特点，正在山区的商品流通中发挥愈来愈大的作用。

个体商业和私人商业是顺应山区生产和消费的小规模和分散特点而发展起来的。这种商业渗透力强、灵活，从业人员吃苦耐劳，凡是国营商业、合作社商业到达不了的偏僻山区，个体商业和私人商业都能抵达。他们走村串户，集收购和零售于一体，既方便了山区农民的生活，又收购了山区农民零星分散的小商品，增加了山区农民的收入。

假使说，针对山区商品流通的特点，商品流通主体要实行多种流通主体并存的格局，那么同样在市场结构上也必须实行多种类型农村商品市场同时发展的局面。

第一，贫困山区要办好农贸集市。在山区，历史上就存在着大大小小、类型各异的农贸集市，这对于农民互通有无，进行小规模的商品交换起了重要作用。因此，除对原有农贸集市加强管理外，还要根据需要增开新的农贸集市，以利于商品成交。

第二，要增加零售市场。目前山区的主要问题是商业网点不足，需要增设商业网点。在一些偏僻山村要增加一些集体商业的代销点、个体店铺、小商贩等，解决山区农民的卖难和买难的问题。

第三，建立农产品批发市场。批发市场是从事大宗或较大宗商品交易的场所。它不同于零售市场，只是商品需求者和出让者面对面直接交易，而是卖方的经纪人和买方的经纪人进行大批量交易的场所。卖方的经纪人把商品从许多卖方手中集中起来输送到批发市场；买方的经纪人在这里代表各个买方大批量的购买，然后转送给各个买方。经过这么一个中间环节，便调节了产销过程中时空、丰歉、数量之间的矛盾，提高了市场的组织水平，使商品有了更大流量、更快流速和更长流距。此外，批发市场还有对商品进行分级、整理、分装和包装、代储、传递信息、节约流通中劳动消耗等功能，对搞活山区商品流通具有十分重要的作用。山区要根据情况，在适宜的县城、山区的集镇或集中产地建立不同种类的批发市场。一般批发市场只从事现货交易，在有条件的地方还可以发展期货交易，办好农产品贸易中心。

农贸市场和零售市场、批发市场和贸易中心构成了不同层次的山区商品市场体系，层次一个比一个高，交易范围一个比一个大。商品网点布局该集中的要集中，该分散的要分散，形成"面、点、线"相结合的商业网点布局，保障山区商品流通的需要。

（二）贫困山区的信息流通业

山区农村被崇山峻岭所分割、包围，山内山外信息不通，消息不灵，给商品生产和流通带来十分不良的后果。农民确定生产项目时，往往取决于周围有限圈子里的人们在搞什么，当看到有些农民因为养鸡创了收，就一哄而上搞养鸡，结果因为市场饱和以及气候、技术、饲料等方面的困难，又一哄而散，给那些刚刚在商品生产上起步的农民造成了经济损失。在流通领域也往往因为信息不灵，造成渠道不畅，严重滞销。在销地产品十分短缺时，产地却严重积压，商品霉烂、变质。山区信息闭塞是经济落后的重要原因之一。

山区建立信息网应注意突出以下特征。

1. 垂直信息流和水平信息流并举，以垂直信息流为主

长期以来，中国山区农民按照国家计划进行生产，产品除自用外，全部上交国家，垂直的行政系统比较健全，横向联系基本上处于隔绝状态。根据这种情况，信息网应以垂直信息流为主，按系统管理体制垂直下伸，如产业部门可按工、农、商系统下伸，经济管理部门可按计划统计、金融信贷、科技情报等部门下达，由系统主管部门牵头。但考虑到商品流通是在多种多样市场上呈横向发展的，横向的信息流在商品经济逐步走向成熟的过程中日趋重要，必须把垂直的和水平的信息流结合起来。

2. 经济信息流传方式的多样性

目前贫困山区信息手段落后，还无法参与全国性统一的经济信息系统，只能广辟信息源来弥补自己信息网的缺陷。信息流传具有多途径、多方式、多渠道的特征。大致来说有：①经济计划渠道，通过间接计划提供信息；②商业供销渠道，特别是供销合作社利用自己的多点、面广、腿长的特点通过商品流转提供经济信息；③农民还可通过各种各样的新经济联合体，了解行情和信息；④活跃于山内山外的专业户，包括购销专业户、长途贩运专业户、运输专业户及个体商业也是农村经济信息流传的重要渠道；⑤国营厂矿渠道；⑥集市贸易渠道，通过集市中体现的当地及外地集市行情，掌握信息。当然，最重要的还是要和山外信息网联网，这是信息流的主渠道。

3. 信息的开发和利用要有重点，要围绕资源开发和商品流通这个中心进行

考虑到山区信息的获得及使用，目前都存在着一定难度，应围绕资源开发和商品流通中心，把山区信息划分为山内信息和山外信息两大类。山内信息主要指当地的资源信息（如林业、矿业、旅游、稀有动植物等）、经济信息（如市场、原材料、工业产品、土特产品、特种工业品、资金、企业资料等）、社会信息。这些信息主要是向山外输出的，目的是增强山区对外界的吸

引力和扩张力，吸引更多山外资金、技术参与山区的商品经济建设。山外信息包括外部市场信息（需求变化、价格信号）、科技信息（外部社会的各种新发明、新产品、新项目、新工艺、新花色、新材料）、人才信息等。山外信息的目的是为山区能较好地捕捉新的市场机会，引进技术、项目、人才，创建新产业提供条件。

4. 加强山区信息流通业的建设

信息的传递需依靠一定的载体，信息流通业是传递信息的载体，包括电报、电话、邮政、卫星通信等通信事业。山区要搞好信息的开发和利用，首先就要加强山区信息流通业的建设。一般来说，信息流通的宏观经济效益很高，但微观的企业效益在现行价格政策下却很低，在各地容易受到忽视。这就要求国家在财力可能的条件下花更大的力量在山区办邮电、办广播，可以利用平原及城市更新下来的设备来装备山区；此外，还要调动地方办邮电的积极性，鼓励和支持个人办邮政、办电话。广播电视在平原地区已有了大的发展，要把注意力移向山区，增建广播电视转播台、差转台，解决山区人民听广播、看电视问题，完善信息流通手段。

5. 信息建设以常规方法为主，有计划地推广以电子技术为中心的先进技术

用先进技术装备起来的信息系统，具有通信联络快、计算数据准确、贮藏管理方便等优良性能，应首先在中心县城或集镇的信息中心加以试点采用，再把信息中心利用先进技术获得并加以处理过的信息转送到信息网所属的各个基层信息点。

经济信息系统必须有中心，县级信息中心是整个信息系统的中枢。根据山西省的经验，县级农村经济信息中心的模式见图 6-1。

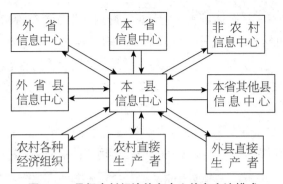

图 6-1 县级农村经济信息中心信息交流模式

这个县级农村信息中心模式既适合于平原也适合于山区。通过这个模式，把垂直的信息流和水平的信息流、信息的主渠道和多渠道、信息的现代技术和常规方法很好地结合起来，形成上下左右、四通八达的信息网络。

（三）贫困山区的交通运输

商品经济的发展要求劳动力、劳动手段、劳动对象、生产资料、生产技术、产品、信息、服务等要素及时频繁地流转，这种流转只能有赖于畅通的交通运输。因此，人们都把交通运输业看成山区经济开发的先行官。

中华人民共和国成立后，为了改变山区和边远地区交通闭塞的局面，投入了大量的人力、物力和财力。新建的铁路线75％分布在京广线以西的西部山区，西部地区的铁路所占比重1950年的19.5％提高到现在的45.1％。西南、西北地区的铁路比重由1949年的5.5％上升到24.5％，公路由1950年的24.2％上升到32％。现在除西藏墨脱县以外，西南、西北地区所有县90％以上的乡镇和70％以上的村都通了公路。但是，山区由于崇山峻岭及深谷大河的阻隔，不论筑路还是架桥，比起平原交通建设来，都投资大、造价高、投工多、工期长、工程量大、技术要求高。山区的航运建设也因河流弯多流急、开发难度大，不利于通航。至今，山区道路密度小，站点稀；道路质量差，绝大部分属于四级路和等外路，运输成本高、油耗大、车速慢、效率低、运输调度难；运输机械化程度低，大量货物仍靠人、畜力运输。因此，交通运输仍然是山区经济开发中的瓶颈，如果不下决心采取特殊的办法去解决这个问题，山区经济建设就难以走出封闭的经济圈子。

山区的交通运输建设首先要解决运输方式问题。交通运输方式主要有铁路运输、水路运输、公路运输。铁路运输固然有运载量大、送达速度快、运输费用低、不受气候影响等优越性，但运转灵活性差、短途运输成本高、密度太低，不能适应山区建设需要。除临近线路沿线的山区以及中长途运输外，大部分山区不能以铁路运输为主。山区的水路运输以河运为主，它的优点是通过能力强，运输量大；耗能小，节约燃料；运输成本低，运输安全。但水路运输不能实现从门到门的运输，运输速度慢，受气候影响大，山区河流水流湍急，开发利用难度大。除沿河山区可适度利用外，也难以成为山区的主要运输方式。公路运输速度快，机动灵活，适应性强，可以实现从门到门的运输，密度大，容易穿越天然障碍深入广大山村。可见公路运输应该成为山区交通运输的主体，几乎在所有山区都可发展公路运输。当然公路运输也有缺点，运输量小、成本高、能耗大，不宜做远距离运输。此外，山区还应根据特殊的地形地势，发展管道、索道运输，在有条件的地方还可以发展航空运输。

道路建设需要耗费较大的资金和劳动力，要调动各个方面的积极性，实行多层次、多成分、多形式的综合结构。

多形式指的是山区道路应根据经济发展水平来建设不同级别、不同标准的道路。如铁路、航空、管道以及公路中的国道及省道，一般都由国家投资建设，其中国道及省道以二、三级路为主；县道一般由地方兴建，以四级为主，形成山区交通运输的网络骨架。此外，还要积极发展山区民间交通运输线路，一般在居民点小而分散、资源少、筑路难度大的边远深山区采用。有简易机耕路、板车路、骡马道，属跨乡穿寨的线路。这些线路虽然通过能力弱，但适应性强，造价低，遍布崇山峻岭，可作为现代交通的补充，今天在沟通山区的人流、物流及信息流中仍然发挥着巨大作用。

多成分、多形式指的是充分发挥国家、集体、个人办路的积极性。全民所有制交通运输线在山区交通运输网中占主导地位，要率先建设好；同时要鼓励集体及个人集资修路、建桥、造码头，可以组织受益地区集体投资，或者集体与个人联合投资。在贫困地区，国家应该给予扶持，如民办公助以工代赈，农民出劳动力修建公路，国家发放一部分粮、棉、布作为修公路的投资，并支援一部分钢钎、炸药等物资。对集体及个人投资兴建的线路，要实行谁投资谁受益的原则，确保投资者的利益。

多成分、多形式也表现在发展山区运输业上，除重视国营运输业的发展外，还要扶持山区集体、联户和个体运输业。改革开放以来，集体、联户和个体运输发展很快，据云南省统计，农村交通运输中85%以上的汽车、拖拉机及大量畜力运输力属集体及个体所有。一些农户已从兼业运输发展成为运输专业户、专业运输公司（包括农民联户运输公司和乡镇集体运输公司），有少数独具发展运输业优势的村庄，运输业的收入占到总收入的50%以上，已经发展成为运输专业村。集体、联户和个体运输业已成为山区交通运输中不容忽视的力量。他们在局部缓解山区交通运输紧张问题上正在发挥并将继续发挥积极的作用。

目前个体运输户存在的主要问题有：运输工具破旧，车况很差；运输业务上自找门路，造成了各户之间的严重忙闲不均；费用资金短缺；技术水平低、事故多，不适应运输发展的需要。解决这些问题的办法有两个：一是加强社会化服务，县成立运输总公司，乡成立运输分公司，做到层层有人管、处处有服务。对这些仍处于自由发展和分散经营状况的联户及个体运输户，在产权不变、性质不变、自负盈亏、单车核算的原则下，提供及时而周到的服务。二是个体户在分散经营、自负盈亏的基础上自愿联合，成立运输专业合作组织，统一解决个体经营所难以解决的问题。公司或合作社提供包括购买油料、零部件在内的物资供应。自己无门路不能保证经常营业业务的客户，公司应负责统一联系、安排业务；提供技术服务，包括技术培训与车辆修理，确保行车安全；提供国民经济各部门的发展动态、市场信息、商品信息等，作为发展交通运输业的决策根据；统一和银行、信用社协商，解决养车户的资金困难，并帮助加快资金周转，提高资金利用率；国家还可通过公司及合作社对交通运输业实行宏观调控，避免盲目发展，协调各方面的矛盾，保证国家有关农村交通运输政策的贯彻执行，等等。

三、贫困山区的劳动力转移

（一）山区农业劳动力的过剩及转移

中国社会科学院农村发展研究所邓一鸣同志曾对全国不同地区的农业剩余劳动力的情况做过以下的计算。其计算公式如下：

$$G = L - \frac{\sum S \times F}{W}$$

式中，G——农业劳动力剩余量；

S——各种作物播种面积；

F——各种作物单位播种面积用工量；

W——每个农业劳动力全年工作日数；

L——农业劳动力供给量。

通过上述公式，分别求出全国以及发达地区、中间地区及不发达地区种植业劳动力供需差额（见表6-5）。

全国劳动力剩余率是28.1%，经济发达地区为22.8%，中间地区为27.2%，不发达地区为40.5%，经济愈不发达地区劳动力的剩余率愈大。如果把不发达地区中的盆地和平原除去，则贫困山区的劳动力剩余率还会大于40.5%。

表 6-5 全国不同类型地区剩余劳动力情况

项目\地区	农村总劳动力（万人）	种植业劳动力（万人）	各种作物用工（$\sum S \cdot F$）	每劳力出工天数（W）	种植业需劳动力（$\frac{\sum S \cdot F}{W}$）	剩余劳力数（$L-\frac{\sum S \cdot F}{W}$）	劳动力剩余率（%）占种植业	劳动力剩余率（%）占劳力
全国总计	34 690	26 022	4 881 331	300	16 271	9 751	37.5	28.1
发达地区	10 468	6 982	1 377 250	300	4 591	2 391	34.2	22.8
中间地区	18 456	14 174	2 744 062	300	9 147	5 027	35.5	27.2
不发达地区	5 766	4 866	760 019	300	2 533	2 333	47.9	40.5

资料来源：邓一鸣. 试论我国不同类型地区农村劳动力的剩余及转移 [J]. 农业经济问题，1985（12）.

劳动力是生产诸要素中最活跃的因素。参与生产活动的，除自然资源外无非是活劳动和物化劳动两类。物化劳动是过去的活劳动的转化形态。因此，说到底财富是由活劳动创造出来的。劳动力的浪费应该被看成人类社会最大的浪费。

解决贫困山区劳动力浪费的根本途径是把剩余劳动力从种植业的游离状态中转移出来，进入其他生产过程，和其他生产要素相结合，创造出新的商品来。这个过程就称为农业劳动力的转移。

贫困山区农业劳动力转移的具体途径如下。

第一，从种植业部门转向林、牧、副、渔、工矿业及第三产业。1983年全国以及三类不同地区农业劳动力转移情况见表6-6。

表6-6　1983年全国农业劳动力转移状况

单位：%

项目 地区	农村劳动力总数（万人）	农业			非农业			转移出来劳动力占比
		占总劳动力	种植业占劳动力	林牧副渔占劳动力	占总劳动力	工业占劳动力	第三产业占劳动力	
全国总计	34 690	85.5	75.1	10.5	14.5	6.7	7.7	25.0
发达地区	10 468	79.7	66.7	13.0	20.3	10.5	10.0	33.3
中间地区	18 456	87.0	76.8	10.2	13.0	5.6	7.4	23.2
不发达地区	5 766	91.6	84.4	7.2	8.4	3.4	5.0	15.6

资料来源：同表6-5。

从表6-6中可见，不发达地区从种植业转移到其他产业部门的劳动力都远远低于中间地区，更不用说更低于发达地区。这充分说明了贫困山区农业劳动力转移的巨大潜力。

第二，向山外输出劳务。向林牧副渔及第二、第三产业转移劳动力是全国农村一般的劳动力走势，山区也不例外。但向山外转移却是山区特有的。在一定条件下输出较之就地转移不仅更灵活、更现实、更便于做到，而且还可以带来多方面的效应。

首先，剩余劳力同外部生产资料结合，获得货币收入，促进山区经济自身的发展。河北省的易县、涞水、武安和涉县，1985年输出劳力11万多人，收入1亿多元。这些可观的现金收入，正是山区发展商品经济的重要条件。此外，劳动力的流动和新的生产要素的结合，带来了新的生产技术、生产方式和生活方式。这对贫困山区的农民来说，是一种诱导和激励，有利于打破自给自足的小农观念和封闭的自然经济。

其次，输出劳动力是不断提高劳动力素质的一条重要途径。劳动力的流动和转移，在一定程度上打破了"封闭型"的格局，使成千上万的山区农民进入商品生产领域。他们进镇、进城，走南闯北，同经济发达地区和大中城市的生产技术相结合，可开阔眼界，增长见识，掌握科学技术和管理才能，从而实现劳动者从"体力型"向"智力型"的转化，提高自身的素质。

最后，输出劳力等于回流了信息。他们在外面了解市场需求，反馈经济信息。巨大的人流输出和巨大的信息回流相对应，可把贫困山区和广大平原地区组织到经济、科技、市场等方面的信息网中来。

总之，劳务输出虽然发生在贫困山区之外，但它对开发贫困山区经济已经起到并将继续起到巨大的推动作用。

劳务输出有以下两种形式。

第一，季节性农村劳务输出。主要从事季节性劳务活动，如从事建筑、手工服务等。有的地区劳务输出的规模很大，如1983年据浙江文成、泰顺、永加三县的不完全统计，输出劳务72 000人，收入达1亿多元，相当于三县农业总产值的40%，成为原始积累的一个极为重要的来源。

第二，农村劳动力的迁移。在东部沿海及大城市郊区等发达地区以及上述工矿业发达的山区，由于工业及第三产业的蓬勃发展及大量农业劳动力转向非农产业，农业劳动力出现短缺，山区农民已有一部分自发迁居到这些地方务农。如果能够有组织地把穷山沟里的一部分农民分期分批地迁居到这些地方务农，既可提高这部分农民的生活水平，减轻国家对这一部分贫困地区的经济负担，又可使山区自身负荷趋于正常，减轻人口压力，有利于退耕还林、还草和封山育林，同时还可解除平原经济发达地区缺人种粮的后顾之忧，扭转农业相对萎缩的局面。

劳动力有了出路，就有了资金积累和产业结构的调节，就可带动农村经济的开发和增长，以及人民生活水平的提高和社会生活各方面的变迁和进步。因此，利用剩余劳动力实行劳务输出，是自然资源贫困类型山区打破恶性循环的一个关键变量。

贫困地区输出劳动力与外部生产资料相结合，组织起生产活动，除通过租佃制外，还通过雇佣的方式进行。在经济发展的一定阶段，它对发展社会生产力和解决劳动力就业有一定积极作用。否则，就会堵死缺乏自然资源的贫困山区脱贫致富的道路，而且也不利于发达地区的经济发展。

上述农业劳动力转移的两个途径是相互区别但又相互联系的。在一般情况下，山区农民总是首先实现山区内部种植业向林牧副渔以及第二、第三产业的转移；在山区内部资源的潜力都已耗竭，新产业的劳动力也已饱和的情况下，才进而开始第二个转移，实行对外劳动输出。换句话说，从前者转向后者的时机，取决于客观条件，即种植业以外产业的资源潜力利用水平以及这些产业劳动力饱和程度。这是评价山区农业劳动力转移时机正确与否的准绳。

（二）山区早产的农业劳动力转移

现在，在小部分贫困山区，人们不是热心于开发山区资源，完善生产结构，完成第一个劳动力转移，相反，在还没有启动第一个劳动力转移的情况下，就匆忙进行第二个劳动力转移。出现了人口流失、耕地荒芜、资源废弃，这是种消极的、超前农业劳动力转移，又称为早产的农业劳动力转移。

山西省灵石县吴城镇是一个早产农业劳动力转移比较突出的地方。20 世纪 80 年代初，吴城镇共有 60 个自然村，7 000 多人。经过 10 年，人口下降到 6 700 人。其中 5 个自然村人口完全流失，成为废墟，还有几个自然村人口大部分流失，只剩下孤寡老人和没有门路、能力迁移的困难户。10 年来，共流失约 1 000 多人，5 000 多亩耕地荒芜。一些没有迁移走的住户也一心想着迁移，已经没有心思搞农田基本建设，发展生产，建设农村。随着人口大量流失，相应出现资金及人才流失。据当地信用社测算，10 年来至少有 50 万元资金外流。一些有胆有识，有一定文化、技术的农村能人首先插翅高飞，它的不良影响比资金流失更为深远。这是对山区脱贫致富丧失信心的反映。有些贫困山区，情况虽然没有吴城镇那么典型，但早产的农业劳动力转移对山区以及对山外平原地区所带来的许多后果，却都是不容忽视的。

对贫困山区自身的不良影响表现在：①随着具有一定文化和一技之长的农业劳动力向山外转移，不仅农业劳动力的结构变坏，还带走了一批资金、技术，降低了农民向种植业部门投资和经营的积极性。②耕地经营粗放，土壤肥力下降，还有很多人视土地为包袱，出现弃耕、抛荒；山区优势资源得不到综合治理和开发，生态破坏难以阻止。③贫困山区和平原的反差加大，经济发展及收入水平悬殊状况加剧，全国生产力布局更趋恶化，山区无力承担起今后农业发展战略转移的重任。

对全社会来说，早产的农业劳动力转移，加重了全社会劳动力就业的压力。山区大量劳动力进入平原和城市谋业，挤占了就业机会，使这些地区本来就很狭窄的就业门路更加拥挤。山区转移出去的农业劳动力原来是农产品的生产者，在山区农业生产力萎缩的前提下转变成为农产品的消费者，使全社会农产品的供需矛盾尖锐起来。大量质量很差，没有做好就业准备的劳动力盲目流到城市，长期找不到工作，生活无着落，影响了社会的稳定。

早产的农业劳动力转移的出现，有客观也有主观的根源。就客观的根源来说，从事粮食生产的经济收益远远低于从事林牧副渔的；从事林牧副渔的经济收益又远远低于从事第二和第三产业的。当农民还看不到在山区也能从事林牧副渔以及第二、第三产业的现实前景时，在追求高经济利益的驱动下便纷纷走向山外。就主观的根源来说，一些人对通过资源开发，优化产业结构，发展山区商品经济的山区发展道路缺乏信心，追求短期行为，脱离实际地渲染无工不富、无商不活，过早地夸大了山区剩余劳动力的绝对过剩，超前地向山外转移劳动力。

应该认识，劳动力的过剩有两种类型：绝对的过剩和相对的过剩。前者指劳动力数量和资源数量不成比例，劳动力数量超过资源量，从而在劳动力与资源相结合进入生产过程时，一部分劳动力由于无法获得必要的资源而绝对剩余出来。后者指劳动力数量超出了该地区的局部资源，出现了过剩，但这种过剩是相对该局部资源而言；如果就该地区资源的全局而论，则并不过剩而是不足，这种过剩是相对的，称为劳动力相对过剩。

目前，人们谈论的山区劳动力过剩率是相对于种植业的资源而言的，是通过劳动力的总量减去种植业（播种面积乘以单位面积用工量）能容纳的劳动力数量而计算出来的，因此，是一种相对过剩。如果把山区除耕地以外的其他资源作为总体和劳动力数量相比较，则劳动力并不过剩，许多地方是不足的。长阳土家族自治县做过计算，该县共有劳动力 16 万人，按劳均耕种 0.33 公顷算，共剩余劳动力 4 万人，相当于 1 200 万个工日。如果采用以下两项措施：第一，把目前单产不足正常产量一半的茶园 1 733 公顷增加一倍产量和把 3 111 公顷水田中的 80% 从一年一收改为一年两收，每公顷就要多投工 150 个工日。第二，把该县 6 万公顷的宜农宜林宜牧荒山草坡中的 1/10，即 6 000 公顷开发出来，按每公顷投工 1 500 个工日计，共需投工 900 万个工日。则光这两项合计就需增加 1 500 万个工日，超过了现有相对过剩的 1 200 万个工日。此外，若再把坡改梯、建稳产高产农田、打坝修渠、改善农业生态环境等措施所需要的劳动工日都计算进去，山区农业劳动力缺口就更大，劳动力不是过剩而是不足。所以说，山区劳动力的过剩只是从相对意义上来说的，绝对地来说，劳动力不是过剩而是严重不足。

目前，贫困山区相对过剩的劳动力应坚持向内部深层转移为主的方向。

（三）山区农业劳动力转移模式

山区相对剩余农业劳动力的转移途径如下。

（1）从事农民家庭种植业的集约经营。

（2）从事农民家庭兼业型的多种经营。在种植业经营的同时发展林、牧、副、渔业的经营及农产品加工业。在初始阶段往往是兼业型的，随后有些农户把原有作为副业的林、牧、副、渔以及农产品加工业演变成为主业，成为专业经营。

（3）从事乡镇工业的经营，包括采矿、矿产品加工业以及农产品加工业。

（4）从事服务业，包括从事商品流通、运输、储藏、信息、饮食及修理行业。随着商品经济向纵深发展，转移到服务业的劳动力会迅速增加。

（5）劳务输出。

山区相对过剩农业劳动力的转移模式如图6-2所示。

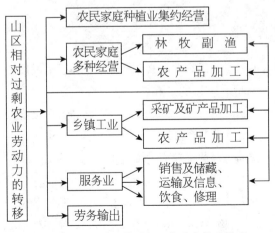

图6-2　山区相对过剩农业劳动力转移模式

四、山区经济开发及集镇建设

（一）山区集镇在山区经济开发中的作用

集镇有别于居民点，后者单纯是山区农民聚居地；前者却是山区农村工业、商业、运输业、服务业比较集中的经济中心，是山区商品生产的前沿阵地，是城乡、平原与山区经济联系的枢纽，为当地辐射范围区域内经济活动服务。集镇经济的复兴，标志着山区商品经济的繁荣和交换的扩大。

集镇的发生和发展经历了一个漫长的历史过程。由于分工的发展，在自给、半自给经济内部已经出现了少量剩余产品的交换，随着产品交换的增加，初步形成了进行交易的固定场所，称为集市。开始时只是"不约而集"，逐步过渡到"终日成市"，兴起了为商品生产、流通和交换所必需的市场、作坊、货栈、客店和商铺，成为一定地区内政治、经济、文化和服务的中心——集镇。

山区集镇形成的经济条件是多种多样的，归纳起来有以下几点。

1. 资源的开发、工副业的兴起而促成的集镇的发展

一般是当地有丰富的矿藏、山林、畜牧产品和土特产品等资源，随着这些资源的开发利用，要求有加工中心和商品集散中心。在此基础上发展成为集镇。

2. 利用交通捷径的优势而发展起来

这类集镇有的位于浅山区或山区和平原的接壤区，地处通衢要道、水陆交通的要冲。由于频繁的商品流通、物资的集散、人员的交往，以及沿途设立的驿站、街场、集市等有利条件，而逐步形成商业繁荣的集镇。

3. 在独特的优势产品交换的专业市场基础上形成的集镇

山区区域经济特色明显，在一个区域内往往形成独特的大宗产品大批量地定期集中在当地专业集市上，从而同业的商铺、商贩及加工作坊群集于此，产销双方成交。例如，在四川省高寒山区的马树街以牛马牲畜，大桥街以菜籽、核桃，牛烂江畔的小河乡以桐油、木漆，奕良牛街以竹笋的专业交易的基础上形成的集镇。

4. 定时定地举行各种形式的庙会，并进行物资交流

山区是少数民族聚居的地方，各民族都有自己的风俗和传统节日。如永善县马楠街是苗族聚居的地方，每年"耍花山"成了牛、马、羊、家禽、麻布、山货、药材等的交易会。外地商人也前往销售手工业用品、饮食等。此外，还有因名胜古迹、纪念名人轶事、开发风景资源以及军事、政治需要而形成的集镇。

1978 年农村经济改革以及随之而来的商品经济的发展，赋予了山区集镇以新的功能。

首先，农村工业不论是采矿、矿产品加工还是农产品加工等，都要求集中布局和配置，因为集中有利于能源的解决和费用的降低，便于统一解决道路、给排水设施以及生活福利等基础设施的建设，有利于服务部门提供产前、产中及产后的服务。凡是实行集中配置的农村工业，基本建设投资省，流动资金周转快，成本低，利润大，表现出了很大优越性。因此，山区农村工业的发展，要求以集镇为依托进行集中布局。

其次，随着山区商品经济的发展，人流、物流及信息流空前增加并活跃起来。它们不论从山外输入山区，分散到山区的各个角落，还是从山区的各个角落集中起来转送到山外，都需要形成若干个中心，叫作人流、信息流及物流集散网络中心。没有这些中心，就无法为山区的商品交换、生产资料供应、信息传递、技术交流、货物运输、储藏等提供有效的服务。这些种类繁多的中心也要求在

条件较好的集镇形成统一的中心。

最后，和山区的经济开发的进展相适应，农民要求开展文娱、体育、科普、宣教、展览、图书阅览等多种形式的文化活动，以及为开展这类文化活动而成立文化中心。农民还要求集资办学，普及小学教育，开展成人教育等，以及兴修校舍，改善教学条件。此外，还要求改善医疗设施建设，扩大医疗机构，充实医疗设备，建设卫生院及医院，改善居住条件等。所有这些文教卫生事业也要求以集镇为依托实行集中布局，有利于以较少的投资，取得较大的成果。

农村工业、物流、信息流、人流中心，及文教卫生事业都要以集镇为依托集中配置，成为集镇的核心组成部分。集镇的形成又反过来赋予贫困山区经济建设以独特的功能，对周围农村经济开发具有强大的辐射效应，成了贫困山区经济的增长极，又称成长中心。

"增长极"的理论是发展经济学的组成部分。当制定贫困地区经济发展战略时，要求以贫困地区内某个城镇作为增长极，建立连锁效应大的推进型产业或部门作为主导产业或主导部门。在其周围逐步地聚集起相关产业及第三产业，并不断吸引各种生产要素到自己的周围。当增长极发展到一定程度时就会把增长的势头通过资金、技术、组织、要素、信息、服务等渠道向周围扩散。增长极的实力愈雄厚、功能愈强，则扩散半径就愈大，从而就能带动整个地区经济的增长。

增长极和周围扩散范围共同形成一个增长极单位。增长极单位有大有小，往往是大增长极单位套中增长极单位和小增长极单位，形成网状系统。把增长极单位设想为正六角形，图6-3所表示的是大、中、小增长极单位以及A、B、C级增长中心的相互关系。

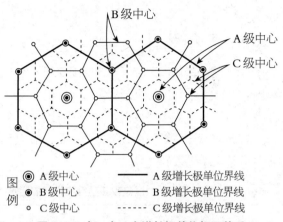

图例
◎ A级中心　　━━━ A级增长极单位界线
◉ B级中心　　─── B级增长极单位界线
○ C级中心　　- - - C级增长极单位界线

图6-3　大、中、小增长极单位相互关系

　　考虑到山区交通运输线在经济发展中的重要作用，最好能把各级中心都配置在交通运输线上，就有必要把B级中心的位置从A级增长极单位的六个角区移到六条边界线的中点，从而把相邻的A级中心的交通线穿过许多B级、C级中心，这就更有利于强化增长极向周围地区的扩散作用（见图6-4）。

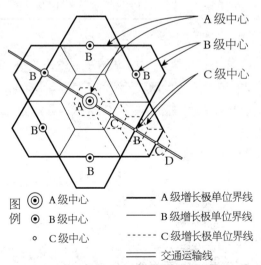

图例
◎ A级中心　　━━━ A级增长极单位界线
◉ B级中心　　─── B级增长极单位界线
○ C级中心　　- - - C级增长极单位界线
　　　　　　　　═══ 交通运输线

图6-4　各级增长极中心和交通运输线的关系

（二）集镇内部的建设

近年来，山区的一些集镇正在复苏，并随着新的生产部门的出现及市场规模的扩大，涌现出一批新的集镇。但是不发达地区中的贫困山区原来基础薄弱，集镇建设仍处于初创阶段，不论就集镇密度、集镇人口还是集镇产业发展情况等方面来看，都还远远落后于发达地区及中间地区（见表6-7）。

表6-7 中国不同类型地区集镇各项经济指标的比较

地区 指标	发达地区	中间地区	不发达地区
人均拥有耕地（公顷）	0.06	0.06~0.13	0.2
人口密度（人／平方公里）	400（含）~500	100（含）~400	100以内
集镇密度（平方公里／个）	30（含）~50	50（含）~100	100（含）~200
集镇平均人口（人）	2 000~4 000	1 000~3 000	500~1 000
集镇经济、文化、信息状况	发达	不发达	缺乏
占全国集镇数（%）	10	70	20

因此，在贫困山区，要随着经济开发的进程，加快集镇（特别是中心集镇）建设的步伐。中心集镇及一般集镇建设应有统一规划，合理布点，形成合理的网状系统。集镇要具有综合功能性，既要适应山区生产、流通和服务需要，又要满足农民文化、科学和开展城乡社会交流活动的需要，使集镇从目前比较单一的功能向综合性多功能发展。在集镇内部，要按开发性的工矿、加工企业、商业、饮食、信息、储藏、运输及市场，文化、教育、福利设施，住宅等分别单独划区定点，尽量少占或不占耕地。要完善包括交通、供水、邮电、能源、厂房、公共福利、市场、仓库、居民住宅、环境卫生及防污染在内的基础设施建设。

山区的集镇建设需要大量的资金、技术和经营人才，这给集镇建设带来很大的困难。顺利解决这些困难的关键在于，是否有正确的政策把各方面建设集镇的积极性调动起来，采取地方、集体和个人集资，筹集材料进行建设。国营企业，包括商业、工业、物资、金融等部门，可以采取"母鸡下蛋"或下伸网点等方式，在集镇设立分厂、批零商店、修理服务部和办事机构，扩大经营。乡镇企业应向集镇适当集中，便于解决供销、管理、储运、水电、"三废"处理和综合利用等问题。要允许务工经商、办服务业的个体农户自带口粮到集镇落户，领照营业，开铺建厂，设点摆摊。同时，还要打破区域界限，欢迎外地人来集镇居住和开业经营，并为他们提供方便。居民住房由个体或集体筹集资金和材料修建，集体或地方政府给予可能的帮助。发展公共事业，要坚持自愿互利，谁建设、谁收益，取之于民、用之于民，坚决防止乱摊派和任意平调的做法。对于某些公益事业，则可以采取发动群众，义务出工出力的办法共同完成。

要打破行业和经营方式的限制，各行各业齐发展，既开办工业，也开办商业和文化教育事业，只要是群众需要的都可以办。在经营方式上，可以经销、代销、加工、坐商、行商、长途贩运；可以一个人经营，也可以请帮工、带学徒；可以自产自销，也可以联办、伙办、批量销售。总之，要让农民在更广阔的领域内搞活经营。

要敞开集镇大门，引进技术人才和先进设备，全面开发和振兴集镇经济。资源的开发、经济的振兴决定于先进技术的引进和应用，所以要把着眼点放在新技术的引进、生产力要素的组合和新产业的开拓上，这是全面开发和振兴集镇经济的根本措施。

（三）把顺向和逆向发展战略结合起来

中国的贫困山区近年来已经陆续出现了一批经过上述途径脱贫致富的先进县、乡或村庄。他们把资源优势转变为产品优势，并把产品优势转化为商品优势，大批量投向市场。其中经济实力更强的一些县、乡、村开始完善加工、销售、运输、储藏等环节，实行多次增值。这种从生产开始，进而发展产品加工、储藏、运输、销售的战略，是顺应着生产—流通—分配—消费的经济进程展开的，故称为顺向发展战略。

在顺向发展战略中，首先，加工是关键性环节，它往前可以控制生产，往后可以影响流通和消费。以果品加工为例，现代化的果品加工业，要求作为原料的果品品种规格划一，果品品质合乎加工要求，果品生产中的化肥、农药用量以及生产技术措施要求标准化、规格化。其次，果品加工之前以及加工后销售前，原料及果品加工品必须妥善储藏。因此，要求果品加工厂要有果品的储藏设施及完善的储藏技术。最后，果品加工品是一种批量产品，必须成批地组织销售，这就要求果品加工厂要和销售环节挂上钩，或者委托销售组织代销或自己组织销售，实行工、农、商一条龙。可见，抓住了果品的加工环节，也就带动了生产、加工、储藏、运输及销售的整个链条。

就因为如此，在贫困山区资源开发中，可以设想从建立产品加工入手来带动生产。这种倒过来的战略称为逆向发展战略。即首先由政府或合作经济组织在贫困山区的中心集镇建立加工厂，解决产品的加工、储藏、运输、销售问题，解除农民的后顾之忧，从而带动当地该种产品的开发和生产的发展。例如，果品加工厂的建设带动周围地区果园的发展，乳产品加工厂的建设带动周围地区乳畜业的发展，葡萄酒厂的建立带动周围地区葡萄园的建设，蔬菜加工厂的建立带动周围菜园的迅速崛起，等等。这种先从加工、储藏、运输、销售着手来带动生产发展的战略，在许多国家贫困山区的开发事业中证明是有效的。

对目前已经进入重点加工、销售、储藏、运输建设阶段的贫困山区先进县、乡、村，应帮助他们在临近条件较好的集镇，推进这方面的建设，并给以资金及技术上的扶持。这是山区建设中先进县、村下阶段的建设目标和重点，也是商品经济发展到一定阶段后提出的客观要求。

中国贫困山区发展的道路

这些包含加工、储藏、运输及销售设施的中心集镇建设，同时对贫困山区广大面上的建设来说，意义也是十分重大的。它可以为周围广大农村提供产前、产中及产后服务，解决农民的后顾之忧，减轻商品经济中必然出现的风险性，极大地推动贫困山区的资源开发和生产发展。这样，对于先进县、乡、村来说，是顺向发展战略，也同时成了其他广大农村地区的逆向发展战略。

　　把顺向发展和逆向发展战略结合起来，就是把发展生产和提供产前、产后服务巧妙地结合起来；把点上的建设和面上的建设巧妙地结合起来，用点上的建设成果带动面上建设的开展，从而推动整个贫困山区的资源开发和商品经济的发展。

第六章　贫困山区非农用资源的合理开发

第七章 贫困山区的粮食问题
及其解决途径

贫困山区的粮食短缺是经济开发中一个亟待解决的紧迫问题。正是它促使目前贫困山区所存在的人口、温饱、资源开发及生态诸矛盾尖锐化。不解决粮食问题，其他问题就难以解决。

一、贫困山区粮食问题的极端重要地位

首先，目前粮食经济在贫困山区经济比重中占有绝对优势地位。

据国务院开发办公室对西南、西北地区 10 个重点贫困县南部、青川、龙州、靖西、毕节、清水河、四马王、大通、同仁、泽库的调查和全国贫困县的统计资料，调查的重点贫困县的农业产值在农村社会总产值中的比重和粮食在农业产值中的比重都远远高于全国一般县（见表 7-1）。

从表 7-1 中可以看出，调查的重点贫困县的农业产值占整个农村社会总产值的 70% 左右，而粮食又是农业产值的主要构成部分，对农村经济起举足轻重的作用。贫困山区粮食生产的起落直接决定着整个农村经济的起落。

表 7-1　贫困县与其他类型县粮食产值、农业产值
在农村社会总产值中的比重

类型＼项目	县数（个）	粮食产值（亿元）	农业产值（亿元）	粮食占农业（%）	农村社会总产值（亿元）	农业产值占农村社会总产值（%）
调查的重点贫困县	10	5.11	12.04	42.44	15.19	79.26
全国贫困县	679	384.85	888.44	43.32	1 299.84	68.35
全国农业县	2 106	1934.9	4 624.31	41.84	9 270.93	49.88
沿海开发县	283	346.32	1 118.63	30.96	3 317.61	33.72

资料来源：《中国分县农村经济统计概要》（1980—1987），中国统计出版社
1990 年版，根据第 617、633、639、641 页资料整理。

与生产结构上述特点相对应，在农民日常消费中，食品消费所
占比重很高，达 50% 以上（见表 7-2）。1980 年以后，其比重虽
然有所下降，但直至 1988 年，比重仍高达 53.4%。

表 7-2　全国农民人均生活消费构成

单位：%

项目＼年份	1980	1985	1986	1987	1988
食品	61.8	57.7	56.3	55.2	53.4
衣着	12.3	9.9	9.5	8.6	8.6
燃料	6.0	5.7	5.2	4.8	4.6
住房	7.9	12.4	14.4	14.5	14.9

资料来源：《中国统计年鉴》（1989）。

在食品消费中，粮食又占一半以上。以 1987 年为例，全国农民平均每人食物消费支出为 219.67 元，其中粮食为 131.57 元，占约 60％。人均年纯收入低于全国平均水平一半以下的贫困地区，食品消费在生活消费支出中的比重更高，达 70％~80％。在食品消费中，粮食消费更占绝大部分。食品及粮食的重要地位是生活消费中其他因素和衣着、燃料及住房等所无法比拟的。

其次，解决群众的吃饭问题仍然是当前贫困山区面临的中心问题，而粮食在解决群众吃饭中起着决定性的、不可取代的作用。目前，贫困县普遍存在着粮食短缺问题。

畜产品、木本粮食、蔬菜、瓜果及粮食等都是人们食物的组成部分，但在所有这些食物中，粮食却是解决人们吃饭问题的最有效的、特殊的农产品。以 0.1 公顷农用地来说，如用来生产粮食，可产 300 公斤，就能维持一个人一年的生命；反之，用来生产其他农、林、牧产品，都无法做到这一点。因此，在农业生产力水平还比较低的条件下，人们总是首先从事粮食生产。只有在粮食除满足自身需要并有了剩余的条件下，才能把粮田以外的其他农业用地用于非粮食的农、林、牧产品的生产。换言之，非粮食的农、林、牧生产的发展规模及速度是由粮食生产水平来决定的。因此，粮食被看作农业的基础。如果农业是整个国民经济的基础，则粮食应是基础中的基础。

但是，贫困山区由于人均耕地面积小、土壤肥力低、生态严重失衡、投入差、技术落后等原因，粮食生产条件远比平原地区恶劣，粮食供给能力差。另外，由于人口增长过快及畜牧业的发展，粮食的消耗却大幅度增加，人均粮食占有量较低，普遍出现粮食短缺。表 7-3 是人均粮食占有量的比较。

贫困县的人均粮食占有量是全国最低的。就 1980—1987 年这段时期粮食增长率来说，也是最低的。

中国贫困山区发展的道路

表 7-3　贫困县与其他类型县人均粮食占有量

单位：公斤

类型 ＼ 项目	1980 年	1987 年	增长率（％）	调查县数（个）
中央扶持贫困县	296.0	309.5	4.56	300
省区扶持贫困县	321.4	373.3	16.15	363
沿海开放县	445.3	457.3	2.69	283
城市郊区县	363.2	469.6	29.30	337
长江中下游县	426.9	524.7	22.91	541
商品粮基地县	441.0	669.8	51.88	170
全国所有农区县	385.7	468.5	21.47	2 106

资料来源：《中国分县农村经济统计概要》（1980—1987），中国统计出版社1990 年版，根据第 617、624、630、633、635、639、641 页资料整理而成。

上述贫困山区人均粮食占有量材料是 300 个左右县的平均数，如果按县分别加以考察，各县相差甚大。表 7-4 是对西南、西北 10 个贫困县分别调查的材料。

表 7-4　西南、西北 10 个贫困县人均占有粮食情况

单位：公斤

县名 ＼ 项目	1980 年	1982 年	1984 年	1986 年	1988 年	县的类型
南部	268.0	273.0	352.5	287.3	305.5	农区县
青川	263.0	378.5	390.0	343.5	400.0	农区县
龙州	263.5	328.5	246.0	198.5	159.0	农区县
靖西	262.5	349.5	314.0	226.0	254.5	农区县
毕节	174.5	204.0	227.0	187.0	203.5	农区县
清水河	219.5	289.0	356.0	198.0	344.0	农区县
四马王	193.5	304.5	237.5	148.0	429.5	半农半牧
大通	346.0	328.5	295.5	312.0	306.0	农区县
同仁	439.5	396.0	370.5	330.5	366.0	半农半牧
泽库	0	0	0	0	0	纯牧区

从表7-4可以看出，贫困山区粮食生产具有以下特点：①普遍低下。以1988年为例，只有青川、四马王达到全国平均水平，其他各县都远远低于全国平均水平。②各县人均粮食占有量差异甚大，从0公斤到439.5公斤不等。③发展速度不快，而且很不稳定，波动大。

40年来，中国贫困山区粮食供求缺口逐渐增大，原来粮食有余的山区逐渐变为净调入地区。以西部十一省、自治区为例，1968年以前平均每年净调出135万吨，1969—1980年每年净调入81万吨。"六五"期间每年调入量增至314万吨，为1969—1980年平均每年调入量的3.9倍，贫困山区普遍出现粮食短缺现象。

再次，粮食短缺是贫困山区经济发展的主要制约因素。

在粮食不足、吃不饱的情况下，解决粮食问题成了压倒山区人们一切的目标。人们不得不把主要劳力、财力、物力投入粮田，以保证粮食增产。结果，造成了少部分资源利用过度、大部分资源闲置浪费的不正常局面。粮食是畜牧业的饲料及加工业的原料，诚然山区适合于食草牲畜而不宜于消耗粮食较多的杂食类家畜的发展，但即使是食草类牲畜，在大规模饲养的条件下，也是需要一定数量的精饲料的，特别是在越冬季节，粮食的不足限制了畜牧业及加工业的发展。此外，要改善贫困山区的单一经营，实行林、牧、副、渔多种经营和农工商综合经营，是要以有愈来愈多的劳力脱离粮食生产进入非粮食生产部门为前提的。但目前粮食生产部门的低下生产水平和劳动生产率却限制了从事粮食生产的劳动力的转移。

大量从外地调入粮食，加重了贫困山区本来就已十分困难的财政负担，制约了地区经济的发展。贵州省1986年从外省调入粮食7.5亿公斤，每公斤运费0.18元，仅增加的调拨费及经营管理费就高达13 500万元，贵州省不得不挤占其他建设资金来弥补这个缺口。调运7.5亿公斤粮食需60吨的火车皮1.2万多节，要用15万辆（次）汽车运送到供应点上，按平均100公里计，需要几百辆全年专门从事粮食运输的汽车，消耗汽油 3 000 多吨，还加剧了交通不便的贵州省的运输紧张程度。在粮食调运中，贵州人民喜食的大米调不进来，小麦又有多余销不出去，酿造、食品加工业急需的大豆、高粱、大麦和玉米等调运数量不足，影响了人民生活、生产和地方财政的收入。其他各个贫困山区也有类似的情况。

最后，粮食短缺还是贫困山区生态平衡破坏的最深层经济根源，已如第四章所述。

如果说贫困山区是人口、贫困、资源及生态诸矛盾集中的地区，那么，所有这些矛盾的焦点都集中在粮食问题上。粮食问题得不到解决，上述诸矛盾都难以解决。可见，在贫困山区粮食具有特殊重要的地位，它不仅涉及温饱这个局部问题，而且还是关系到许多重大问题能否得到妥善解决的一个全局性的大问题。

二、贫困山区粮食出路的三种可供选择的方案

（一）确定解决粮食方案的经济依据

寻找贫困山区粮食问题的出路，要考虑两个方面的因素：全国粮食的供求形势及不同的粮食出路对本地区的经济、社会及生态效益的影响。

就全国的粮食形势来说，由于人口持续增加和耕地被占用，人地比例不断恶化，后备耕地资源不多，加上人们生活改善对粮食的需求不断增加，粮食在我国成为一个长期紧缺的产品。1983 年以前，粮食每年平均消费增长量为 75 亿公斤，在此以后不断超过此数。以 1984—1986 年为例，3 年中由于人口增加，使口粮需要量增加 85 亿公斤；由于肉、禽、蛋等畜产品消费量增加，多耗饲料粮 250 亿公斤；由于各种饮料、酒消费量增加，酿造用粮多耗 100 亿公斤，共增加粮食消费量 450 多亿公斤，平均每年 150 亿公斤，比

1983年以前平均每年粮食消费的增加量75亿公斤多了1倍。但从我国粮食的增产潜力计算，每年约能增产75亿公斤，只能满足每年增加的粮食需要量的一半，存在着相当大的缺口。这个缺口是靠进口粮食来弥补的。

今后，我国粮食生产及消费的总趋势怎样呢？据中国农业科学院主持的"我国中长期食物发展战略研究"课题组估算，2000年中国人口将达到12亿人，预计粮食需要量约为：

（1）直接食用生活用粮，包括口粮和饮食糕点等食品业用粮，为3 610亿公斤。

（2）工业用粮，包括副食酿造业、饮料、酒和非食用工业用粮三项合计329亿公斤。

（3）种子用粮，每公顷按播种180公斤和播种面积1.1亿公顷计算，共需种子用粮200亿公斤。

（4）饲料用粮，包括可利用的粮食加工副产品，总需要量为815亿公斤。

（5）其他用粮，预计为133亿公斤。

五项合计约为5.1亿吨。中国1990年粮食产量创历史最高水平达4.1亿吨，达到5.1亿吨水平尚须增产1亿吨，这很不容易。因为从过去10年的粮食增产情况看，粮食产量从1980年的3.2亿吨增至1990年的4.1亿吨，10年共增产0.9亿吨。这10年由于实行了家庭联产承包责任制和采取了提高粮价等一系列措施，成为中国粮食生产增长最快的时期。因此，今后10年仍要保持这个发展速度是十分困难的，何况增产的粮食数不是0.9亿吨，而是1亿吨，难度更大。据该课题组估算，在今后一个较长时期内仍需继续进口一部分粮食，以弥补供需的缺口。可大体维持目前平均年进口1 500万～1 600万吨的水平，或略有增加，一般以不超过2 000万吨为好。

这就是说，全国今后相当长一个时期内，粮食仍然是相当紧缺的农产品。贫困山区粮食问题的解决不可能脱离全国粮食供求这个总格局。

不同的解决粮食问题的途径，对山区本身的经济、社会及生态效益所产生的影响是不同的。这些效益分为以下四个方面。

1. 经济效益，表现在粮食公斤成本及公顷纯利上

不同的解决粮食方案、粮食生产的公斤成本及每公顷纯利都是不同的。特别是在采取粮食外购的情况下，原来的粮田要改种其他作物，每公顷纯利就要发生变化，计算也复杂得多，这是选择粮食解决方案时必须要考虑的因素。

2. 劳动力就业，表现在劳动力就业率上

不同的粮食供给方式会影响劳动力就业率，这也是选择粮食供给方式时必须要考虑的因素。

3. 社会效益，包括农民接受程度、交通条件适应程度以及技术条件适应程度

贫困山区，特别是深山及边缘地区，粮食的价值包括粮食生产的价值、区际运输附加价值，以及农民从粮食销售点运回家的劳动消耗所形成的价值。一般人认为经济收入不高的粮食在贫困山区农民眼里却是非常经济的农产品，农民在接受粮食供应方式上将非常不同于一般城乡地区的人们。此外，还要特别重视不同粮食供应方式与交通运输条件及技术水平的适应程度，这在贫困山区都是严重的制约因素，必须十分重视。

4. 生态效益，包括水土流失率、森林覆盖率及资金投产比

资金投产比是反映生态改善的综合性指标，是衡量不同粮食供给方式对生态效益影响时必须要考虑的。

（二）解决粮食问题的三种方案的比较分析

摆脱贫困山区粮食的困境，可以有以下三种选择：粮食自给、粮食半自给、粮食外购。我们对太行山区邢台县浅山区的西黄村镇及深山区的浆水镇，采用模糊数学方法对上述三种方案进行了经济效益、劳动力就业、社会效益及生态效益四项因素的比较分析。

1. 经济效益（见表7-5）

从西黄村镇来看，就粮食生产公顷纯利来说，自给不如半自给，半自给不如外购；从公斤成本来说，外购及半自给均不如自给。从浆水镇来看，公顷纯利以外购的经济效益最好，公斤成本以半自给为优。

表7-5　浅山区及深山区不同粮食供应方式的经济效益比较

项目	地区	自给	半自给	外购
公斤成本 （元/公斤）	西黄村镇	0.6208	0.6596	0.6800
	浆水镇	0.4640	0.4060	0.6800
公顷纯利 （元/公顷）	西黄村镇	579.75	2 102.85	11 688.90
	浆水镇	1 234.50	1 234.50	3 361.65

2. 劳动力就业（见表7-6）

由于目前山区劳动力主要从事粮食生产，实行粮食外购后，劳力就业率就大幅度下降。当然，这可以通过产业结构调整来吸收剩余劳动力从而提高就业率，加以弥补。总之，从就业率来说，浆水镇自给优于半自给，半自给优于外购。

表7-6　浅山及深山区不同粮食供应方式对劳动就业率的比较

项目	地区	自给	半自给	外购
就业率 （%）	西黄村镇	40.72	53.37	23.23
	浆水镇	53.12	46.97	12.41

3. 社会效益（见表7-7）

以下主要就附近地区供应山区粮食的可能性及保证程度，包括农民接受程度、交通条件及技术条件适应程度三项进行了分析。

如实行粮食半自给，不论从农民接受程度、交通条件适应程度还是技术条件适应程度来看，外购都不如自给、半自给。此外，邢台县及其邻近农村，人多地少，余粮不多，在全国粮食紧缺的总格局下，粮食价格总趋势仍在上涨，本地粮食市场又没有形成，粮食交易及余缺调剂都难以进行，这也限制了口粮的外购。

表7-7　浅山及深山区不同供粮方式的社会效益比较分析

单位：%

项目	地区	自给	半自给	外购
农民接受程度	西黄村镇	0.90	0.78	0.11
	浆水镇	0.78	0.78	0.75
交通条件适应程度	西黄村镇	0.95	0.85	0.75
	浆水镇	0.90	0.87	0.70
技术条件适应程度	西黄村镇	0.78	0.78	0.33
	浆水镇	0.85	0.77	0.45

4. 生态效益（见表7-8）

从生态效益看，很明显，外购优于半自给，半自给优于自给。

表7-8　浅山及深山区不同供粮方式对生态效益的影响

项目	地区	自给	半自给	外购
水土流失情况（%）	西黄村镇	0.90	0.90	0.70
	浆水镇	2.93	2.93	—
森林覆盖率（%）	西黄村镇	32.87	32.87	41.11
	浆水镇	68.25	68.25	78.73
资金投产比 [产出（元）/投入（元）]	西黄村镇	1.11	2.33	13.67
	浆水镇	1.51	1.66	8.05

从上述四个方面的比较分析来看，有的项目外购优于自给、半自给；有的则又反之，自给、半自给优于外购。因此，为了求得综

合效益，必须在以上工作的基础上进行模糊选择。

经模糊多层次综合评审，得出如下结果：以浆水镇为代表的深山区以自给性粮食供给方式最好，其次是半自给，最差为外购；而代表浅山区的西黄村镇的粮食供应方式以半自给为最好，其次为自给，最差为外购。

从以上全国粮食生产和消费的总形势，以及不同粮食供应方式对贫困山区本身的经济、社会及生态效益的影响进行考察可知，贫困山区解决粮食问题的途径，基本上仍应实行自给和半自给为主的方针。基本上实行自给和半自给的方针是指贫困山区总体并不是乡乡、村村、寨寨都要实行粮食的自给和半自给。由于各个局部地区粮食生产条件的差异，有些地区、县、乡、村可以多生产一些粮食，有些少生产甚至不生产粮食，可通过山区内部的区域余缺调剂，实现总体的自给或半自给。在一些靠近平原商品粮生产地区、交通运输条件较好的贫困山区，也可以就近依靠这些地区调入粮食，以利于本地区商品经济的发展。

三、解决粮食问题的战略措施

过去在贫困山区由于实行粮食的自给自足方针，导致资源及劳力的巨大浪费和生态环境的严重恶化，长期陷于封闭、停滞和贫困的可悲处境。但是，通过上述论证，山区的特殊自然地理及经济条件以及全国粮食的客观形势，又迫使贫困山区仍须继续实行粮食的自给及半自给方针。那么，如何才能解决这两难处境？出路何在？怎样才能摆脱过去已经发生而目前又远远还没有摆脱的恶性循环呢？

要走出这两难处境，必须坚决摒弃过去贫困山区解决粮食生产的"愈缺愈垦，愈垦愈缺"的传统做法。要实行一条崭新的战略，即建立以基本粮田为中心内容的集约化农业技术经营路线。其基本点是，选择地势比较平坦、肥沃的地块建立梯田，进行以平整土地，加深土层，加施有机肥及化肥，改良土壤理化性状为内容的农田基本建设，把它们建设成为基本粮田。在基本粮田上采用优良品种，实行灌溉，精细管理，采用集约化的科学栽培技术，以大幅度提高粮食的单位面积产量。为逐步缩小粮田面积，把在陡坡上宜林、宜牧的粮田退耕还林还牧，改善山区生态环境，为走出粮食生产的恶性循环提供物质基础。在退耕还林还牧地上，发展木本粮油生产，替代一部分粮食，以减轻对粮食的压力。发展起来的畜牧业所提供的有机肥料，可以用来增加粮田的单产及总产量。最后解决贫困山区的粮食问题。

新的贫困山区粮食发展战略如图7-1所示。

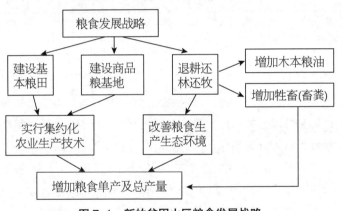

图7-1　新的贫困山区粮食发展战略

1. 在适宜于种粮的耕地上，搞好粮田基本建设，提高高产、稳产农田的比重

在山区，耕地中坡地占的比重大。据典型县调查，坡度小于15度的耕地所占比重还不到一半，1/3的耕地坡度在25度以上。这些地块长期跑水、跑肥、跑土，土壤瘠薄，粮食产量极低。北京农业大学对陕西省紫阳县的耕地类别和产粮关系做了调查，结果见表7-9。

表 7-9　紫阳县耕地类别和产粮关系

项目 土地 等级	面积 （万公顷）	复种 指数	单位播种面积产量（公斤／公顷）	单位耕地面积产量（公斤／公顷）	生产粮食（万公斤）
平地水田	0.08	140	5 250	7 350	588.0
梯田	0.12	120	2 775	3 330	399.6
<25 度坡地	2.60	144	1 785	2 565	6 840.0
>25 度坡地	3.40	111	615	683	2 320.5
其中： 高海拔坡地	1.50	100	450	450	690.0
合计	6.20	125.6		1 620	10 148.1

资料来源：中华人民共和国农业部 . 中国粮食发展战略对策 [M]. 北京：中国农业出版社，1990：359.

从上述资料可以看出：一半以上的耕地位于大于 25 度的坡地上，但生产出来的粮食只占粮食总数的 22.9％。其中，海拔在 900 米以上的坡地共 1.5 万公顷，公顷产粮只有 450 公斤，每年生产的粮食只有 690 万公斤，耕地面积占总面积的 24.2％，生产粮食只占总产量的 6.8％，在粮食总产中的贡献率很低。紫阳县算了这么一笔账，如果把小于 25 度的 2.6 万公顷坡耕地中的 1.3 万公顷改造成水平梯田，使单产达到梯田的平均水平 3 330 公斤／公顷是完全有可能的。因为小于 25 度的坡地海拔比原有梯田低，复种指数比原有梯田高，自然条件优于原有梯田，这一项就可增产粮食 1 020 万公斤。而退耕的坡度大于 25 度高海拔的 1.5 万公顷坡地，只产粮 690 万公斤。因此，非但没有影响粮食总产，而且还可使粮食总产增加 330 万公斤。

陕西省米脂县高西沟是通过建设高产稳产基本农田解决贫困山区粮食问题的一个著名典型。1956 年该村共有粮田 200 多公顷，每公顷产粮 300 多公斤，粮食总产 5.5 万公斤，人均产粮 158 公斤，口粮只有 125 公斤。经过 20 多年的努力，把原来的 200 多公顷粮田压缩在 71 公顷的稳产高产基本农田上，约占原粮田数的 33%；退耕还林面积 70 公顷，约占原粮田数的 33%，栽种林木；退耕还草面积 73 公顷，约占原粮田数的 34%，发展畜牧业，形成了粮、林、草各约 1/3 的格局，实现了农林牧综合发展。1977 年粮食总产量不仅没有下降，反而上升为 28 万公斤，人均产粮 635 公斤，口粮上升到 269 公斤。与 1956 年相比，不论是粮食的单产、总产、人均产粮还是占有口粮数都成倍地增加了。在粮食大幅度增长的同时，大牲畜增加 50%，羊增加 30%，猪增加 27 倍，造林面积增加了 356%，人均总收入增加了 440%。全村 43 架山峁已治理了 34 架，21 条沟已治理了 15 条，种树、种草及基本农田共计 203 公顷，建成各种大小坝 12 座，占应治理面积的 64%，整个山区的生态平衡得到了极大的改善。

要大规模建设水平坡田，不论就投工量还是投资量来说，都是十分巨大的，必须持之以恒，分批分阶段地实施。从高海拔陡坡地上开始退耕还林、还草到全部建成低海拔缓坡地上的水平梯田，需要有一个过程，为了在这个过渡时期中粮食总产不至于有所降低，作为一种权宜措施，可在退耕还林的幼林地上实行林粮间作，以弥补一部分因退耕而造成的粮食损失。

2. 改造原有的传统技术，增加农业的科技投入和相应的物质投入，实行集约化经营

稳产高产基本农田建设只有和集约化技术相配套，才能扩大并巩固基本农田的增产效果。属于这类增产措施的有以下三个方面。

（1）灌溉。我国大部分贫困山区都处于半干旱和干旱地区。年降水量低，是影响粮食单产提高的重要限制因子，在有条件的山区都要千方百计扩大灌溉面积。高西沟的调查具体见表 7-10。

表 7-10　高西沟基本粮田中旱地与水浇地单产的比较

类别	面积（公顷）	单产比（%）	
		旱地单产	水浇地单产
梯田	41.3	100	150
宽幅梯田	2.7	100	133~167
坝地	16.0	100	133~167

中国贫困山区发展的道路

灌溉对粮食作物产量提高的贡献率约为 1/3 ~ 1/2。国务院扶贫领导小组开发办公室对西北、西南八个贫困县有效灌溉面积所占耕地的比重与粮食平均公顷产量的线性关系做了如下调查。

$$Y_0=50.25+2.843X$$

$$（18.16）（0.99）$$

式中，Y_0——平均公顷产量；

X——耕地中有效灌溉面积的比例。

上式表明，在贫困地区，只要将有效灌溉面积占耕地的比重提高 1%，平均公顷产量就可以提高 15×2.843=42.6（公斤）。

（2）良种和栽培技术。要积极试验推广各种优质小麦、玉米、水稻品种，特别是杂交水稻及杂交玉米。实行科学合理的种植制度，合理的轮作、套作、间作等可以提高粮田复种指数，增加粮食的播种面积。如把贫困地区的复种指数从现在的 144 提高到 154，就能使每公顷粮田增产 202.5 公斤。此外，还要推广地膜覆盖、优化配方施肥、秋季深翻施肥、节水及旱作农业等增产技术。

（3）增加投入。贫困山区用于粮食作物的物质要素投入大大低于非贫困地区，具体见表 7-11。

表 7-11 贫困县与非贫困县在农业物质投入上的比较

类型县	农村人均用电量（千瓦时）			化肥施用量（公斤/公顷）			机械动力占有量（瓦/公顷）		
	1980 年	1987 年	增长率（%）	1980 年	1987 年	增长率（%）	1980 年	1987 年	增长率（%）
全国所有农区县	37.7	74.5	97.6	142.5	226.5	58.9	2 058.0	2 255.5	9.6
长江中下游县	42.3	91.2	115.6	231.0	352.5	52.6	2 053.5	3 534.0	72.1
商品粮基地县	34.8	66.3	90.5	130.5	256.5	96.6	1 365.0	2 415.0	76.9
省区扶持贫困县	19.2	35.6	85.4	91.5	145.5	59.0	987.0	1 717.5	74.0
中央扶持贫困县	17.3	28.5	64.7	45.0	133.5	196.7	855.0	1 443.0	68.8

资料来源：《中国分县农村经济统计概要》（1980—1987），根据第 617、624、630、635、639、641 页资料整理。

在农业的物质投入上，贫困县与全国平均水平存在巨大的差距。人均用电量只相当于全国平均水平的38%~48％，化肥用量只相当于59%~64％，农机动力占有量只相当于全国平均水平的64%~76％。因为这些地区农业物质投入水平低，故投入产出的效果要好于一般农区，特别要好于东部发达地区。据农业部的测定，我国东部发达地区施肥水平较高，有些地方已达饱和状态，每公斤化肥的增产效益下降；而贫困地区每单位耕地施肥水平低，每公斤化肥的增产效益仍保持较高水平，1972—1978年每公斤化肥增产6.1公斤粮食，1979—1988年仍保持在6公斤以上。同样，地膜在高寒及干旱的贫困山区增产效果也十分显著，每公顷地膜覆盖玉米约可增产1 500～2 250公斤。可见增加对贫困地区农业物质投入是十分必要而有效的。

3. 发展木本粮食

木本粮食是山区开辟新的粮食来源的好途径。我国各地山区都生长着多种木本粮食，如板栗、核桃、柿子、银杏、大枣、香榧子、山胡桃、榛子、沙枣等，种植面积约800万公顷。此外，还有8 000万公顷适宜发展木本粮油的宜林荒山、荒丘，发展潜力巨大，既不与粮棉争地，也较少争水、争肥、争劳力、争季节，但在解决山区粮食问题上却发挥着重要作用。

此外，我国山区草场资源极为丰富。我国现有草原草地4亿公顷，居世界第四位，除其中266万公顷滩涂草地不属山区范围外，其余都分布在山区，牧草资源也较丰富。如能充分利用起来，发展畜牧业，可以节约饲料粮。据粗略估计，目前山区饲料粮占15％左右，2000年将增加到30％左右，今后增加的粮食消费量中，饲料粮占很大比重，广辟饲料来源，是缓解粮食紧张的一个途径。此外，畜产品的增加，可以增加动物性食物的供应，改变山区人们的食物结构。总之，山区解决粮食问题一定要跳出以稻麦为主的传统"口粮"观念，树立大粮食即食物观念。上述除粮食之外的食物对人类来说营养价值都高于常规口粮，增加这些食物的比重，可以减少口粮消耗，或者出口创汇以换进粮食，都可减轻粮食的压力。

4. 开发贫困山区内部粮食生产基地

1983 年开始，国家和地方合建了 60 个商品粮基地。这是国家为获得较多商品粮而采取的较好办法，这些商品粮基地都分布在平原粮产区。但是，为了避免远距离、大幅度调运粮食，并考虑到山区的交通运输不便，应有选择地在贫困山区也建设小型商品粮基地和粮食生产基地。

这些基地一般应选择在自然、经济条件较好、增产潜力较大的地区，分片建设。全国主要有以下三种类型地区：一是南部丘陵红壤地区，土地潜力大，只要进行土壤改良、农田改造和引进耐酸的粮食作物品种，增产粮食是大有希望的。二是黄土高原地区，人均耕地面积较多，只要提高单产，就能提供较大规模的商品粮。三是沿黄河两岸地区，如甘肃省的河西、定西灌区和宁夏的西海固灌区，引黄灌溉，每单位水浇地比原有粮田中最好的沟坝地能增产一倍到几倍。

除这些大片可供建立商品粮基地的地区外，各个成片贫困山区县内部都有规模不等、数量不一的山间盆地或河谷平原。例如山地面积占 94% 的云南省，就有 4 平方公里以上的坝子 636 个，1 平方公里以上的坝子 1 442 个。此外，西部山区的岷沱嘉涪浅丘陵地、遵义地区、黔东北、黔西南、云南东部边缘山区、西藏雅鲁藏布江沿岸的日喀则、拉萨市和山南地区，渭北平原，新疆的北疆地区，大兴安岭岭东、岭西和西辽河地区，广西的丘陵、平原台地地区、青海东部地区和柴达木盆地等，都可建设地方性小规模粮食生产基地。这些基地所提供的商品粮，可用于贫困山区内部的地区性粮食调剂。

建设和巩固贫困山区商品粮基地或粮食生产基地的关键问题，是保证主要从事粮食生产的粮农合理地比较经济利益。这主要在粮食的价格上给予一定的优惠，使这部分粮农能获得和从事其他产业的农民大致相当的经济收入。

第八章 贫困山区经济开发与技术引进

山区的经济开发必须建立在现代科学技术发展的基础上。现代科学技术并不产生于贫困山区的内部，只能依靠从贫困山区外部的输入。因此，在山区的经济开发中存在着一个对现代科学技术的迫切要求与科学技术极端落后的现实之间的巨大矛盾，如何解决这个矛盾，引进什么样的科学技术，怎样引进科学技术，就成了山区经济开发中迫切需要解决的一个重要课题。

一、科技进步在山区经济开发中的特殊重要地位

人类历史每次经济大发展，都是科学技术巨大突破转变为直接生产力的结果。目前，电子、材料、生物科学的巨大突破，将有望形成经济繁荣的新高潮。科学技术成了一个国家、一个地区，甚至一个企业经济兴衰的关键。

从纯经济的角度看，经济的增长是资金、劳动力及科学技术投放的结果。随着现代科学技术突飞猛进的发展，资金及劳力在经济增长中的作用愈来愈多地被科学技术所代替，现代经济的发展已不再由投入劳力及资金的多少来决定，而是由科学技术进步的程度来决定。据计算，发达国家经济增长中，70%~80%来自科学技术进步的贡献。

（一）科学技术在贫困山区的作用

科学技术在中国贫困山区的作用也不例外，但科学技术进步在

贫困山区还有其特殊重要地位是由以下原因决定的。

1. 制定山区正确的战略及战术要依靠科学技术

贫困山区的经济开发是一个长期以来难以松动的老大难问题。要解决这个问题，必须善于分析，在错综复杂的现象中，舍掉次要矛盾，找出主要矛盾，重点突破，分步推进，启动整个山区经济有条不紊地向前发展。这样一个关系到山区全局及长远性问题解决的战略决策，从开始制定到实施，都要求严格地反映客观实际，不走或少走弯路，不依靠科学技术（包括自然科学及社会科学、硬科学及软科学）是不可能实现的。

2. 山区资源的合理利用，在很大程度上取决于科技开发的深度及广度

目前，我国山区经济仍处于以第一产业为主的初期发展阶段，并在第一产业振兴发展的基础上，积极准备条件发展以采掘业、建材业、农产品加工业、劳务输出为主的第二、第三产业，改变第二、第三产业以副业形式依存在农业内部的旧产业结构格局，转变为新的产业结构体系。

新产业的建立与发展有赖于资源优势。山区的资源优势有着两种存在形态：现实的和潜在的资源优势。前者主要通过第一产业的建立与发展得到发挥，而后者主要蕴藏在第二、第三产业中。如果没有科学技术的输入，这部分潜在资源优势就很难转变为现实的资源优势。例如，草山、草坡是山区的优势资源，通过发展养兔业就能把山区这一现实的资源优势发挥出来。但在养兔业中存在着潜在的资源优势，假使我们通过引进加工技术，实行综合利用，利用兔的内脏废弃物养貂，利用貂皮、兔皮加工服装等，这些潜在资源就能转变成远销国外的出口产品，没有科学技术就无法完成这个转变。

3. 消除市场"位差"，开辟市场，增强市场竞争能力

长期处于停滞、封闭状态的山区经济一旦被打开，面对着的是一个产品质量远远优于山区的外部市场。因产品规格、质量的差距，山区产品中有相当一部分难以进入外部市场，这就形成了当地生产商品与外部市场商品之间的"位差"，十分不利于当地商品在外部市场上实现自己的价值。可见，要实现自然经济到商品经济的飞跃，绝不是简单的产品数量的增长，而是要把生产用于自我消费为目的的低质产品提高到符合社会需要的高质产品水平，得到外部市场的承认，实现其价值。也就是说，要消除市场"位差"。这就必须对旧有的传统生产方式、生产技能进行改造，堪当此项大任的只能是科技开发。

此外，中国贫困山区的开发具有同时起步、共同发展的特点，一般又都以养殖、果林、矿产为支柱产业。大量同类产品同时涌进市场，使山区的经济开发一开始就面临着市场激烈的、低水平竞争的局面，这对贫困山区来说是十分不利的。解决的办法只能是大规模借助科技力量，进行产品从粗到细的多层次开发加工，拓展资源利用的深度及广度，形成产品系列，从而避开低水平激烈竞争的局面。

4. 科学技术能部分替代其他资源要素，特别是资金

在山区经济开发中必不可缺的两个要素劳力和资金中，当前严重短缺的是资金，是山区经济开发中的瓶颈。而科技引进却能在保持开发规模的前提下，节约资金的投入，取得较大的投资经济效益。河北省在太行山区投资的资料表明，1982—1986年共在技术开发上投资700万元，增加经济效益3亿元，科技开发能以较小的投资取得远远高于投资数倍到十多倍的经济效益。可见，山区经济开发所需要的劳力、资金、物资及技术等投入要素是可以相互取代的，增加科技投入，就能大大减少资金的投入，可用以替代贫困山区最为短缺的资金因素。

此外，科学技术还能正确地决定资金的投向及投放规模，并与当地科技开发程度相适应，保证有限资金投放的合理性及使用效率。

（二）山区经济发展与科技进步相关关系的分析

太行山区邢台县两个相邻的村庄前南峪和吕家庄，是在实践上最能说明科学技术进步在贫困山区经济开发中特殊重要地位的最好例证。我们在这两个相邻的村庄做过重点调查，气候、交通条件、地形地貌及自然资源类型都很相似。从人均占有资源量来说，吕家庄比前南峪还稍具优势（见表8-1）。

表8-1　1978年吕家庄、前南峪资源条件比较

单位：公顷

项目 村别	总人口 （人）	农业 劳力 （个）	总土地 面积	人均 土地 面积	总耕地 面积	人均 耕地 面积	宜林 地面积	人均 林地 面积	人均 果林 面积
前南峪	1 028	327	553	0.54	46.1	0.04	401.5	0.4	0.011
吕家庄	419	150	335.1	0.76	17.3	0.04	285.1	0.7	0.016

1978年以前，两村的经济发展水平、农民收入状况差别甚微，都是全县闻名的生产靠贷款、吃粮靠返销、生活靠救济的"三靠队"。

1978年以后的短短几年中，两村经济却明显地拉开了距离。前南峪已经顺利地脱贫致富，1985年人均收入达634元。吕家庄1985年人均收入才206元（见表8-2）。

造成上述差别的原因是什么？

前南峪的变化主要是由科技进步带来的。1978年以来，该村先后与昌黎果树研究所、河北省农业大学、河北省林学院等20个单位建立联系。几年来，到该村来传授科技的教授、专家、学者、工程师、技术员96人，给农民带来了新思想、新经验，以及先进的科学管理方法和技术，并培养造就了大批人才。全村有300多人掌握了1~2门实用技术，实现了村有土专家、户有技术员。

表8-2 1965—1985年前南峪、吕家庄经济变化

项目		1965年	1970年	1978年	1981年	1982年	1983年	1984年	1985年	1985年为1978年倍数
总收入（万元）	前南峪	4.90	8.82	16.04	25.70	31.90	39.40	38.40	73.30	4.57
	吕家庄	1.90	2.89	3.80	3.70	4.55	8.30	8.90	11.70	3.08
人均纯收入（元）	前南峪	33	56	66	128	144	310	281	634	9.61
	吕家庄	35	64	58	67	83	165	178	206	3.55
粮食总产量（万公斤）	前南峪	11.34	21.25	35.65	42.55	40.00	52.95	51.25	48.65	1.36
	吕家庄	4.65	8.15	11.00	9.80	11.20	12.75	12.75	12.55	1.14

在专家和技术人员的帮助和指导下，前南峪靠科学开发治理，实现了以小流域为单元的经济沟建设。10年来，共修截潜流3处，垫滩地28公顷，筑谷坊坝540道，塘坝25个，防渗渠2 700米，水壕60公顷，垒果树坪6 700个，沟状梯田133公顷，栽用材林226.6公顷，干鲜果树76 000株，使全村10条大沟、72条支沟、553公顷荒山荒坡披上了绿装，植被覆盖率达到84.3％。他们采用改进耕作方式，配方施肥，改变作物布局和种植形式，实现良种化等16项农业技术成果，使粮食作物年年增产，全村粮食平均公顷单产由1980年的9 975公斤增至1987年的12 848公斤。他们利用山地资源优势，发展了板栗、苹果、核桃、柿子、山楂等干鲜果树。引进垒坝、刨坪、追肥、修剪、病虫害防治及保鲜等综合配套技术，使经济效益明显提高。1987年与1977年相比，经济沟每公顷山场收入由150元提高到1 140元，超过国内平均水平510元／公顷1倍多；干鲜果收入由原来的3.7万元增加到47万元；林木收入由5.8万元提高到25万元；农业收入由4.1万元增长到14万元。该村还引进新品种鸡"288"及比利时种兔，发展投资小、见效快、收益高、家家户户都能搞的养殖业，使养鸡养兔两项收入3年就达20万元。该村还以浆水中学为技术依托，利用当地的重晶石矿藏办起硫酸钡厂。利用当地石英石资源生产工业硅，自1986年试产到1987年年底，已生产工业硅1 040吨，完成产值534万元，实现利税136万元。依靠科技力量振兴经济，只几年光景，就把一个贫穷的山庄变成了"小康之村"。

我们对这两个村的技术进步率及技术进步对经济增长的贡献率，资金、劳力增加率以及资金、劳力对经济增长所做的贡献率分别做了计算和比较，其结果见表8-3。

表 8-3　1965—1985 年前南峪、吕家庄资金、劳力、
　　　　技术对经济增长的影响

单位：%

时间	村别	产值年增长率	劳力年增长率	资金年增长率	技术年进步率	技术进步贡献率	资金增加贡献率	劳力增加贡献率
1965—1978 年	前南峪	3.013	1.77	9.06	0.45	14.95	33.11	51.94
	吕家庄	2.153	1.40	5.03	0.30	14.11	28.96	56.93
1978—1985 年	前南峪	9.49	3.15	8.81	5.64	59.88	10.38	29.74
	吕家庄	3.36	2.99	5.07	0.62	16.00	16.28	67.72

　　表 8-3 表明，1965—1978 年两村的技术年进步率均比较低，并且十分接近，分别为 0.45% 和 0.30%；技术进步对经济增长的贡献均不超过 15%。低下的技术导致低下的经济增长率和低下的收入水平，1978 年两村农民人均收入都低于 70 元。然而 1978—1985 年情况有了极大的变化，前南峪的技术年进步率达到 5.64%，而吕家庄只有 0.62%；技术进步对两个村总产值的贡献率分别为 59.88% 和 16.00%，两者的差距大幅度地拉开。

　　纵观这两个时期，两个村的劳力年增长率基本上相同。前南峪的资金年增长率高于吕家庄，但这个差别在 1965—1978 年就已存在，1978—1985 年资金年增长率基本上保持了上一时期的差异水平。但这个时期两个村的产值年增长率却相差了 2.82 倍，这完全是由于技术年进步率的差异引起的。

二、贫困山区科技进步现状及方向的分析

　　但是，像前南峪一样技术进步贡献率高达 59.88% 终究只是少数先进典型。为了更好把握中国贫困山区经济增长中技术进步的贡献率以及今后技术进步的方向，我们选择了河北省中部太行山区的 11 个县，对照平原地区 21 个县进行了调查分析。太行山区是河北省把科学技术送进山区、对山区开发做出出色成绩的地区，被国家科委誉为"太行山道路"。

（一）贫困山区科技进步的现状分析

本项研究把太行山区的 11 个县作为Ⅰ区，山麓平原的 10 个县为Ⅱ区，冀中平原的 11 个县为Ⅲ区，这三个地区由东向西分别在地势上形成三个台阶。Ⅰ区为太行山区，海拔 100 ～ 2 000 米，森林覆盖率低，水土流失严重，土壤贫瘠，是河北省的贫困地区，1983 年人均收入为 160 余元。Ⅱ区是山麓平原区，海拔 10 ～ 50 米，地势平缓，交通便利，土壤肥沃，是河北省农业高产地区，1983 年人均收入约为 280 元。Ⅲ区为冀中平原区，海拔 5 ～ 10 米，平坦，部分地区低洼易涝，是生产潜力较大的中低产地区，1983 年人均收入约为 240 元。

测算科技进步主要用国内外常用的增长速度方程：

$$Y=\alpha+\alpha K+\beta I$$

对科技进步的测算分农村经济、农业经济及农业内部三个层次分别进行。为使不同层次的计算结果具有可比性，各层次资金投入的产出弹性 α 和劳动投入的产出弹性 β 的数值保持一致，均取第二层次Ⅰ区、Ⅱ区及Ⅲ区横截面数据最小二乘估计的平均值 $\alpha=0.5862$，并设 $\alpha+\beta=1$，则 $\beta=0.4138$。

1. 第一层次分析（农村经济）

用增长速度方程研究各主要因素的作用，测算结果见表 8-4。

表 8-4 1983—1987 年农村经济增长中各要素的作用

单位：%

项目 地区	农村经济总收入年增长速度 （TI）	农村经济总费用年增长速度 （TC）	农村劳动力年增长速度 （RL）	年科技进步速度 （a）	科技进步贡献率 （E_A）	资金投入贡献率 （E_K）	劳动投入贡献率 （E_L）
Ⅰ区	36.79	56.35	4.73	1.8	4.89	89.78	5.32
Ⅱ区	29.94	49.05	5.67	−1.15	−3.87	96.04	7.83
Ⅲ区	36.66	62.01	4.57	−1.58	−4.31	99.16	5.15

研究结果表明：

第一，在三个区域的农村经济发展中，资金投入的贡献率远远高于劳动投入和科技进步的贡献率。这说明5年来农村经济的高速度发展主要依靠资金高投入，资金投入贡献率高达89.78%~99.16%。

第二，尽管太行山区科技进步的作用比平原地区大，这是近年来河北省向山区引进科技所做出努力的结果。但从总体看，太行山区科技进步速度仍然很低，只有1.8%；科技进步贡献率也只占4.89%，作用很小。

第三，结合平原地区来看，整个农村经济发展中科技进步处于停滞状态，特别明显的是平原地区科技进步速度呈微小的负值。这种状况与近年来农村非农产业发展速度过快有关。这些新兴的农村工业多以简单劳动为主，技术水平和管理水平高的企业所占比例很低；农村商业和运输业的技术水平则更低，拉低了农村经济增长中年科技进步速度及贡献率。

2. 第二层次分析（农业经济）

根据增长速度方程计算的各区域1983—1987年农业经济增长中各要素作用分析结果见表8-5。

表8-5　1983—1987年农业经济增长中各要素的作用

单位：%

地区	农业总产值年增长速度（AV）	农业物质消耗年增长速度（CO）	农业劳动力年增长速度（AL）	年科技进步速度（a）	科技进步贡献率（E_A）	资金投入贡献率（E_K）	劳动投入贡献率（E_L）
Ⅰ区	18.14	24.13	−1.10	4.45	24.53	77.98	−2.51
Ⅱ区	16.00	17.94	−1.84	6.24	39.03	65.73	−4.76
Ⅲ区	13.51	19.53	−1.07	2.50	18.54	84.74	−3.28

研究结果表明：

第一，1983—1987年科技进步对农业产值的增长贡献起了重要的作用，各区平均为27.37%；年科技进步速度平均为4.4%，大大超过了农村经济中科技进步的作用。

第二，各区域之间农业科技进步的贡献率的顺序依次为山麓平原＞太行山区＞冀中平原，资金投入的贡献率顺序则相反。

第三，各要素在农业增长的作用中有两个值得注意的动向：一是农业劳动力年增长速度和农业劳动投入贡献率都呈负值，说明农业劳动力仍严重过剩。二是物质消耗年增长速度及资金投入贡献率比起在农村经济增长中的作用有了明显的下降，但与科技进步速度及科技进步贡献率比较起来，仍起主导作用。

3. 第三层次分析（农业内部）

第三层次科技进步作用分析测算结果见表8-6。

表8-6　1983—1987年农业内部各业科技进步速度及贡献率

单位：%

项目	地区	种植业	林业	畜牧业	副业	渔业
科技	Ⅰ区	0.57	2.36	8.01	6.94	14.34
进步	Ⅱ区	6.27	0.21	10.99	−0.54	83.09
速度（a）	Ⅲ区	4.15	4.68	7.58	0.92	69.81
科技	Ⅰ区	4.38	74.77	36.19	39.23	26.77
进步	Ⅱ区	40.11	1.64	49.39	−2.76	73.89
贡献率（E_A）	Ⅲ区	35.90	77.54	43.39	8.55	64.99

分析结果表明：

第一，科技进步速度以渔业为最高，其次是畜牧业、种植业和林业，副业最低。这主要是由于近年来上述地区在引进、推广畜禽优良品种，加强疫病防治方面取得了较大的成效。种植业和林业中的瓜菜类栽培技术、果树栽培技术近年来也得到迅速推广。

第二，山区的科技进步速度和贡献率，在种植业方面明显低于平原，在林业和副业方面却大大高于平原。这是因为山区的种植业发展条件劣于平原地区，但在果树栽培业上条件优于平原，科技推广速度快。山区副业中农副产品加工业（如果品加工、皮毛加工）和工艺品加工（如地毯、石雕、刺绣）等技术性较强的副业发展较快，从而提高了副业中科技进步的速度。

4. 综合分析

我们以农业内部各业产值与农业总产值之比作为权重，确定农、林、牧、副、渔各业科技进步在整个农业科技进步中的作用。以农业、非农产业的产值与农村社会总产值之比作为权重，确定农业与非农业的科技进步在整个农村发展中的作用。综合分析结果见表8-7。

表8-7　各区科技进步作用综合分析

单位：%

项目	Ⅰ区	Ⅱ区	Ⅲ区
农村发展	4.89	−3.87	−4.31
非农产业	−9.42	−28.04	−25.82
农业	14.31	24.17	21.51
种植业	1.57	16.74	13.15
林业	4.53	0.02	0.62
牧业	5.17	6.38	3.50
副业	3.39	0.25	1.11
渔业	0.04	0.01	0.18
偶然因素*	−0.39	0.77	2.95

＊偶然因素包括统计偏差和区域平均计算的误差。

综合分析结果表明：

第一，尽管近10年来科技进步的作用有了明显的提高，但贡献率仍然很低。决定经济增长的主导成分仍然是资金。

第二，就农村的农业与非农产业来说，科技进步的作用主要来自农业；农村非农产业的科技进步速度低，作用不明显。

第三，1983年以来，山区的科技进步在农村经济发展中的作用比平原地区大；而在农业经济增长中，平原地区科技进步作用则比山区大。

第四，山区农业科技进步的作用主要来自畜牧业，其次是林业和副业，种植业不明显。

（二）贫困山区引进的技术结构分析

对目前已经引进贫困山区的科学技术进行分类，大致可分为：

（1）种植业部门高产高效技术。包括优良品种；精耕细作、间作套作、增施有机肥以及临界期浇水等栽培技术；化肥、农药、除草剂、微量元素、塑料薄膜等化学技术；机耕、机耙、机播、机收、机械化运输、机械喷洒农药等机械技术。

（2）果林选育及栽培技术。包括枣、柿子、核桃、梨、苹果等干鲜果的优良果苗引进、修剪、施肥、病虫害防治、贮藏保鲜及加工技术。

（3）小家禽、小动物及家畜的饲养技术。包括良种的供应、人工授精、改良品种、配合饲料、疫病防治、饲养技术及畜产品加工、贮藏技术。

（4）基础设施建设技术。包括农田基本建设技术。一些山区建设进行较好的地区正在输入储藏库、冷藏库、屠宰场、加工厂等建设技术。此外，还有运输车辆的维修及道路建设技术等。

（5）管理科学技术。包括农村经济及资源调查，战略的制定与规划、经营决策、物资管理、农业生产力合理组织、技术经济决策以及宏观决策及调控等方面的管理科学技术。

我们在河北太行山区的赞皇县，把上述引进科学技术（考虑到管理科学技术的特殊性，暂不列入）按现代技术及传统技术、生物技术及机械技术加以分解。

1.现代技术和传统技术结构

传统技术指中国几千年来在手工业基础上，经过经验积累形成的技术。其中有许多优秀传统技术，如复种、多茬栽培、间作套作、旱作农业、依靠有机肥培肥地力的技术等，至今仍对包括贫困山区在内的农业具有巨大的增产效应。现代技术指利用现代工业提供的农业生产资料（化肥、农药、塑料薄膜、农机具等）以及实验室在现代科学指导下培育、形成的优良品种及栽培技术。这两种技术所形成的技术结构，称为传统技术与现代技术结构。

1982—1987年太行山区赞皇县种植业引进技术及效益情况见表8-8。

通过模糊数学综合评判，计算出在所有种植业的技术改进中，现代技术所创社会效益占总技术进步所创效益的66％，而传统技术占34%；林业中两者的比为（40~50）:（60~50）；畜牧业中两者的比为（65~75）:（35~25）。

表8-8 1982—1987年赞皇县的引进技术及效益

技术名称	单位耕地增加投入（元/公顷）	单位耕地增值（元/公顷）	每公顷增加用工（个）	推广难易	推广面积*（公顷）
杂交玉米新品种	75	1 275	0	2	6 667
作物配方施肥	270	750	+15	2	4 333
作物病虫害防治	75	255	+15	2	2 667
西瓜地膜覆盖	390	7 500	+90	5	333
土豆地膜覆盖	450	5 250	+75	4	133
蔬菜地膜覆盖	525	10 500	+210	6	33
杂交小麦自然选育品种	90	990	0	1	6 933
节水灌溉	112	1 020	+45	3	1 332

*推广面积系1987年材料。

从上述资料的分析中可以看出：

（1）在贫困山区由于技术水平很低，无论现代技术还是传统技术，经济效益都是好的。因此，应该实行现代技术和传统技术的优秀部分结合输入的方针。

（2）现代技术和传统技术的优秀部分投资的经济效益高低是不同的。现代技术的投资效益比为1:14.3，而传统技术却是1:9.6。可见，在现代技术和传统技术结构中以现代技术为主是有经济根据的。

2. 生物技术和机械技术结构

生物技术指利用现代生物科学成就所形成的农业增产措施，包括良种、化肥、农药、灌溉、剪枝等技术。由于这种类型技术能提高单位面积土地上农作物产量，故又称节约土地型技术。机械技术指利用现代物理科学成就所形成的农业机械技术措施，包括田间机械作业及脱粒、干燥、加工、储藏、运输等机械技术。由于这种类型技术能节约劳动力，又称节约劳力型技术。这两种技术所形成的技术结构，称为生物技术与机械技术结构。赞皇县的生物技术与机械技术结构见表8-9。

表 8-9 赞皇县 1980—1987 年粮食生产技术情况

年份 项目	1980	1981	1982	1983	1984	1985	1986	1987
粮食产量（吨）	26 241	31 560	39 581	85 084	81 090	70 025	65 582	35 300
播种面积（公顷）	23 793	24 858	20 557	23 053	22 986	21 473	21 593	24 453
劳力投入（个）	59 647	51 964	63 941	67 126	71 179	75 784	77 608	80 291
农机（马力）	56 932	59 805	63 575	66 419	92 368	128 990	164 827	171 263
化肥（吨）	6 859	8 363	9 256	14 738	15 725	13 741	13 137	12 445
良种推广（公顷）	2 468	2 388	3 195	6 713	8 200	10 060	11 487	9 667
气候，政策虚变量	1.3	1.5	1.7	2.5	2.1	2.0	1.7	1.1

注：1 马力≈735.5 瓦。

根据这个资料，选用粮食产量作为应变量，以其他生产要素投入作为自变量，建立道格拉斯生产函数。

设：Y——粮食产量（公斤）；

$\quad\quad X_1$——粮食播种面积（公顷）；

$\quad\quad X_2$——劳力投入（个）；

$\quad\quad X_3$——农业机械动力（马力）；

$\quad\quad X_4$——化肥使用量（公斤）；

$\quad\quad X_5$——良种推广面积（公顷）；

$\quad\quad X_6$——气候、政策虚变量。

具体的道格拉斯生产函数模型为：

$$Y=AX_1^{21}X_2^{22}X_3^{23}X_4^{24}X_5^{25}X_6^{26}$$

经计算机计算，得到函数模型为：

$$Y=412\,432X_1^{0.102}X_2^{-0.053}X_3^{0.031}X_4^{0.345}X_5^{0.332}X_6^{0.65}$$

$R=0.899$

$F=533.99 > F_{0.05}（6.8）=3.58$

上述计算结果表明，粮食播种面积每增加 0.1%，粮食总产量增加 0.102%；劳力每增加 0.1%，粮食产量反而下降 0.053%，即劳力已处于过饱和状态；农业机械动力每增 0.1%，粮食产量增加 0.031%；化肥使用量每增加 0.1%，粮食产量增加 0.345%；良种面积每增加 0.1%，粮食产量增加 0.332%。总体来说，赞皇县 8 年来，生物技术每增加 0.1%，粮食产量增加 0.677%；机械技术每增加 0.1%，粮食产量仅增加 0.031%。

可见，在贫困山区的技术结构中，生物技术的效益远远高于机械技术的效益。这是因为：①山区大量剩余劳动力的存在，是机械技术采用的不可逾越的障碍。②山区地势复杂，起伏大，地块小，不利于机械操作。③机械设备投资大，周转慢，每年使用期短。④机械技术的增产效益低。现在，在贫困山区输入的机械技术，只限于非农田的固定作业，如脱粒、灌溉、加工、小水电以及运输机械等。

太行山区是中国贫困山区中技术引进搞得比较好的地区。1982年技术引进的经济效益为3 336万元，1983年增至5 278万元，1984年增至8 987万元，1985年再增至15 000万元，4年共计32 601万元。他们的主要经验如下。

第一，要以经济发展促进生态环境的改善。发展经济、治穷致富、综合治理、改善环境是山区技术开发的首要任务，在一般贫困山区，经济贫困与生态环境恶化往往同时并存。在技术引进上往往只注重治穷致富而忽视改善环境。从长远来看，既治不了穷也致不了富。但光致力于改善环境，解决生态失衡问题，连续投入大量人力、物力，在短期内无法回收，农民生活在近期内得不到改善，任何改善环境的行为都无法持久。因此，要实行综合治理，要把发展经济、治穷致富和改善环境结合起来，以经济的发展促进生态环境的改善。

第二，在发展经济、治穷致富的初期阶段，可着重引进投资小、见效快、收益大、风险小的项目。例如，引进鸡、兔的优良品种和饲养技术，果树的栽培管理技术，粮食的优种、合理施肥、节约灌水、病虫害防治技术，瓜类、蔬菜等经济作物的良种和保护地栽培技术。这些所谓的短平快项目都能在短期内发挥作用，产生较好的经济效益。

第三，在产量较高并积累了一定资金的地区和单位，要转向深度开发。为此要引进果品、畜产品加工贮藏技术，如办果脯厂、肉食加工冷冻厂和毛皮加工厂等，对山区提供的初级产品进行加工，增加价值。

第四，在单项技术的基础上，实行综合配套引进，其效果往往远远大于单项技术的简单相加。

第五，根据社会经济发展水平和对产品的需求来决定引进技术的级别和档次。先进的技术体现了现代科学的最新成就，对增加产品数量、提高质量、降低成本、增加效益有重要的作用。但先进技术也要求有相应的资金、设备、原材料和人员的技术水平相配套，还要求所形成的产品是市场所需要的，这时技术的先进性才能在经济上转化为实际的效益。因此，要从多方面来考虑采用技术的级别。

第六，知识型技术和物质技术配套引进和使用。物化在人身上的技术称为知识型技术。通过人的知识和技能凝聚而成的作为生产要素的新产品称为物质技术。山区技术水平低，是因为掌握专门知识的人员少，技能差，因而新创造的产品水平也低。我们一方面要引进物质技术，另一方面也要引进知识型技术，使掌握知识和技术的人才到山区来，或者使知识和技术转移到本地人的身上，培养本地人才。物质技术和知识型技术要同步结合使用。

三、贫困山区的技术推广

现代科学技术不能产生于贫困山区内部，只能从外部引进。

与经济发展水平的地域位差相适应，在科技发展水平上也存在着地域位差，有"过密"地区和"过疏"地区的差别。过密地区不仅经济发展水平高，技术上也密集、先进；过疏地区不仅经济发展水平低，技术上也稀疏、落后。从全国看，南方先进于北方，沿海先进于内地，城市先进于农村，平原先进于山区。技术位差和任何其他物质位差一样，都是遵循着从位能高向位能低转移的规律，这就是技术梯度转移的理论。如果我们顺应这个规律，把本国、本地区的先进技术转移到山区，就能推动山区经济开发，改变贫困落后面貌。

贫困山区的技术转移由于受到种种经济因素的限制，是不能自发实现的。农业科学技术的研究成果，要通过试验、示范和宣传教育，介绍给农民，取得农民的信任，然后由点带面逐步在生产领域中推广应用。这一过程称为农业科学技术的推广。

任何科学技术对于尚未推广的地区来说，对生产的促进作用都是潜在的。只有通过科技推广这一中介环节的触媒作用，才能转化为现实的生产力，才能体现出科学技术存在的经济意义和社会价值。

要完善贫困山区的科技推广，必须解决好科技推广网、科技推广体制以及科技推广服务的方式问题。

（一）科技推广网

只有建立了上下相通、左右相联的技术推广网，才能保证把先进的科学技术从四面八方源源不断地送到千家万户，这是把科学技术转化为直接生产力的组织保证。

目前，中国贫困山区的科技推广网和全国一样，在县及县以下设四级。

1. 在县设置县农技推广中心

长期以来，中国县一级技术推广机构分工过细，各自为政，互不配套。为了改变学科分割、技术力量分散、科学技术得不到整装组合的状况，各地试办了县农技推广中心，把原有的隶属于各个业务部门的科研机构和技术推广部门联合起来，建立试验、示范、推广和培训中心，使县有了一个相对集中的技术权威机构。

2. 乡技术推广站

接受县农技推广中心的工作布置，负责组织全乡的技术指导、服务、示范、推广，是承上启下的桥梁和进行技术服务的关键。它还统一规划本乡的技术决策和技术规范，培训农民技术员，组织群众性技术更新，帮助基层建立科技组织等。目前许多乡级站不健全，严重影响了技术推广工作的开展。

3. 农技推广的基层单位——村

村一级是农村技术推广工作的最基础层次，也是服务到户、指导到田的关键。把这一级建设好，技术推广就有了坚实的基础。

4. 农村的合同户、示范户、试验户、专业户和联系户

由热爱科技、有一定文化科学知识、勇于实验、带头采用新技术的"田秀才""土专家"和能工巧匠组成，是向广大农民推广科

学技术的桥梁、骨干和基点。技术推广部门首先要做好这些户的技术培训和技术指导工作，再通过他们向广大农民辐射科技，加速技术成果的推广应用。

除了由政府主办的四级推广网外，还有农民专业技术协会（或研究会）。这是广大农民在改革潮流推动下，自发地组织起来的具有中国特色的民间群众性科技组织。它一般按专业建立，发挥同一专业农户互教互学、相互交流科学技术的作用。参加专业协会的有国家技术干部、半脱产技术人员、农村技术能手，也有一般农民。以四川省大邑县为例，全县 14 个专业协会共有 758 个会员，上述四类人员的比例分别为 11％、9％、48％和31％。因此，它为技术推广者和推广对象提供了直接对话的条件，在一定程度上解决了科技推广难以落实到千家万户，并使广大农户直接得到迫切需要的各项技术服务的难题。

专业技术协会的出现，改变了中国科技推广中单一全民所有制的结构，形成了一种具有中国特色的，官民结合、上下贯通的新网络，其组建形式如图 8-1 所示。

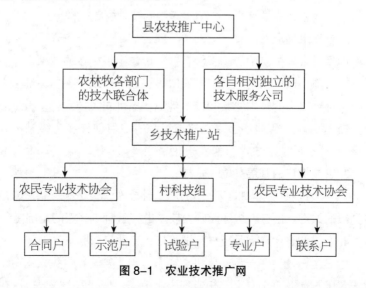

图 8-1　农业技术推广网

完整的技术推广网并不要求一开始就在贫困山区各乡、各村普遍建立起来。山区的各乡、各村的设备、资金、资源以及掌握技术的人才状况相差很大，要选择条件及技术推广经济效果较好的乡或村作为基地，首先创立推广体系和引进先进技术，再依靠这些基地向条件较差的乡（或村）传递，使不同发展水平的地区都能波浪式地分阶段地用先进科学技术装备起来。梯度转移不仅适合于平原和山区，同样也适合于山区内部的技术转移。

（二）科技推广体制

科技推广牵涉三个要素：一是推广者，指农业技术人员；二是推广对象，即广大农民；三是推广内容，即科技成果。科技推广过程即是上述三要素的结合过程。这个过程不是仅有技术推广的组织形式就算完成了，还需要在技术推广者和成果应用者之间建立起密切的合作关系，形成合理的科技推广体制，如此才能顺利地完成技术推广的过程。

作为贫困山区科技接受方即推广对象来说，长期处在一个封闭环境中，对新鲜事物及科学技术存在着一种惰性心理。同时又因为劳动生产率低，长期生活在只能糊口甚至难以糊口的困难境地，对风险的承担力低，心理承受能力差。这两种心理汇合成了接受科技行为的阻力。对贫困山区实行科技推广的另一方即对技术人员来说，他们是科技商品的所有者。贫困山区科技市场的供求状况对科技商品所有者来说，并不具有吸引力。此外，四级科技推广网是一种行政系统，主要依靠行政办法推广科学技术，对推广方来说并不具有激励机制。因此，在贫困山区推广科技，首先要创造推广方和接受方都对技术转移有高度兴趣并建立起密切合作关系的条件，实行高强度的激励，克服阻力，使推广项目得以实施。

1964 年，美国学者弗隆姆首先提出了激励模式：假使一个人把达到目标对于满足个人需求的价值（称为效价）看得越大，估计能实现的概率（称为期望值）越高，则激发的内部潜力（称为激励强度）也就越大。用公式表示为：激励强度 = 效价 × 期望值。对推广对象来说，要使其看到技术的好处（效价提高）及推广措施的可行性（期望值增大）；对推广者来说，要使其明确技术达到预期目标对推广者的好处（效价提高）及获取好处的可行性（期望值增大）。许多贫困山区在经济改革中提出的科技商品化或技术有偿服务，统称科技推广责任制，就是这种技术推广激励模式的具体运用。

科技推广责任制有两种形式。

1. 联产承包责任制

它的核心是把技术责任、技术效果与技术人员的经济利益三者紧密地结合起来。通过合同，把承包项目、内容、效益、奖励办法用明文规定下来，使推广方与推广对象都明确双方各自的权利与义务。

2. 不联产承包责任制

这是一种带有技术指导和技术服务性质的承包责任制。由于没有把技术推广的责任制与技术效果、经济利益紧密结合起来，责任和利益没有联产承包责任制明确，效果也差，一般在技术人员较少和技术较落后的地区实行。推行这种承包责任制，一般也要对技术人员的任务、责任、考核、评比及奖惩等做出规定，进行激励。

此外，还有一种合同制技术推广模式，指科技单位或人员直接和农民签订合同，实行成套技术更新，有的还进一步扩张到加工、储藏、包装，利润或亏损由技术推广方和承受方按比例分摊。以上从行政式的推广模式，经技术责任制到合同制的技术推广模式，反映了农技推广体制有行政式的、市场式的以及处于两者之间过渡模式的多种形式，贫困山区各地应根据自己的条件加以选择运用。

（三）科技推广服务的方式

科技推广服务方式很多，概括如下。

1. 提供技术咨询

这是向山区传送知识、技术和人才的最简便易行和最有效的方式。

2. 技术推广与物资经营相结合

通过经营农用物资，如种子、农药、化肥、塑料薄膜、苗木、兽药等，实行技术推广与物资供应相结合，"既开方，又卖药"。

3. 传授科技知识

通过开展多层次、多渠道的技术培训，办展览会以及出售小报，提供科技信息资料等来传授科技知识。

4. 组织技术示范

组织有关科技人员，专业户、示范户、试验户的典型示范，通过言传身教来传授知识和推广新技术。

5. 建立科研、生产、销售联合体

这是疏通科学技术与生产关系的新形式。这种联合体不仅缩短了新技术用于生产的周期，并能对新技术的效果做出迅速反馈。

为了进一步弄清贫困山区技术推广现状及农民对新技术的接受程度，我们在河北省太行山区的涉县南沟村（花椒生产为主的专业村）做了问卷调查，共发卷 200 份，回收 126 份，回收率 63％。问卷内容如下。

1. 不同作物的技术引进水平

只有 11.2％的农户在粮食生产中使用了良种，其余农户都自己留种。100％的农户在花椒生产中都接受过技术人员的技术指导，这说明经济收益比较高的部门较容易引进新技术；反之，则较难。

2. 花椒新技术引进的渠道

① 60％的农户从花椒技术研究会中学到新技术。② 55％的农户从各级技术推广网举办的培训班中得到技术服务。③ 41％的农

户从本村科技示范户处引进技术。④17%的农户从有线广播中得到技术。⑤极少一部分农户从外地亲朋好友处得到技术。

3. 农民对新技术需求的迫切性

①71%的农户认为山区技术推广不能满足要求。原因在于推广工作机制不健全，只有8%的农户认为"技术无所谓，不愿意学习"。②87%的农户认为技术有偿服务是值得的，愿意接受。

4. 新技术推广的最佳途径

①69%的农户主张办学习班和实行技术承包。②50%的农户主张跟身边的科技户学习。③10.3%的农户主张通过有线广播学习。④10%的农户主张通过咨询、自学等方式引进新技术。

通过上述问卷，可以得出以下结论。

第一，绝大部分山区农民已经了解到新技术在山区脱贫致富中的关键作用，只有极少数人还没有认识到。

第二，技术推广的难易、快慢，取决于生产部门的商品化水平及经济收益的高低。凡是商品化程度高、经济收益大的产品及生产部门，接受技术推广的速度快、难度小。

第三，贫困山区中行政式的技术推广模式仍是当前推广的主要模式，但同时也有愈来愈多的农民正在接受有偿服务，即联产承包责任制及合同制的农业技术推广模式。多形式的农业技术推广模式的并存，可能是当前山区技术推广体系的最佳选择。

第四，举办各种学习班，实行技术人员承包以及发挥科技户的示范作用，仍是当前技术引进的主要形式，今后仍要加强。

科技推广能量发挥的大小，取决于科技人员与劳动者的结合程度和劳动者的素质。在其他条件都大致相同的情况下，劳动者素质的高低直接影响着技术推广社会经济效果的好坏。在科技人才和劳动者素质这种函数关系中，对贫困山区来说，劳动者的素质被看成决定经济发展的内在力量。科技人才的输入在很大程度上只是推动经济发展的外在因素或动力，这当然很重要，但起决定作用的内在因素却是劳动者的素质。提高劳动者的素质包括提高劳动者的文化程

中国贫困山区发展的道路

度，消除农民自给自足的非商品经济观念，以及安于现状、墨守陈规的传统习惯。很难想象，一个仍然保持着传统观念，按照旧传统习惯去生产和生活的农民，能够很好地掌握新的技术，从事现代化的生产。

四、贫困山区的智力投资

（一）治穷必须治愚

科学技术能否被农民迅速接受，接受程度如何，以及能否在生产中加以运用并转化为现实的生产力，取决于农民的文化素质。

浙江省文成县是一个贫困山区县。1988 年，他们对 3 年来通过科技引进的扶贫效果进行追踪调查，办法是根据户主的文化程度，对 600 户、2 292 人做经济调查。调查按人口、劳动力、经济收入、支出、经济结构、经营方式、户均人均收入、扶贫投资、致富原因、未脱贫因素以及住房、生活条件等 84 个项目，逐条逐项进行，共获得 3.5 万多个数据，然后分类汇总（见表 8–10）。

从表 8–10 可以清楚地看到，不同文化程度的农民在相同的扶贫措施下，结果大不相同。

表 8–10　文成县 500 户不同文化程度农民扶贫效果

文化程度	调查户数	人口		1988 年人均收入（元）		每百元成本效益（元）	已脱贫户		未脱贫户	
		合计	户均人口	人均	比值		合计	占比（%）	合计	占比（%）
高中	13	57	4.4	614.02	169.02	876.08	12	92.3	1	7.7
初中	92	407	4.4	608.57	167.52	723.15	88	95.7	4	4.3
高小	142	619	4.4	426.30	117.35	629.67	135	95.1	7	4.9
初小	160	803	5.0	414.05	113.97	656.79	140	87.5	20	12.5
文盲	93	406	4.4	363.28	100.00	584.75	74	79.6	19	20.4

资料来源：李丁富.略论农村科学文化普及与经济发展的因果链 [J].温州论坛，1990（4）.

（1）1988 年这 500 户的人均收入是 447.02 元，但具有高中、初中文化程度的农户都高于平均数，人均收入基本上按文化水平有序地排列。可见，文化程度是影响农民收入的直接因素。

（2）1988 年每百元成本的投入产出效益是不同的：高中文化程度户为 876 元，初中文化程度户为 723 元，高小文化程度户为 629 元，初小文化程度户为 656 元，文盲户为 584 元。可见，经济效益的高低也是按农户文化程度高低有序排列的。

（3）具有高中、初中文化程度的农户已分别有 92.3%、95.7% 脱贫；而文盲农户尚有 20% 以上处于贫困线之下。脱贫的早晚快慢，也取决于农户文化程度的高低。

对河北省邯郸地区西部太行山区其他条件基本相同而不同文化程度的 12 户农民的调查也说明了相同的结果。1988 年的经济收入是：小学文化程度农户比文盲户高 50%，中学文化程度农户比文盲户高 160.5%，经过专业培训的科技户比文盲户高 240.6%。道理很明显，文化程度高、有知识的农民，眼界开阔，信息灵通，致富门路广，容易接受新事物，有技术。因此，经济效益高，经济收入多，脱贫速度也就快，故有"治山先治穷，治穷先治愚"的说法。

贫困山区农民的智力与素质普遍低于平原地区，这有两方面的根源：一是长期的经济落后和贫困，山区农民接受教育的机会少。1978 年以来，中国教育事业有了很大的发展，就全国来说，文盲、半文盲占人口总数的比重，已由 1982 年的 22.8% 下降至 1990 年的 15.88%。但贫困山区县比较集中的省份，如贵州、云南、甘肃、青海等省的文盲、半文盲还分别占其人口总数的 29.9%、31.49%、32.42% 和 29.15%，有的贫困山区高达 70% 以上。文化知识是智力的基础，低水平的文化知识结构决定了山区农民的较低层次的智力结构。二是贫困山区长期以来是个封闭社会，交通、信息闭塞；自给自足的自然经济导致了山区农民比平原地区更具自发性和保守性；人流、物流及信息流的阻滞，使山区以外的影响力甚弱，形不成有效的刺激，因而限制了山区劳动者的视野及思维能力。

中国贫困山区发展的道路

人的智力一般包括观察力、记忆力、思维力、想象力、注意力和创新意识。贫困山区农民相对低下的智力水平表现为观察、思维能力低，辨析、判断能力差，开拓、创新能力低。在观念上表现为保守性、依赖性、离散性和安贫乐道。在知识和技术上局限于感性、经验性和传统性。所有这些，都严重地制约着山区经济的发展。可以说，贫困山区面临着双重的贫困：物质上的贫困和精神上的贫困。这是一对孪生姐妹，物质上的贫困产生了精神上的贫困，精神上的贫困又加剧了物质上的贫困。所以"治穷"必须"治愚"，"富民"必须"育民"；"治愚"是"治穷"的先导，"育民"是"富民"的前提。山区经济的开发归根到底在于智力开发，对知识财富和知识资源的创造性应用和转化。对中国贫困山区开发应该在观念上突破，即从单纯对物的开发转变为对物的开发和对人的开发并重，并以对人的开发为"杠杆"，启动长期凝滞不变的对物的开发。

（二）贫困山区智力开发的基础是教育

当前中国贫困山区教育的弊端在于，教育结构是单一的普通教育，职业教育和成人教育十分薄弱。通过普通教育进入高等学校的是极个别人，绝大部分人则要在山区就业。这部分只经过普通教育的学生进入就业领域时，既无建设社会主义山区的思想准备，又缺乏基本的生产技能，难以成为合格劳动大军的组成部分。要改变这种教育脱离生产实际的弊端，在山区就要逐步建立起基础教育、职业教育和成人教育的合理教育结构。

首先，要普及基础教育。根据第七个五年计划对实行九年制义务教育的规定，1990 年以前，大中城市、沿海地区普及九年制教育，其他地区普及初级教育，到 2000 年其他地区普及九年制教育。实现这个目标的关键在农村，难点在山区。因为山区分散，学生上学每天要走十几里路甚至几十里路；家长希望子女在家帮工，补贴家庭经济收入，学生入学率低，中途缀学率高；师资质量差，队伍又难以稳定，学校设备、经费不足。但是，基础教育是提高山区人口素质、开发山区智力的基础，关系到山区经济建设的后劲和未来，必须作为战略问题来对待，从娃娃抓起，从基础抓起，保证全部学龄儿童都能入学。在 2000 年以前，全部小学毕业生都能进入初中学习，防止一方面扫盲，另一方面又同时出现大批新文盲。全国发达地区要大力支援山区，国家应多分配一些中师毕业生到山区任教，对现有教师队伍组织多种形式的培训，以提高业务水平和教学能力。在千方百计缩减其他开支的条件下，增拨小学教育经费，改善教师待遇，稳定师资队伍，要舍得付出代价把山区的基础教育抓上去。

其次，要重点发展职业教育。基础教育结束后，进入高中接受普通教育的并能考入大学的终究是少数，要引导大部分学生进入职业学校（包括职业中学、中等专业学校）接受职业教育。因此，职业教育应该成为山区教育的重点。其目的就是要使山区新一代都具有一技之长。山区的职业教育要面向山区，要有针对性、实用性，要学以致用。专业设置不仅要培养技术农民（包括农林牧副渔）、技术工人、财会及经济管理人员，还要培养一批山区医疗、商业、交通、文教等方面的技术人员，使山区的人才结构能适应当地的经济文化的发展。

最后，要不断发展山区的成人教育。使受教育者通过成人教育的学习，提高科技文化素质和工作能力，胜任现任岗位或适应新的岗位的需要。成人教育包括业余在岗培训，脱产集中培训，成人学校培训，电视和函授的中专、大专教育等。成人教育必须与贫困山区的经济开发结合起来，与农民的脱贫致富结合起来，学以致用。但又不能限于推广适用技术和劳动经营技能，特别要重视全面提高人口素质，包括扫除文盲，转变思想观念，增强商品经济观念，拓宽眼界、增长智力，培养一支为建设社会主义新山庄而奋斗终生的劳动大军。

第九章　贫困山区的资金问题及其对策

贫困山区的经济发展需要大量资金。目前，一方面，开发资金投入严重不足；另一方面，山区缺乏良好的投资环境，投资效益低，资金处于低层次循环状况。资金问题成了贫困山区资源开发、技术输入以及催发自给性经济向商品经济转化的瓶颈。因此，优化投资对策，改善投资环境，提高资金效益，广辟新的资金来源，缓解资金供需矛盾，是山区经济发展中一个不能忽视的问题。

一、贫困山区的资金需求及注入

（一）贫困山区的资金需求

资金是投入山区资源开发的各项生产力要素（包括劳动力、生产资料及技术等）的黏合剂和润滑剂。有了它，生产力诸要素才能积聚起来，形成新的生产力，推动山区的开发。

山区资金按其积累的阶段，可划分为初始积累资金阶段和后续积累资金阶段。前者指贫困山区经济起步时筹集和垫付的资金，任何一项新的生产项目的开发，都面临着初始资金的垫付问题。后者指贫困山区商品经济进一步发展的资金积累，是为满足产业结构的进一步调整、自然资源的深度开发利用、基础设施的建设和完善所进行的资金积累。后续积累资金阶段是培育山区经济持续发展能力的关键阶段。目前，贫困山区资金问题的焦点在于资金的初始积累不足，开发性生产和技术输入难以起步，如果完全等待自身积累，会推迟经济起步时间，使贫困山区失去发展商品经济的时机。

如果按资金的用途，贫困山区的资金又可划分为一般农业生产经营资金，开发性需求资金，第二、第三产业需求资金三类。

1. 一般农业生产经营资金

一般农业生产经营资金指维持农业简单再生产和内涵扩大再生产所需求的资金。如种子、肥料、农药、饲料、小型农机具等方面的资金投入。这类资金在产品出售时，能及时得到补偿回收，属于流动资金。随着集约化技术的采用，这部分资金会逐渐增加。但总体来说数量不大，而且各个经营项目之间的资金需求和供应可以互补，具有按周期回收补偿性质。

2. 开发性需求资金

开发性需求资金指外延扩大再生产所需求的资金。例如，水利建设，山区资源的大规模开发，交通运输、储藏、加工、销售基础设施，及大中型农机具购置所需的资金投入。这类资金需求量大，投入集中，而且具有连续投入的特点；资金投入后不能及时得到补偿回收，具有固定资产的特点；资金投入的相当大部分不只是为了开发，还具有社会性和保护性作用。例如，山区交通道路的建设、信息系统的建设、农产品商品基地的建设等，许多属于社会性基础设施，有生态效益和宏观、长远战略意义。农民对大部分这类开发性资金需求不承担投资任务，集体也缺乏投资热情。但是，这类投资有长远经济效益，有放大效应。

3. 第二、第三产业需求资金

第二、第三产业需求资金主要指乡镇企业所需的资金。在贫困山区体现为农副产品加工业、采矿业、建材工业以及服务行业。目前，多数地区的服务行业都处于初创阶段，并以小规模的农户经营为主，这个层次的资金需求暂时不大，还不是农村资金需求的主要部分。第二产业的资金需求由流动资金和固定资金两部分组成。前者用于购买原料、燃料，支付工资等，在产品销售时及时得到补偿回收，往复周转。针对这一特点，其资金需求一般由借入资金解

中国贫困山区发展的道路

决。后者用于设置厂房、机器，其资金通过折旧分次转移到新产品上，分次回收，一般由企业积累解决。目前，贫困山区的第二产业由农户兴办经营的还不多，主要由合作社经营或由地方兴办。因此，涉及企业本身利益、农民利益、地方政府利益，其资金需求往往表现为政府需求，依靠负债经营。考虑到贫困山区的基础，只能渐进地发展第二产业，不能提高负债经营比例。否则一旦失误，就会严重损伤元气，对振兴山区经济是十分不利的。

（二）贫困山区的资金注入

上述资金需求的层次及性质，决定了资金供给层次及投资主体大体分为农户投资、集体经济投资、国家对贫困地区的资金注入及银行和信用社信贷投入。

1. 农户投资

一般性农业生产资金主要以农户自力更生、自己积累、自行解决。这是因为一般性农业生产由农户经营，收入也是归农户；同时，这类资金数额小、分散、期短、可互补，农户一般负担得起。目前，农户投资存在以下两个主要问题：一是农业和其他产业相比，经济收益低，缺乏投资激励机制；农户承包耕地难以固定，农民在农业生产上存在着短期行为，导致农民不愿把资金投入农业生产部门。二是山区农民受消费攀比风的影响，将大量资金投入非生产性建设（如住房）和超前消费，这也阻碍了农户对一般性农业生产资金的投放。在商品经济条件下，农户的投资受经济利益的诱导是符合规律的现象。我们应该创造条件，按照价值规律的要求确立农户的投资机制，吸引并引导农户投资。此外，随着农业扩大再生产的深入开展以及生产向广度深度的开展，启动垫付资金会逐步增大，国家财政及信贷部门应适当做出安排，给予必要的支持。

2. 集体经济投资

乡镇企业的主办单位固然很多，但从总体上说仍以集体经济为主。因此，第二、第三产业资金供应的主体仍然是集体经济，依靠集体经济自己的积累"滚雪球",逐步壮大乡镇企业。贫困山区一般不宜建立与山区开发和生产无关的企业,特别是属于重工业的加工工业。这类企业往往投资大,技术要求高,市场风险大,成功率小。应当举办为农户生产服务的各种合作性质的企业。这类企业投资小、见效快、收益大,能把农户的小生产纳入社会化大生产轨道。这样也有利于逐步壮大集体经济自身,形成自我发展能力。

3. 国家对贫困地区的资金注入

开发性资金以国家财政供应为主。因为这一类资金需求数量大、期限长,特别是某些社会性及农业保护性投资,非国家拿钱不可,其他供应主体无法代替。但国家财政可以通过配套资金制度,规定地方一定百分比的配套资金,以带动地方财政投入,同时吸引集体和农户资金及劳力用于工程配套。只要有正确的政策引导和适当的组织措施,地方财政、集体和农户都可以做出辅助性的资金投入。

目前,财政对贫困地区的无偿拨款的主要问题是用于直接生产项目特别是开发性项目的少,用于纯粹管理费用的多。例如,西部贫困山区的志丹县,1984 年财政收入 24.3 万元,财政支出 580 万元,收入只占支出的 4.2%,其不足数由国家定额予以补贴。在财政支出中,农林水气事业费、工交商业事业费、文教卫生部门事业费、行政管理费等加在一起就占了 400 万元,相当于全部支出的 69%,余下的区区 31% 才是用于生产和建设的。

除了上述财政补贴外,还有对山区的基本建设投资及发展资金(如支援经济不发达地区发展资金等)。由于目前我国建设资金普遍紧缺,近期内要求国家大幅度增加这部分资金是有困难的。但是,国家的扶持对山区的经济发展非常重要,它是启动山区经济活力的初始积累资金,是始动力,应该在财力许可时逐步增加对山区开发性资金的投放。

4. 信贷投入

信贷是山区资金供应的重要渠道,农业银行和农村信用社是信贷资金供应的主体。信贷资金的特点是偿还性,要求有现实的经

中国贫困山区发展的道路

济实力和预期的经济效益，以保证信贷的不断周转和源源不断的循环。这个特点决定了要以提供短期流动资金为主，随着农村经济的不断发展，农村信贷来源不断扩充。农业银行还为财政提供社会基础设施的配套资金，提供部分投资性开发资金，并逐步扩大这种资金的份额。

银行及信用社的经常性业务是存款以及发放贷款。存款是信贷资金的主要来源，对银行、信用社来说具有十分重要的意义。但在贫困山区，企业存款及农民储蓄比重不大。原因是农民收入低，消费所占比重大，储蓄能力薄弱。即使有一定的货币收入剩余，农民对货币的偏好表现为对现金的收存，储蓄意愿薄弱。就银行和信用社来说，对山区的优惠政策导致存贷利率倒挂，银行对农民发放贷款的利率低，而支付给农民的存款利率高，银行吸收的存款愈多，银行经营成本就愈高，亏损也愈大。银行存款任务完成情况与银行职工的物质利益没有建立直接的联系，也影响了吸收存款的积极性。存贷利率倒挂也挫伤了贫困地区银行、信用社贷款积极性。基层银行宁愿上缴存差而不愿发放贷款。农民也习惯于接受政府的救济，而不愿使用贷款。即使使用贷款也因缺乏信用和利息观念，导致贷款容易沉淀，难以收回。

银行和信用社的存差上缴和地区间拆借，造成贫困山区的资金逆向流动，资金从贫困地区流向发达地区。如1983年西北的甘、新、宁、青四省、自治区上缴总行存差达46亿元之巨。1985年上半年，青海省银行向外拆借资金2.3亿元，其中借往东部沿海地区银行系统达13％。这当然有助于发挥资金的最大效益，但却减少了贫困山区资金总额，抵消了资金注入效应，这是与国家对贫困山区资金注入的初衷相违背的。

近年来，农业银行在办好原有的存贷款基础上，增加了对贫困山区专项贷款。1984年举办开发性贷款，支持合作经济组织开发荒山、荒坡、荒地、荒滩、荒水资源，每年在原有基础上增加8亿元。1985年举办一般扶贫贷款，主要扶持省区贫困县和零星插花的乡、村、户，每年 3 亿元。1986 年举办林业专项贴息贷款，主要支持发展速生丰产用材林、经济林和中幼林抚育。1986 年、1987 年、1988 年每年计划安排 3 亿元，1989 年以后，每年 4 亿元。1986 年举办扶贫专项贴息贷款，主要扶持国家确定的 18 片贫困地区，每年计划安排 10 亿元。1985 年开始安排"星火计划""丰收计划""温饱工程"等科技贷款，1989 年举办了科技开发贷款，每年计划 10 亿元等。以上各项专项贷款中，用于贫困山区开发的贷款数额没有专门统计，但按最保守的估计，其份额在 60% ~ 70%。

农业银行 1986—1989 年 9 月的统计资料表明，全国 20 个省、自治区包括新疆，投放专项贴息贷款 32.13 亿元，实施扶贫项目 50.75 万个，项目总投资 55.96 亿元，配套资金占总投资额的 42.6%。项目覆盖农户 1 192.5 万户，其中受益贫困户 966.5 万户，解决温饱户占扶贫农户的 61%。从项目的效益情况看，效益好的项目占专贴贷总规模的 44.5%；效益一般的项目占 38.8%；效益差的项目占 12.5%；关停企业使用专贴贷 9 673 万元，占 4.2%。4 年来累计回收 2.64 亿元，占放贷总额的 8.2%。已形成非正常贷款 4.2 亿元，占累计发放的 13.02%。预测，今后可能还有 22.21% 左右的资金形成非正常贷款，两项合计总数将达到 35.23%。有人通过典型调查，表明上述估计似过于乐观，非正常贷款可能要高达 50% 以上。

为了保证本来已经十分短缺的贫困山区资金不致流失，并充分发挥作用，要重视以下两个问题。

第一，宏观决策要对农业，特别是贫困地区实行支持和保护政策。在宏观决策存在城市倾斜及市场调节的情况下，资金存在趋利流动的规律，导致农村资金流出大于流入，贫困地区资金外流现象尤为严重。这种现象如不及时扭转，资金会有枯竭的危险。因此，在宏观决策上要对农业，特别是贫困地区实行支持和保护政策。在保证农村资金用于农村这一前提下，逐步增加对农业的信贷总投入，实行信贷优先，利率优惠。农业银行应该把农业开发及山区作为信贷重点，实行战略性转移。解除农业银行的利润承包上缴任

中国贫困山区发展的道路

务，制止其他金融机构利用优势搞不平等竞争，以保护农村经济利益。要免除山区信用社上交存款准备金、转存款、特种存款、建设债券等任务，支持和保护山区信用社，充分发挥它的作用。

第二，加强贷款项目管理。据国务院扶贫办公室的典型调查，在失败项目中，决策失误占7%，资金被挤占、挪用占15%，市场发生不利变化占7%，管理不善、技术设备落后占62%，其他原因占9%。可见，项目管理不善是导致项目失败、资金沉淀的基本原因。一般来说，在项目管理中，选项、申报项目问题不大，但项目的评估论证、项目实施过程中的管理、项目的总结验收，则做得较差，应该加强。

（三）贫困山区应重视资金替代

资金短缺是贫困山区今后长期面临的问题。除了要广辟资金来源、提高资金的使用效率外，自始至终都要把资金替代作为山区经济生活中的一个重要方面，认真实施。资金替代除了前面已经论述的引进技术外，还要通过劳动积累实现资金替代。

贫困山区劳动力资源充足，具有通过劳动积累实现资金替代的有利条件。山东临朐县在这方面做出了很好的成绩。1983年底，全县农民人均所得只有195元，是国务院确定的贫困县。不通车、不通电、不通广播的村分别占30%、56%、53%，有16.3万人吃水困难。全县1984年有劳动力31.2万人，其中种植业23.42万人，林业0.7万人，牧业1.02万人，乡村工业3.1万人，临时工及民办教师2.4万人，商业服务业0.56万人。在种植业劳力中剩余劳动力约10万人，剩余劳动时间近一半。他们充分利用活劳动积累，大搞山区开发建设以替代投资。每劳动力每年提供义务工5~10个，主要用于防汛、抢险和集体福利事业。基建工不少于40个，主要用于统一组织的农田水利建设，开发治理荒山、滩地、坡耕地、地堰地改造及乡村道路、环山公路的建设等。

自1984年以来，在6年时间内该县充分利用活劳动积累开发治理荒山 2.3 万公顷，发展林地 1.9 万公顷，治理坡耕地 1.36 万公顷，新扩耕地 0.26 万公顷，果园 1.26 万公顷，桑园 0.05 万公顷。修乡村道路 1 873.5 公里，环山路 1758.5 公里。兴建农田水利工程 6 530 项，改善扩大灌溉面积 1.3 万公顷。重点治理小流域 30 条，治理改善水土流失面积 149 平方公里，控制水土流失面积 1 054 平方公里，森林覆盖率从 19% 上升到 25.8%。1990 年总收入由 1983 年的 24.355 万元上升到 84.626 万元，人均占有粮食从 355 公斤上升到 403 公斤，人均收入由 339 元上升到 1 068 元，劳均固定资产从 285.5 元上升到 474.7 元。它充分体现了贫困山区利用劳动积累实行资金替代的广阔前景。

以工代赈是政府对贫困地区通过劳动积累进行基础设施建设的一种扶持方式。实行范围较广的领域是建设道路，农民出劳动力修建公路，国家发放一部分粮、棉、布作为修筑公路的投资，并支援一部分钢钎、炸药等物资。1985—1987 年，贵州省以工代赈投入修路的粮、棉、布折合资金达 2.4 亿元，3 年间修筑公路 6 567.5 公里，建成桥梁 491 座，隧道 8 处 2 306 米，渡口 3 处。共完成土石方 7 720 万立方米，耗用工日 1.1 亿个。工程涉及 82 个县，占全省总县数的 94.3%。以工代赈，既改善了贫困地区的基础设施，为社会发展和经济增长创造了条件，同时又为农民获得了短期就业机会，增加了收入以解决温饱问题，并使农民增添了从事基础设施建设的技能，一批能工巧匠从实践中脱颖而出。此外，在人畜饮水工程的修建方面也比较多地采取了以工代赈。

二、贫困山区投资方向的研究

（一）投资于贫困山区工、农业的效益分析

国务院扶贫办公室侯健民曾对贵州省水城、毕节、大方三县的扶贫项目的投资方向做过调查。1986—1989 年三县扶贫项目投资总

额为 12 264.23 万元，其中专项贴息贷款 6 230.23 万元，占总投资的 50.8％。扶持 296 个项目，平均每项目的投资额为 41.4 万元。如把投资项目按农业与工业进行划分，则投资的分配见表 9-1。

表 9-1　1986—1989 年水城、毕节、大方三县投资分配

县别	农业项目			工业项目		
	个数	投资额（万元）	占总投资的比重（％）	个数	投资额（万元）	占总投资的比重（％）
水城县	53	1 817.88	46.3	44	2 110.83	53.7
毕节县	13	1 307.84	19.7	91	5 344.50	80.3
大方县	38	585.91	34.8	57	1 097.79	65.2
合计	104	3 711.63	30.3	192	8 553.12	69.7

三县平均农业项目与工业项目的投资比约为 3∶7，即投资的 70％在工业项目上，30％在农业项目上，其中毕节县农业投资占总投资额还不到 20％。

全国贫困地区的投资方向基本上和贵州省三县相同。表 9-2 是国务院扶贫办公室周彬彬对全国 15 个省在"七五"期间资金投放结构的调查资料。

表 9-2　"七五"期间全国 15 个省贫困地区投资结构

单位：％

分类		资金份额	受益贫困户份额	解决温饱户份额
按贷款对象分类	贫困户	41.00	77.10	80.08
	乡、村办企业	36.50	13.20	13.23
	县办企业	15.74	4.50	2.84
	其他经济组织	6.76	5.20	3.85
按行业分类	种养业	42.55	72.35	76.82
	工业	46.90	17.75	17.87
	其他	10.55	9.90	5.31

表 9-2 表明，对贫困农户的资金投放量只占 41％，却使 77.1％的贫困户受了益，使 80.08％的贫困户脱了贫。这个比例和按行业分类投放于种养业的资金只占 42.55％，却使 72.35％的贫困户受了益，76.82％的贫困户解决了温饱问题，两者的比例十分相似。一般来说，直接投向农户的投资，主要用于种养业，两者基本上是一致的。

资金投放于工业和投放于农业，投资的经济效益是大相径庭的。

第一，农业项目一般是劳动密集型产业，可以用劳动力替代资本，开发成本低。农业项目还具有较强的资金积累能力，农业的增长不仅可给贫困农户带来收益，而且还可增加新的投资行为。据贵州省三县的调查，农业项目户均投资只有 128 元，而工业项目安置每一个劳动力需要投资 11 602.2 元，工业项目约是农业项目的 90 倍。可见，农业的开发成本远较工业要低。

第二，农业项目的投入产出比高，表现为投资的户均产值及户均纯收入都比较高。表 9-3 是根据侯健民对贵州省三个县的农业项目投入与户增收情况所做的调查整理而成的。

表 9-3　1986—1989 年贵州省三县农业投入与户增收情况

项目 县别	项目投资（万元）	项目产值（万元）	项目纯收入（万元）	带动户数（户）	户均投资（元/户）	户均产值（元/户）	户增收入（元/户）
水城县	1 817.88	2 423.31	1 954.53	66 745	272.4	363.1	292.8
毕节县	1 307.84	1 611.92	458.25	178 113	73.4	90.5	25.7
大方县	585.91	1 447.16	327.10	45 313	129.3	319.4	72.2
合计	3 711.63	5 491.39	2 739.88	290 171	127.9	189.2	94.4

三县农业项目户均投资与户均产值的比约为 1∶1.5，户均产值与户均纯收入之比约为 1∶0.5。可见，农业项目投入产出比高，对增加农户收入、脱贫的作用最直接。表 9-2 全国 15 个省贫困地区投资结构的资料也说明了相同的问题。比起工业来，农业投资的份额少，但受益的农户及解决温饱户的份额却很高。表 9-4 国务院扶贫办公室周彬彬所提供资料进一步证实了这个结论：脱贫成本以贫困户（以农业为主）为最低，乡办企业次之，县办企业最高。

表 9-4　全国 15 个省的脱贫成本资料

单位：元

项目 分类	受益贫困户总投资	受益贫困户专贴贷	脱贫户总投资	脱贫户专贴贷
全国平均	639	333	769.0	443.0
贫困户	281	171	343.0	187.5
乡办企业	1 748	795	2 178.0	990.4
县办企业	3 399	1 009	5 215.0	1 547.5
其他经济组织	781	372	1 055.7	502.7

既然农业项目比工业项目具有更高的经济效益，为什么贫困山区资金还是集中在工业项目的投放上呢？概括起来，其经济上的原因有以下几点。

第一，在本书第二章中，我们已述及贫困山区经济开发有两个目标：脱贫与经济发展。当时指出两者是统一的，只有经济发展了才能脱贫；光靠救济，脱不了贫，即使一时脱了贫又会很快返贫。总体来说，这无疑是正确的。但具体来说，两者又是有矛盾的。如果只从经济发展的角度来说，资金就有可能流向经济条件相对较好的地区，因为这些地区虽然并非十分贫困，但也急需资金，而且投资的经济效益要好于十分贫困、条件十分艰难的地区。同样的道理，资金投向工业项目，有利于地方经济及地方财政状况的改善。这些工业项目虽然也能为农民提供就业机会，但较之农民总体来说，无异于杯水车薪，对解决贫困户的温饱问题来说，作用并不显著。可见，脱贫与经济发展两者并不完全一致。资金转向条件相对较好的地区，资金转向工业，不过是两者在经济上的不同表现形式。

第二，尽管农业项目的投入产出比及投资的户均产值、户均纯收入都比较高，但工业项目的劳动生产率高于农业，人均创产值及利润都远远高过农业。还有，工业项目在整个农村产业结构中起承前启后的作用，它的兴起，前可启动当地的初级产业，后可带动第三产业。无论在产业结构优化还是推动地方经济的发展中，都起了重要的推动作用。

因此，在评价资金投向时，不能简单化，不应根据若干个经济指标的高低就做出结论，要进行多方面的评价。总地来说应进行以下评价。

1. 脱贫与经济发展两个目标是否兼顾

我们所要解决的问题是贫困山区的贫困问题，这是面临的紧迫任务，而不是泛指的任何地区的经济发展问题。因此，绝不能离开脱贫去孤立地进行经济发展，如果这样，那就把"贫困山区"进行经济开发这个最本质的东西阉割掉了。从这个大前提出发，贫困地区资金投放的初期应选择那些开发成本低、投入产出比高、受益及脱贫覆盖面大的农业项目，而不应像目前所进行的那样，将重点放在工业项目上。

2. 在农业的开发项目有了一定的发展之后，是否将投资重点逐步转移

随着农业生产的发展，初级产品有了一定的增加，批量的初级产品要求加工、储藏、运输、销售，要求第二、第三产业能相应发展。或者本地区优势的矿产资源要求开发，若不如此就难以加速第一产业形成支柱产业，走向社会主义市场经济。如果这个时候仍然固守开发成本低、投入产出比高、受益及脱贫覆盖面大的农业项目，那就会影响贫困山区的脱贫致富，应该把重点逐步转向第二、第三产业。

（二）农业内部的投资效益分析

除了资金在工农业间如何合理分配外，还有一个在农业内部的合理投放问题。

农业内部的资金大致有以下四种投向：①以增产粮食为目标，投资于水利灌溉。②以提供批量商品农产品为目标，投资于商品农产品基地建设。③以加快经济开发为目标，投资于新技术的采用。④以完善农产品的市场和增加综合生产能力为目标，投资于基础设施建设，即通车、通邮、通电、通水、通电话、通商，这是使封闭的山区经济纳入商品经济轨道的先决条件。有人根据 1982 年全国 22 个省、自治区、直辖市的每百平方公里的公路里程和人均工农业总产值数据，用回归模型大致描绘了两者的数量关系：每平方公里的公路密度增加 1 公里，人均工农业总产值增加 104 元。

到底四种投资方向中何者为最佳，需要进行实际的经济调查和评估。我们以武陵山区的实际材料为主，进行比较。

1. 农田水利建设投资效益分析

1978 年以前的 30 年中，武陵山区农业投资的重点放在开荒造地、兴修水利上。据武陵山区中部的湘西自治州农业部门统计，50 年代农业投资量每年约 400 万元，60 年代约 300 万元，70 年代约 600 万元，其中 80％用于水利建设。大量的投资使该地区水利条件得到根本改善。1949 年这里没有一处大型水利工程，只有82 口山塘、600 多处简易河坝和 300 多架筒车，灌溉稻田仅 0.8 万公顷。70 年代末全州有大型水利工程 760 处，山塘 10 868 口，总库容 10 亿立方米；电力排灌装机容量 2.05 万千瓦时，水轮泵站 267 处，机械排灌 9.5 万马力；水电装机容量 11.76 万千瓦时；其他水利设施 15 000 多处，引、提水量 1.6 亿立方米；有效灌溉面积 112 666 公顷，占总耕地的 57%，40% 的稻田旱涝保收。1978 年全州粮食比 1949 年增长 2 倍，每年递增 3.4%，年均增产粮食 19 875 吨。和水利投资相比较，约投资 1 元，提高 4 公斤粮食生产能力。

地处武陵山区南部的怀化地区 6 个县（市），1950—1978 年用于水利建设的国家投资累计 1.27 亿元，地方自筹 2 800 万元，农民投入劳动积累折合工值 3.44 亿元，三项合计投入 4.99 亿元。累计增产粮食 100 多万吨，合人民币 25 亿元。据有关方面估计，治水对粮食增产的贡献约占 50%，由此计算，水利建设取得的经济效益为全部投入的 2.5 倍。

地处武陵山北部的石门县，30 年来水利投资累计 3 689 万元，累计增产粮食 30 万吨，直接经济效益 1.02 亿元，投入产出比 1∶2.76。

2. 商品基地建设投资效益

1978 年以后，武陵山区掀起了"基地热"：怀化的冰糖橙、芷江的白腊、古丈的茶叶、麻阳的晒烟、石门的早熟柑橘和马头羊、湘西的黄牛、慈利的无核腰带柿、大庸的黄壳麻等名、新、特、优产品生产基地如雨后春笋般发展起来。我们考察了怀化市综合园艺场，现已开垦橘园 100.6 公顷，其经营方式是：农场供应种苗，统一安排灌溉，而开垦和管理由农户承包。建设期由场方实行定额补贴，生产期由承包户包干上交。其投资效益为：每公顷投资 31 050 元，承包户每公顷共上交 150 120 元。梯田开垦投资应作为固定资产残值收回，场部共收回资金 10 938 元，场方作为投资主体，其投资效益按静态分析法统计为 1∶5.3。

3. 新技术的投资效益

我们缺乏武陵山区新技术投资效益的资料。根据侯健民对贵州省三个县的材料，在农业项目中，属于新技术推广的投资比重很高，三县平均占农业项目投资总额的 80.2%，受益农户占总农户的比重达 61.3%（见表 9-5）。

表 9-5　1986—1989 年贵州省三个县农业项目中新技术投资情况

项目 县别	新技术推广项目数（个）	占农业项目总数（%）	新技术投资总额（万元）	占农业项目投资总额（%）	推广新技术受益总户（户）	受益农户占全县农户总数（%）
水城县	45	85.0	1 521.39	83.7	54 182	53.5
毕节县	3	23.1	1 107.30	84.7	157 711	95.0
大方县	21	55.3	347.54	59.3	27 915	19.0
合计	69	66.3	2 976.23	80.2	239 808	61.3

输入的技术一般属于能大规模带动群众解决温饱的实用技术，如地膜玉米、杂交良种、快速养猪等，以及促进资源开发深度、改造传统产业的技术。除大方县外，这些投资带动面广，贷款当年可以收回，效益很好。

4. 基础设施建设投资效益

武陵山区石门县罗家坪乡偏处石门县西北角，居武陵山腹地。过去由于交通不便，山里的木材运不出去，农业生产资料运不进来。1980 年人均年收入只有 65 元。联产承包责任制后乡政府致力于基础设施建设，采取国家扶持、农民集资和以工代赈的办法修筑公路 50 公里，架设石拱桥 32 座，修水坝 2 500 米，治理溪河 35 条，兴建电站 12 座，学校 14 所。现在，不仅接通了进县城的公路，而且全乡 17 个村有 16 个通了汽车，家家户户安装了有线广播，10 个村用上了电。闭塞状况的扭转为山区经济注入了活力。农民把木材运到城里，并用这笔原始积累购买全价配合饲料养猪，不仅使养猪饲养周期缩短一半，加速了资金周转，而且使山区养猪不再受自身粮食生产的制约。全乡生猪饲养量1986 年达到 16 881 头，人均 2 头，比 1980 年增加 1 倍。出栏肉猪 7 793 头，比 1980 年增加 1.4 倍，其中商品猪 4 278 头，比 1980 年增加 2.7 倍。这个过去调不出一头猪的乡，现在一年从系统外输入的配合饲料有 2 000 多吨，从系统内输出的肉猪达 400 多吨，物流急剧增加，表明系统开始由封闭走向开放。1980 年全乡年初存款余额 169 997 元，1988 年达到 783 783 元，增长 3.6 倍；贷款累放 1980 年为 141 519 元，1987 年达 1 016 153 元，增长 6.2 倍。资金流的变化从另一个侧面说明了系统结构的改善和功能的增强。农民收入也成倍增长，1987 年全乡人均纯收入 377 元，比 1980 年增长 4.8 倍。在 20 世纪 70 年代末，罗家坪乡的人均收入水平和毗邻的苏家铺、安溪等 8 个乡处于同一水平，1987 年这 8 个乡中人均纯收入最高的仅 261 元，低的 217 元，平均只有 238 元，罗家坪乡高出毗邻 8 个乡 58%。

从武陵山区的情况来看，上述四种投资方向的经济效果都是不错的。比较起来，水利投资经济效果稍差。但是这也不能一概而论。在中国西北干旱及半干旱贫困山区，水是制约农业生产的决定性因素，那里水利投资经济效果就很好。技术进步是农业生产力发展的关键，特别是在科学技术十分落后的贫困山区，投资于技术引进项目的经济效益都较好。投资于基础设施建设和商品基地建设，都符合商品经济的要求，也都有较高的效益。商品经济是一种社会化经济，并不是只要有了商品，就会自然产生出商品经济来，它还要具备使商品流通并实现其价值的条件。在这一点上，贫困山区目前十分欠缺，更需要先行一步。因此，从基础设施入手，是决策者深谙商品经济基本规律的理性选择。

基础设施所带来的除了微观经济效益外，主要是宏观经济效益。自从出现社会分工以后，任何一个部门的发展都不能不受其他部门发展速度的制约。在实际经济生活中通常都会有相对最弱的部门，特别是当这个部门属于基础产业时，对整个经济发展水平的瓶颈效应更为明显。只有促进它的发展，才能使其他部门原来闲置的生产力充分发挥作用，则其效益就不仅是直接投资一个部门的产出，而是整个经济系统所增加的产出。由此可见，宏观经济效益是通过产业结构的最优组合来达到系统整体功能的最大化的，它比要素配置高一个层次，比局部投入产出的视野要宽广得多。

投资方向的选择还要因投资主体而异。中国目前是以公有制为主的多种经济成分并存，撇开所有制的差异，我们不妨把投资主体分为政府和企业两类。企业的概念是广义的，它包括承包农户，他们关心的主要是投资的微观效益，因而其投资重点在于商品基地。在目前粮食供求矛盾较大的情况下，农户还要考虑自给性需要，发展粮食生产仍不失为农业投资的一个重要方面。基础设施建设具有公共事业的性质，对于企业来说，其效益是外在的。因此，政府对基础设施的投资是责无旁贷的。

三、对不同类型农户的资金扶持对策

（一）贫困地区农户的积累行为分析

国家对贫困山区投入的资金合理地在不同类型农户中加以分配，是一个关系到能否充分发挥资金效益和扶贫与开发矛盾能否顺利得到解决的重要问题。

贫困地区农民的收入水平普遍低于全国平均水平，这是就平均数说的，其实贫困山区农户彼此间的收入水平是有差异的。为了弄清楚差异的分布状况，我们在河北太行山区邢台地区浆水镇随机抽样调查了 20 户农户在 1987 年的收入状况，其收入的分布见表 9-6。

表 9-6　浆水镇 1987 年 20 户农户收入分布

收入水平区间（元）	人口数（人）	OP 累计占总人口（%）	收入金额（元）	OI 累计占总收入（%）
100~199	8	19.0	1 200	9.4
200~299	23	73.8	5 750	54.3
300~399	5	85.7	1 750	70.0
400~499	2	90.5	900	75.0
500~599	1	92.9	500	78.9
600~799	1	95.2	700	84.4
800~999	0	95.2	0	84.4
1 000 元及以上	2	100.0	2 000	100.0

根据表 9-6 资料绘制图 9-1 浆水镇农民洛伦兹曲线。OS 表示分配绝对平均，OP 及 PS 表示分配绝对不平均，中间的曲线即为洛伦兹曲线，曲线弧度大小表明各类农户收入差异大小，可以用基尼系数 $G=A／(B+A)$ 表示，其中 A 为 OS 和洛伦兹曲线形成的面积，B 为洛伦兹曲线与直线 OP 及 PS 围成的面积。

$$A+B=\frac{1}{2}OP\times SP=\frac{1}{2}\times100\times100=5000$$

$$B=\sum_{i-1}^{7}B_i$$

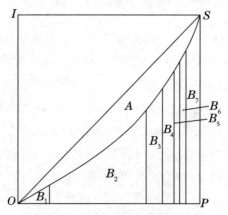

图 9-1　浆水镇农民洛伦兹曲线

根据定积分求面积的原理，面积 B 可划成若干个梯形，求它们的和：

$$B_1 = \frac{1}{2} \times 19.0 \times 9.4 = 89.3$$

$$B_2 = \frac{1}{2}(9.4 + 54.3) \times (73.8 - 19.0) \approx 1\,745.4$$

$$B_3 = \frac{1}{2}(54.3 + 70.0) \times (85.7 - 73.8) \approx 739.6$$

$$B_4 = \frac{1}{2}(70.0 + 75.0) \times (90.5 - 85.7) = 348.0$$

$$B_5 = \frac{1}{2}(75.0 + 78.9) \times (92.9 - 90.5) \approx 184.7$$

$$B_6 = \frac{1}{2}(78.9 + 84.4) \times (95.2 - 92.9) \approx 187.8$$

$$B_7 = \frac{1}{2}(84.4 + 100) \times (100 - 95.2) \approx 442.6$$

所以 $B = \sum_{t-1}^{7} B_i = 3\,737.4$

$A = A + B - B = 5\,000 - 3\,737.4 = 1\,262.6$

$G = A/(A + B) = 1\,262.6 / 5\,000 \approx 0.253$

0.253 即为反映浆水镇农民收入差异水平的基尼系数。这比全国的基尼系数 0.26 略小一些，但仍表明农民彼此间收入存在一定幅度的差异。

中国贫困地区经济开发课题组根据河北、贵州、甘肃、内蒙古四省、自治区六县 417 户调查资料，算出 1984 年农户收入的基尼系数为 0.281，1988 年上升为 0.295，比浆水镇的要更高些。这个资料表明：第一，1984—1988 年，基尼系数仍在继续扩大。第二，这段时期 417 户农户人均收入增加了 56.7%，基尼系数增加了 4.98%，即收入增加 1%，基尼系数增加 0.098。收入增加，农户间收入差异也随之扩大。

贫困山区农民收入的差异，在可以预见的未来仍有继续扩大的趋势。这是因为，不同收入水平的农户的再生产能力是不同的。

　　（1）随着农户收入的增加，每个增量中都要被划分为两部分，一部分用于消费，另一部分用于积累。据国务院扶贫办公室所做的调查，在收入水平较低的农户的增收部分用于消费的比例大，积累的比例小；反之，收入水平愈高，农户的增收部分用于积累的比例愈大，用于消费的比例愈小（见表 9-7 和图 9-2）。

表 9-7　1988 年贫困地区农户的积累率、消费率及储蓄率

人均收入（元）	积累率（%）	消费率（%）
1 070.6	55.03	44.97
707.4	36.06	63.94
587.2	35.80	64.20
488.6	34.51	65.49
463.9	25.77	74.23
400.5	24.52	75.48
380.1	22.99	77.01
338.1	24.38	75.65
325.8	23.94	76.06
272.3	22.01	77.99
247.8	21.59	78.41
207.8	19.49	80.51
197.2	19.91	80.09
186.4	19.42	80.58
154.8	17.70	82.30

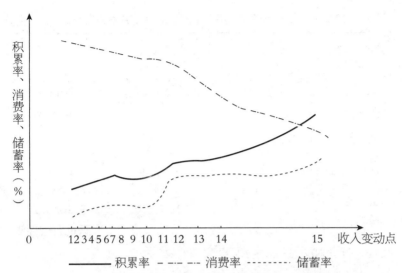

图9-2 贫困地区不同收入水平农户的积累率、消费率和储蓄率

图中，收入变动点：（1）154.8　（2）186.4　（3）197.2
　　　　　　　　　　（4）207.8　（5）247.8　（6）272.3
　　　　　　　　　　（7）325.8　（8）338.1　（9）380.1
　　　　　　　　　（10）400.5　（11）463.9　（12）488.6
　　　　　　　　　（13）587.2　（14）707.4　（15）1 070.6

　　根据贫困地区的资料，生产性固定资产额每增加1%，收入增加0.66%。由于高收入农户的积累率高，因而经济实力也高于低收入农户，收入增长的速度也远远高于低收入农户，两者的差距必然随着时间的推移逐步拉大。

　　（2）国务院扶贫办公室组织的调查资料还表明，高收入农户的劳动力素质、经济信息、管理能力以及科技水平都高于低收入农户，因而其投入产出水平也远远高于低收入农户（见表9-8）。这注定了高收入农户的扩大再生产能力大于低收入农户，从而继续拉大了两者今后的收入差距。

表 9-8　1988 年贫困地区不同收入水平农户投入产出比

按收入水平 分组	生产性收入 （元）	生产性支出 （元）	投入产出比 （%）
200 元及以下	130.82	284.02	46.1
201~300 元	233.86	478.75	48.8
301~400 元	295.48	493.30	59.9
401~600 元	370.42	617.62	60.0
601~800 元	688.38	572.89	120.2
801 元以上	1 019.91	824.44	123.7

调查资料还表明，高收入农户除了从事粮食生产满足自给性需要外，有余力从事第二、第三产业的经济活动，其第二、第三产业收入占人均收入比率普遍比低收入农户高（表 9-9）。

表 9-9　不同收入水平农户的第二、第三产业收入占人均收入比例

年份	200 元及 以下	201~300 元	301~400 元	401~600 元	601~800 元	800 元以上
1984	8.41	14.20	21.53	13.67	21.42	23.45
1988	10.67	19.99	19.55	13.41	17.65	28.50

可见，贫困山区和平原地区一样，农户的收入水平存在着差异，而且其差异程度随着经济的发展，在可以预见的一个时期内还会有进一步的扩大。

（二）对贫困地区不同收入水平农户的资金扶持对策

要制定正确的资金扶持对策，必须首先弄清楚不同收入水平农户用于再生产的资金使用状况，以及对扶持资金的可能使用情况。为此，我们在 1987 年对湖南武陵山区的花垣县和桑植县做了经济调查。其办法是在两县随机选取 30 户农户，对其收入、营养和积累、消费行为分别做了比较分析。这些农户可大别为以下三类：人

资金扶持对象侧重农户；在从农业转向深加工，转向第二、第三产业时，资金扶持对象则侧重联户企业、乡镇企业及县办企业，出现了资金投放的战略转移。

表9-10　八省（自治区）不同贷款对象的效益比较

项目 贷款 对象	投资总额 （万元）	每元 投资 农户 增收 （元）	每元 投资 企业 增利 （元）	每安排 一个 劳力需 投资 （元）	每解决 一户 温饱需 投资 （元）	每元 合计 总效益 （元）
贫困户	50 253.02	1.50	0.10	531	304	1.60
乡镇企业	39 960.42	0.16	0.47	1 045	1 460	0.63
县办企业	12 154.63	0.22	0.42	1 560	1 785	0.64
三省平均		1.08	0.24	859	614	1.32

第十章　对贫困山区应有特殊的
经济政策

　　贫困山区经济的发展和温饱问题的解决，主要立足于自力更生，调动山区农民内在的动力，这是确定无疑的。但是，同时还应承认，贫困山区不论在自然还是经济条件上都处于极端不利地位，没有来自外部的援助，企图在短期内摆脱困境，是难以想象的。此外，山区农民内在动力的充分调动，也需要有外部的宽松环境保护它、扶持它、发展它。这就要求有对贫困山区的特殊经济政策。

一、特殊经济政策的经济根据

　　从理论上说，每个劳动者不论在何地从事哪一种生产活动，付出的劳动量相等，从社会得到的经济收入也应该是相等的。但是，在实际的经济生活中却不能完全做到这一点，这在贫困山区表现得十分突出。

　　贫困山区农民付出的劳动量和获得的经济收益间的背离，主要取决于以下两个方面的经济因素：工农业产品价格剪刀差及级差土地收入。

（一）工农业产品价格剪刀差

　　工农业产品在交换中价格与价值的背离，农产品价格低于价值、工业品价格高于价值条件下的不等价交换称为工农业产品价格剪刀差。如果用图示来表示工农业产品价格剪刀差，工业品的价格越来越高于它的价值，农产品的价格越来越低于它的价值，用统计图把这两个变化运动的轨迹画出来，便呈张开的剪刀状（见图10-1），故称为"剪刀差"。

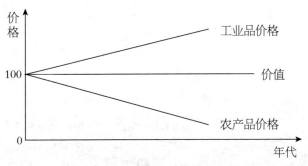

图 10-1　工农业产品价格剪刀差

由于农产品的价格低于其价值，工业品的价格高于其价值，当工农产品按现行价格进行交换时，农产品所有者就会丢失一部分创造的价值，工业品所有者就会额外无偿地获得一部分农民创造的价值。工业部门获得这部分额外的经济收入的主要部分，通过工业部门的税收和利润调配到国家财政中来，用于国家工业化的投资。这在国家进行工业现代化的初期阶段是必要的，关键在于剪刀差应该有一个合理的量度。

工农产品价格剪刀差的最直接表现是：①农业部门必须要用越来越多的农产品才能换回同等数量的工业品。②农业劳动者的收入越来越低于工业劳动者的收入。设一个农民消费水平为1，则非农业居民的消费水平在1986年为2.4，1987年为2.5，1988年为2.7。

当然，这是最表面、最直观地来看待工农业产品价格剪刀差。这里包含着合理的成分，例如，工业的劳动生产率高于农业，工业的技术进步速度快于农业，工业劳动生产者理应获得比农业更高的收入。必须要把这些合理的因素剔除掉，才能确切计算工农业产品价格剪刀差的数额。

我们采用了工农业劳动者折合法，即把工农业劳动者具体劳动化为在本质上没有差别的可比劳动力，在总量上计算工农两大部门产品的价值量，然后按现行价格计算的工农业总产值进行对比，其差额即为剪刀差。

上述计算的关键在于如何把农业劳动力折合为工业劳动力（称为标准劳动力）。首先，根据 1982 年第三次全国人口普查资料，计算出工农业劳动者在熟练程度上的折合系数为 0.7。其次，通过半、辅劳动力折合相当于工业的整劳力以及农业中剩余劳动力的存在，求出折合系数为 0.645。综合上述两个因素，农业劳动力折合成工业劳动力的折合系数为 0.45（$1 \times 0.7 \times 0.645 = 0.45$），即一个农民在劳动能力上大体相当于 0.45 个工人。根据这一折合系数，1982 年的剪刀差数见表 10-1。

表 10-1　1982 年我国工农产品价格剪刀差数

项目	编号	计算方法	数量
工业总产值（亿元）	（1）		7 109
工业净产值（亿元）	（2）		2 354
工业物质费用（亿元）	（3）	（1）-（2）	4 755
农业总产值（亿元）	（4）		2 785
农业净产值（亿元）	（5）		1 893
农业物质费用（亿元）	（6）	（4）-（5）	892
工业劳动者人数（万人）	（7）		10 707
农业劳动者人数（万人）	（8）		38 146
农民折合为工人数（万人）	（9）	（8）÷2.2	17 339
可比劳动力总数（万人）	（10）	（7）+（9）	28 046
工人占可比劳力比重（%）	（11）	（7）÷（10）×100%	38.18
农民占可比劳力比重（%）	（12）	（9）÷（10）×100%	61.82
工农业净产值（亿元）	（13）	（2）+（5）	4 247
工业部门新创价值（亿元）	（14）	（13）×（11）	1 621.50
农业部门新创价值（亿元）	（15）	（13）×（12）	2 625.50
工业品价值（亿元）	（16）	（14）+（3）	6 376.50
农业品价值（亿元）	（17）	（15）+（6）	3 517.50

项目	编号	计算方法	数量
价格转移总额（亿元）	（18）	（17）－（4）	732.5
工业品价格高于价值（%）	（19）	（18）÷（16）×100%	11.49
农产品价格低于价值（%）	（20）	（18）÷（17）×100%	20.82

资料来源：严瑞珍，等.中国工农产品价格剪刀差的现状、发展趋势及对策 [J].经济研究，1990（2）.

表 10-1 中，1982 年按全部农产品计算的价格转移总额为 732.5 亿元，但实际从农业中通过剪刀差转移出农业的只是商品农产品部分，故剪刀差的绝对额应是：

$$\frac{剪刀差}{绝对额} = \frac{价格转移额}{农业总产值} \times \frac{农产品}{收购额}$$

影响工农产品价格剪刀差变化的经济因素有四种：工业品的价格指数、农产品价格指数、工业劳动生产率指数、农业劳动生产率指数。当掌握了 1982 年这个基期的剪刀差绝对额时，就可以根据以上四方面因素的变化，计算出任何一年的工农产品价格剪刀差（见表 10-2）。

表 10-2　几个主要年份工农产品价格剪刀差的变化

年份 项目	1952	1957	1978	1982	1984	1986	1987
剪刀差绝对数（亿元）	74	127	364	288	270	292	334
剪刀差相对数（%）	17.9	23.0	25.5	13.4	10.0	9.7	9.6

资料来源：同表 10-1。

反映剪刀差是扩大还是缩小，主要看剪刀差的相对数，指通过剪刀差流出农业的部分占农业当年新创造价值的比重。这个比值从 1952 年至 1978 年一直是上升的。1978 年经济改革之后逐步下降，到 1987 年下降为 9.6%，但绝对额仍高达 334 亿元。这表明农民每创造 100 元价值，要从农业部门流走约 10 元价值。

第十章　对贫困山区应有特殊的经济政策

贫困山区的农民，主要从事农业生产，要遭受工农产品价格剪刀差给他们带来的经济损失。但贫困山区的农民作为山区的农民，又不同于一般农民，还要遭受另一种损失，即级差土地收入的损失。

（二）级差土地收入

　　为了取得同等数量的某种产品，不同地区所耗成本是大相径庭的，一些地方高，另一些地方低。为此，1988 年，我们在河北省太行山的山区赞皇县和平原区的正定县做了小麦、玉米两种农作物的成本利润率、每百斤主产品成本及每个生产用工所获得纯收益的调查，其结果见表 10-3。

　　从表 10-3 中可以看出，不论小麦还是玉米的单位面积产量，正定县都大大高于赞皇县。从成本看，两者相差不多，正定县稍高于赞皇县。但因为正定县的单位面积产量高，结果，正定县的利润远远超过赞皇县。其他指标如成本利润率、每工纯收益以及每百公斤产品成本，正定县都优于赞皇县。

表 10-3　1988 年赞皇县和正定县的小麦、玉米成本收益

项目	小麦		玉米	
	赞皇县	正定县	赞皇县	正定县
单位产量（公斤／公顷）	3 171.5	4 518.8	4 574.2	6335.5
生产成本（元／公顷）	958.5	1 032.9	728.7	804.6
人工费用（元／公顷）	270.8	330.5	349.4	370.2
物质费用（元／公顷）	687.8	720.5	379.4	434.7
每公顷用工（个）	169.05	171.9	182.4	193.4
税收（元／公顷）	30.0	42.0	21.6	32.7
利润（元／公顷）	418.4	1 063.4	774.9	1 287.8
成本利润率（％）	0.44	1.03	1.06	1.60
每百公斤产品成本（元）	30.20	22.90	15.90	12.70
每工纯收益（元）	2.48	6.18	4.25	6.66

中国贫困山区发展的道路

作为平原区县的正定县，为什么单位产量、利润、成本利润率、单位产品成本以及每个劳动用工的纯收益都优于作为山区县的赞皇县呢？分析起来，这是由以下三个原因造成的。

第一，山区的生产资源质量差。与平原相比，山区海拔高，气温低，田块零散，土层薄，坡度大，水土容易流失，土壤贫瘠。在森林遭受砍伐以及生态环境日益恶化的条件下，干旱、洪涝灾害交替发生，大大影响了农作物产量的提高。可见，农业劳动生产率是和自然条件联系在一起的。由于自然条件的不同，同量的劳动投入，在资源条件较好的地区就能获得较多的产品或使用价值，在资源条件较差的地区只能获得较少的产品或使用价值。不同地区的资源的生产力是不同的。

第二，不利的交通运输条件。贫困山区一般山高水险，交通不便，不少地方至今尚未通公路，产品的运输靠肩挑背扛。即使通公路的山区也因山高路远、长距离的运输和过高的运费，加大了产品成本。例如，食盐的全国平均价格为 0.31 元／公斤，贵州省的贫困乡村食盐价格却为 1.00~2.80 元／公斤；煤油的全国平均价格为 0.71 元／公斤，贵州省贫困乡村煤油的价格为 2.00~3.20 元／公斤；煤炭的全国平均价格为 4.20 元／百公斤，贵州省贫困乡村煤炭的价格却为 6.00~6.60 元／百公斤。过高的运输费，加大了山区产品的成本，降低了产品的利润率和在市场上的竞争能力。

第三，粗放经营降低了经济效率。平原地区由于技术进步和优越的投资环境，农业生产的集约化水平高。在技术不断取得进步的条件下，实行集约化经营的农户投资的报酬率是递增的，他们不仅能获得平均利润，并且还能获得高于平均利润的超额利润。反之实行粗放经营的山区农户，投资的报酬率是递减的，他们不仅不能获得超过平均利润的超额利润，而且连平均利润也无法维持。山区与平原农村处在不平等的竞争之中。

上述同等劳动投入在产出上存在着差异，是由土地肥力、地理位置和集约化水平的差异而产生的。其经济实质就是级差土地收入的差异。前两者产生级差土地收入Ⅰ，后者产生级差土地收入Ⅱ。

可见，贫困山区的农民每年投入的劳动，在工农产品价格剪刀差及级差土地收入两种经济关系的共同作用下，不能获得和平原地区农民相同的经济收入。作为农产品的生产者，在工农产品价格剪刀差的作用下，农产品不得不在价格低于价值的情况下出售，无法获得社会平均利润。就这一点来说，贫困山区的农民和其他地区农民是一样的。当然贫困山区农民受剪刀差的损害比平原地区农民要更大些，这是因为不同农产品在价格上的剪刀差大小是不相同的。凡是国家通过合同收购的农产品的价格，是由国家确定的，一般都远远低于市场价格，价格低于价值的幅度比已经变大，在市场自由销售的农产品如畜产品、蔬菜、水产品要更大些。贫困山区目前生产的农产品还是以粮食为主，因此在价格问题上所受的损失比平原地区要更大些。

但是，贫困山区的农民和平原地区的农民又不相同，由于级差土地收入的缘故，每单位劳力投放的收益比平原地区农业生产者要多丢失一个份额。本来，在商品生产的条件下，所有商品生产者都应处在平等地位上，获得同等的社会平均利润。但是，贫困山区的农民却得不到社会平均利润，他们遭受工农产品价格剪刀差及级差土地收入双重的损失。这是贫困山区农民之所以贫困的又一个重要经济根源。

迄今为止，人们在观念上总认为我们在扶贫、在"输血"、在救济。实际情况恰恰相反，山区人们在生态建设及经济建设上都为整个社会做出了牺牲，现在我们应对这种牺牲给予必要的报偿。

二、国家对贫困山区应有的特殊经济政策

（一）继续强化向贫困山区的倾斜政策

近年来，国家对贫困山区采取了一系列的扶持措施。

（1）放宽政策。包括延长土地承包期；国营企业单位无力经营或经营不好的山场、水面等可以给农民经营，收益比例分成；有矿山资源的地方，允许当地农民集资采集；25度以上陡坡地退耕后由原耕者造林种草，谁种谁有，长期经营，允许继承，等等。

（2）拨出多项专项贴息贷款用于开发性生产建设，扶持农民发展商品经济。

（3）减轻贫困山区负担，休养生息。

（4）把贫困山区经济开发纳入整个国民经济长期发展规划，组织机关工作人员采取"包山头""包片""包乡""包村办法"，帮助贫困地区限期脱贫，改变落后面貌。

实践表明，在国家财力、物力、人力都还严重不足的情况下，最有效的办法是依靠加速改革开放，以推动山区的经济开发。换言之，进一步放宽政策，主要不是依靠国家提供的财力、物力、人力，而是依靠较为宽松的政策，帮助农民脱贫致富。海南省原来也是一个贫穷落后的地区，定为特区后，只用了3年时间，以改革促开放，出现了前所未有的勃勃生机，社会经济各方面都取得了令人瞩目的成果。其主要内容有：①精简机构，强化宏观调控，改变直接干预经济的管理方式，更多地运用经济、法律手段加强宏观调控。②降低"双轨制"计划价格比重，不断扩大市场调节分量，初步建立起各类生产要素市场。现在全省16种主要生产资料的市场调节比重已达到72.8%，以粮食、猪肉、食用油为主的生活资料市场调节比重不断加大，市场价格随着供求平衡的实现而逐步稳定；

金融市场、劳务市场、房地产市场、技术市场也日趋活跃。③初步形成各种经济成分竞相发展的格局，对国营企业推行和完善承包责任制和推行股份制的试点，产值三年增长达38.7%，新增独资、联营、股份制企业4 000家，三资企业超过1 000家，私营企业也有了一定发展。④改革了外贸、外汇管理体制，在货物、资金、人员进出口方面实行更加灵活的管理办法，消除了对外开放的体制性障碍。3年间，进出口贸易直线上升，1990年，出口贸易比3年前增长307%。全省国民生产总值、国民收入、工农业总产值和财政收入，比三年前分别增长27.4%、24.5%、29%和1.5倍，是海南社会经济发展史上最好的3年。可见，政策至关重要，"给钱给物，不如给个好政策"。

上述这些向贫困山区倾斜的政策对经济开发确实产生了积极的作用。但是，同时也应指出，由于当前正处在深化经济改革的时期，有些政策虽然适合于一般农村，但并不适合贫困山区，甚至对贫困山区的经济开发产生消极作用，迫切需要调整。

（二）对贫困山区的特殊政策建议

第一，目前实行的只为计划内大宗农副产品提供收购资金和粮食的"三挂钩"政策，有利于农区的粮食生产，却十分不利于贫困山区。

贫困山区土特产品多，但属于计划内大宗农副产品少。拿湘西自治州来说，拥有粮食、木材、柑橘、茶叶、药材、油茶、油桐、生漆、牲猪、牛、羊等农副产品20多种，其中计划外农副产品约占年农副产品采购总额的2/3。由于国家不提供计划外农副产品采购资金，而当地筹集资金能力又有限，使当地计划外农副产品收购处于困境。

由于贫困山区粮食生产的艰难处境，实现粮食自给已十分困难，一般没有可供出售的商品粮，在个别地方也只能有少量的商品粮。由于实行化肥、农药、柴油与商品粮挂钩政策，贫困山区一般得不到农业生产所需的平价化肥、农药、柴油，只能靠在市场上高价购买。据湘西自治州统计，每百公斤粮食为此要多支出9.38元成本。此外，根据一般肥料投放的经济效益变动规律，在技术不变的条件下，愈是肥沃地块，投肥的边际经济收益愈低，反之愈高。这意味着贫困山区的投肥经济效益要远远高于经济发达地区。但是，粮食"三挂钩"政策实行的结果，平价化肥向提供商品粮多的发达地区集中，愈是需要化肥、柴油，效益更高的贫困山区愈得不到化肥及柴油，这也十分不利于发挥化肥投放的总体效益。

因此，建议取消"三挂钩"的政策，把生产资料供应与粮食合同定购任务脱钩，主要依靠适当提高粮价的办法来刺激粮食生产。此外，要根据最佳经济效益的原则，在全国范围内合理分配化肥、农药及柴油。实行差别价格制，在投放边际经济效益高的地区适当降低售价，在经济效益低的地区提价出售，利用经济杠杆保证生产资料在全国范围内的合理分配。

第二，贫困山区的基础建设投资，包括为治理生态失衡而进行的农田基本建设和为改善山区能源、交通而进行的基础设施建设，面广、工程量大、投资周期长。山区本身固然可以为支付此项投资而得益，但更大的效益却发生在山外，在平原地区。因此，由贫困山区单独承担这部分投资费用是不合理的，应该建立"山区生态建设专项基金"和"山区基础设施专项基金"，由全社会的受益人口来共同分摊这部分投资。

以山区生态建设来说，每年山区用于梯田、水平沟、谷坊、鱼鳞坑、淤地坝、种草、植树等工程及生物措施的投工、投物量是十分惊人的。但生态改善所带来的效果主要表现在水土保持、减少河道水库淤塞、航道畅通、提供充足水资源、供电，以及灾害性气候的预防、良好生态环境的形成上。主要受益群体是平原的居民区及工业，集中表现在水资源上。建议在平原地区按水费提取一定百分比的水费附加，以建立"山区生态建设专项基金"，支持山区生态建设。

第十章　对贫困山区应有特殊的经济政策

同样，贫困山区基础设施的受益者，除山区农民外，还有以山区资源为原料和经营山区产品的工矿企业。这意味着能源、交通、电信建设的经济效益表现为这些企业生产成本的下降和利润的增加。因此，应从这些工矿企业的利润中按一定百分比提成，筹集"山区基础设施专项基金"，减轻国家以及贫困山区人们在这方面的重负。此外，国家还应加大以工代赈的分量，动员更多的贫困山区剩余劳力从事修路、办电及水利建设。

第三，中国目前农产品商品基地建设投资重点放在平原及沿海地区，这对于充分发挥农产品生产老区的潜力，提高投资的效益是有利的。但同时也应看到，中国农林牧副产品中除粮棉外，大部分资源优势在山区。目前在贫困山区初步展开的茶叶、蚕丝、麻纺、羽绒、编织、木本粮食、木本油科、果品、畜产品及珍贵皮毛商品生产基地的建设，展示了国内外市场的广阔前景。

中国贫困山区发展的道路

农产品商品生产基地建设需要投资，为商品农产品服务的加工、贮藏、运输、销售的基础设施的建设，也需要大量的资金。这些都是贫困山区脱贫致富，走向现代化道路的物质基础。今天的投资在若干年后就可以几倍，甚至十几倍、几十倍地得到偿还，但却不是目前贫困山区所能独力承担的。因此，建议把商品农产品基地建设的投资逐步转向山区。要向贫困山区增拨农产品商品生产及加工基地的建设专项长期、低息贷款。

在发放专项贷款时，要严格执行农户或合作经济组织的配套资金投入，以刺激农民投入的积极性，调动农民发展生产的内在活力，防止"国家出钱，农民种田"的故技重演。对荒芜了的农田除追回贷款外，还要强制缴纳荒芜罚款费。

第四，1989 年开始的产品税及农林特产税对大多数地区来说是合适的，但对贫困山区经济发展而言是一次巨大打击。因为山区的优势资源是山地，主要用于发展农林特产。就大多数山区来说，目前正处于初创阶段，即使一些农户已经有了收益，但正迫切需要扩大再生产，开发利用更多的山地资源，发展更大规模的农林特产。实践证明，扣除高达产值 20％税率的产品税和农林特产税之后，农民已无利可图。特产税的征收严重地挫伤了农民刚刚焕发起来的发展商品生产的积极性。

建议对农林特产税实行有区别的差别税收和按地区计征的政策。对贫困山区目前暂不计征农林特产税为宜。在一些农林特产已经有相当规模和基础的山区征收特产税时，其税率也应低于平原地区。那种无视发达平原地区和贫困山区的差别，实行无差别"一刀切"税收政策的做法是不妥当的。

第五，经济改革前地方财政实行统收统支、条条为主的体制，现改为分灶吃饭，块块为主，扩大了地方财权，调动了各级财政生财聚财用财的积极性，这无疑是正确的。但是，由于对贫困山区的特殊性研究、照顾不够，财政体制改革后，贫困地区和发达地区财力差距越来越大，贫困地区的财政赤字越来越严重。

拨改贷以后，原来国家给予贫困地区的投资被挖走了，对贫困地区来说无异于釜底抽薪；原来作为贫困地区财政收入的主要来源的企业盈利，现以利息和税前还贷的形式被金融部门或上级财政抽走，生产增长，财政无收；国库券的发行，中央财政向地方借款，本来由中央承担的一些支出转移到了地方，本来应留给下级的收入上缴给了上级财政，等等。上述变更在发达地区可以由增加的财政收入加以补偿而有余，在贫困地区却没有可资弥补的财政收入来源。最近，一些贫困山区作为财政重要收入来源的卷烟厂等又被中央收走，更使原来已经"贫血"的财政越来越"贫血"，原来的"吃饭"财政，现在变成了"要饭"财政。

可见，贫困地区的财政体制改革应区别于一般地区，采取循序渐进的方式。某些投资项目不要匆忙改为贷款；在贷款利率及期限上应有优惠规定；按规定应由地方承担的原来由中央支出的项目可按不同贫困山区做出不同的处理办法；按规定应由中央收走的某些专营企业，在贫困山区可暂时保留，或给予补偿转而经营其他行业。总之，应区别对待，不能"一刀切"。

第六，前文已提到，贫困山区地理条件及土壤肥力方面存在着相对于平原地区的不利条件，如果忽视这些不利条件，在确定农产品价格及税率时，实行平原、城郊及贫困山区一个价格和统一税率，山区则要遭受因多支出运输费用及较高的生产成本造成的损失，表现为级差土地收入Ⅰ及Ⅱ的流失。因此，应考虑实行有差别的农产品收购价格政策，离城市越远的，在价格上也应逐远逐高。在农副产品及工业品的税率上也应实行差别税率制，逐远逐低，以弥补贫困山区的经济损失。

第七，考虑到先进科学技术在发展贫困山区经济中的特殊重要地位，要大力鼓励科技人员进山，传授推广先进的科学技术，提高山区农民的文化及科学技术水平。这就必须制定有利于山区科技、教育的优惠政策。

在贫困山区工作的教育、科技人员应像公安干警一样增加15%的工资，在县以下基层单位工作的应浮动一级工资。在山区工作的教育、科技人员的家属就业及子女就业都应有优惠政策。要保护科技人员履行技术承包后获得的合法经济收益，不得以任何名义侵犯。

第八，目前贫困山区农民迫切需要的是要打开商品的国内外销售市场，并获得经济开发的信息、技术及生产资料。为此，应鼓励山区农民组织跨地区的贫困山区农业合作社联合社这样的全国性经济实体。

贫困山区农业合作社联合社可以在现有的地区性合作社或专业性合作社的基础上联合而成，县成立县联社，省成立省联社，全国建立全国贫困山区农业合作社联合社。贫困山区农业合作社联合社不同于现有供销社，一是它的业务范围局限于贫困山区，具有地域特性；二是它是由农民自愿组织起来的合作经济组织。它的任务是：①利用遍布全国的网络为各地贫困山区的商品提供销售信息以及组织货物销售，开辟市场。②直接建立和国外市场的销售渠道，开辟国外市场，改变目前贫困山区对外土特产品受制于外贸体制的困难处境——在国外市场需要供货时用"鞭子"赶，在国外市场遇到挫折时又拿"刀子"砍，忽上忽下，大上大下。为贫困山区提供信息、技术及急需生产生活资料服务。在条件许可时，联合社要建立现代化的加工、贮藏、运输及信贷企业，多快好省地把贫困山区的经济组织到全国性、全球性的市场体系中去。联合社在为贫困山区农民提供各种各样的服务时，可以收取合理的手续费，以利于联合社自身的运转及发展。

国家应该对联合社的建设提供优惠的条件。考虑到联合社是非营利性经济组织，可免征各种税赋。联合社的发展壮大离不开国家的投资和信贷支持。联合社应获得特许的外贸经营权以及优惠的外汇留成比例，以利于山区从国外获得必要的先进设备及技术，加速经济开发。

第九，现行的基层各级人民代表大会代表及所选举的各级政权负责人的任期以3年为限的规定，不太适合贫困山区的特点。

贫困山区的综合开发治理是一项系统工程，要有统一规划，要加强统一领导，要有步骤地经过长期艰苦奋斗，才能取得成功。因此，反对短期行为和朝令夕改是坚持长期、稳定发展的关键。但是，目前3年任期的规定，正好导致了短期行为和临时观点。第一年了解、熟悉情况，第二年做出决策，第三年准备离任、移交，这和山区长期、稳定地坚持经济开发的要求是相违背的。建议贫困山区各级人代会及政权机构负责人的任期应适当延长。当然，如发现有不称职的工作人员，可以随时罢免更换。

三、政府协助组织贫困山区和发达地区间的横向经济联合

（一）横向经济联合的客观必然性

开展贫困山区和发达地区间的横向经济联合，不仅是改变贫困山区农村经济的落后状况、加快脱贫致富步伐的战略措施，同时也

是东部、中部发达地区乃至整个国民经济持续发展的必要条件。

　　这首先是因为任何一个物质资料的生产，都必须要有必要的生产要素的合理组合，缺一不可。贫困山区具有土地、劳力、矿产等资源优势，但缺少资金、技术、设备，仍然组织不起开发性的生产。发达地区具有资金、技术、设备等优势，但缺乏土地资源、原材料（包括矿产及农产品）及劳力资源，也同样组织不起进一步的扩大再生产。在各自封闭隔绝的条件下，双方各自具有的优势生产要素都呈潜在资源状态，形不成现实生产力。只有打破封闭隔绝，实现双方的横向经济联合，各自具有的优势潜在生产要素才能在生产中结合起来，形成新的现实生产力。在这个过程中，横向经济联合起着决定性的作用。

　　如果我们进一步考察双方诸生产要素的特征，就会发现发达地区所拥有的生产要素如资金、技术是易于流动的，而且在流动过程中并不丧失价值或损失价值；贫困山区所拥有的生产要素如土地资源、劳力和原材料等，有的不能流动（如土地资源），有的在流动过程中由于体积和重量大，必须付出大量的运输支出（如原材料），有的在转移中会带来一系列问题和困难（如劳力）。因此，生产要素的组合，必然是从发达地区向贫困地区流动更具有可行性。贫困地区要创造优惠经济条件来吸引发达地区的生产要素的流入。

　　横向经济联合还能给贫困山区抵消多种不利影响因素，引进能激励商品经济发展的要素。在发达地区，特别是在沿海发达地区，一般来说交通发达，距离国际市场近，信息灵敏快捷，大都建立了国际贸易的销售网。双方结成贸易伙伴，可以借已经形成的贸易渠道和出口通道，把山区的产品打出去。同时又可以利用现有的信誉，实现贫困山区在国内外市场中的经济交往，并在国内外经济交往的实践中发展山区商品经济，增强农民从事商品经济交往的业务技能和更新思想观念，给山区经济带来活力。反过来，贫困山区经济的开发以及作为全国林牧业基地、能源基地、重工业基地的建成，又是发达地区乃至整个国民经济建设不可缺少的政治经济条件。

（二）横向经济联合的层次

横向经济联合具有三个层次：①面向本地区的城市市场。充分利用城市工业的技术、人才和资金，促进经济开发和满足城市市场的需要。②面向国内东部沿海和中部地区的广阔市场。实行"东西互助"的横向联合，使东部地区的资金、技术、人才向西部地区流动，联合开发西部山区资源，使双方得利。如东部毛纺厂在西部投资建分厂，就地利用羊毛及廉价劳动力，制造羊毛制品。③面向国际市场。通过东部的出口渠道及边境贸易，发展外向型经济。特别是西部山区地处边境，对缅甸、印度、泰国、尼泊尔、巴基斯坦、蒙古国、独联体诸国的边境贸易，都有待逐步打开。

（三）横向经济联合的类型

现在，不少贫困山区已在横向经济联合上做出了很好的成绩。我们在太行山区的武强县做过调查，截至 1988 年年底，全县横向经济联合已涉及 20 多个省市的大中型企业、大专院校及科研单位共 246 家，引进项目 176 个，资金 2 300 万元。新建和扩建的企业 62 家，包括化工、纺织、绣花、服装、食品、仪表、农业等 14 个行业。1987 年创产值 3 971 万元，增加税利 980 万元。这些企业还带动了全县乡镇企业的发展，由 1985 年的 1 651 个项目增加到 2 800 个项目，直接安排的劳动力由原来的 6 533 人增加到 16 151 人。

该县横向经济联合主要有以下几种类型。

1. 技术上的联合

发挥本地资源优势，有偿地把技术引进来，开发适销对路的新产品；或对现有企业进行技术改造，扩大生产规模。例如，该县是个棉产区，过去农民只知道施尿素来增产。1987 年，县农业局和天

第十章　对贫困山区应有特殊的经济政策

255

津农科院土肥所联合建立了棉花专用化肥厂，生产专用肥 450 吨。与同等数量的尿素相比，每公顷可增产皮棉 300 公斤，节约投入 300 元。1988 年共生产专用棉花肥料 1 000 吨，仅棉花施肥一项就节约支出 60 万元，增收 160 万元，两项合计 220 万元。

2. 技术和产品销售的联合

1987 年，该县与天津外贸部门联合，由外贸部门提供"天鹰"辣椒优良品种种子、辣椒栽培技术和收购全部产成品，双方签订合同。该县安排 280 户贫困农民种植辣椒 33.3 公顷，总产 12.5 万公斤，收入 30 万元，户均增收 200 元。由于产品质量好，这个县已经被国家计委及农业部批准为辣椒生产出口基地县。1988 年进一步发展辣椒专业户 6 000 户，总产 100 万公斤，总收入 320 万元，户均增收 530 元。

3. 技术、资金和产品销售的联合

这是横向经济联合的主要形式，它不仅能引进单项技术，而且可引进成套的生产技术和相应的管理方法；不仅可引进资金，而且能确保产品销路。例如，武强染料厂过去是废弃物处理厂，1986 年与天津染料化学四厂合资创办武强分厂，1987 年建成，当年创产值 583 万元，利税 111 万元，1988 年完成产值 1 120 万元，利税 190 万元。这个过去长期没有经济收益的厂一下变成了盈利大厂。

4. 补偿贸易

1986 年，武强县化工厂和广州纺织公司建立了补偿贸易关系，加入了以该公司为首的广州牛仔布纺织服装有限公司。该化工厂从公司方面获得 300 万元投资，新建年产 500 吨靛兰粉染料生产线，用产品偿还这笔投资。这对武强化工厂来说，不仅扩大了生产规模，还占有了广州和国外的市场。

5. 创办联合企业

该县即将竣工的武穗海棉纺织厂就是一个例子。该厂是由武强县、纺织工业部棉纺公司、广州市针织厂、河南平顶山棉纶帘子厂、海南海联纺织公司、北京纺织工业部设计院等 7 个单位

联合创建的股份有限公司性质的企业。共投资 1 000 万元，其中 300 万元来自武强县，其余 700 万元来自其他 6 方，实行利益共沾、风险共担的制度。建成投产后，计划年产棉纱 2 000 吨，产值 1 200 万~1 400 万元，利税 220 万元，产品按投资比例分销给 7 个单位做原料。这个厂和上述各自保持本单位独立经营实体的各种联合不同，不再只是企业间某几个环节的联合，而是全面的联合，是产供销结合在一起的内部联合。由于利害与共，因此能减少各方的扯皮和摩擦，保持生产过程的最优组合，保证产供销的协调。

以上的横向经济联合的形式虽各不相同，但却反映了横向联合所处的不同阶段：从单项生产联合到多项生产联合、从生产联合到产供销一体化、从局部联合到联合经营。它表明了横向经济联合的成熟程度和发展方向。

（四）创造横向经济联合的条件

横向经济联合对参加的各方来说都是有利的，这是联合的基础。但是，也应该看到，贫困山区劳力素质差、交通运输不便往往加大了生产成本，成为市场竞争中的一个不利因素。在有计划的商品经济条件下，发达地区的企业除不得已非要在贫困山区获得某种其他一般农村所没有的资源外，它们宁愿和一般农村而不是和贫困山区建立某种横向经济联合。这就要求贫困山区能够向联合对象提供优惠的联合条件，包括比平原地区价格低廉的土地资源、原料资源和劳力资源，以及必要方便的交通运输条件。此外，贫困山区也要尽可能创造条件提供部分资金作为和发达地区实行联合的条件。为此，中国人民银行和中国工商银行在新增贫困地区县办企业专项贷款中各划出一部分，作为组织跨省（区）、跨行业、跨部门的东西大跨度横向经济联合开发贫困地区的资金。换句话说，贫困山区在实行横向经济联合的活动中，可以指望得到国家扶贫资金的直接支持。

此外，国家也可以把专项扶贫资金首先划拨给有条件，同时也有意愿扶贫的发达地区企业，推动它们和某个贫困山区建立互利的横向经济联合关系，向该地区有意识地扩散产品、技术、设备和资金，建立各种形式的经济合作。正像上述在不同收入水平的农民积累行为的分析基础上提出的，把扶贫资金用于扶持当地合作经济组织及能人，由他们承贷承还，负责经营，并通过他们的经营以解决贫困户的生产、生活困难，这是另一种形式的"曲线扶贫"，即向发达地区企业贷放扶贫资金，通过它们向贫困山区的扩散行为，实现横向经济联合，达到开发山区、实现扶贫的目标，其关系如图 10-2 所示。

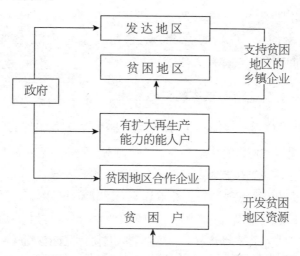

图 10-2　政府扶持贫困地区及贫困户的一种特殊形式

（五）"走出去"的联合

以上讲的都还只是"请进来"的方式，即发达地区到贫困地区来联合从事经济开发。此外，还有"走出去"的方式，即贫困地区来到发达地区，利用当地的优惠条件，建立传递信息的渠道、产品出口的通道，甚至在当地设厂办企业。在项目的选择上，可以是以深加工生产出口创汇产品为主的项目，主要是把山区的成品、半成品拿去搞深加工、精加工，从而直接出口成品创汇。可以是以山区的技术、管理，利用当地的原材料和加工设施进行加工制造的项目，一般不投资或少投资，风险小，效益高。可以是根据发达地区基本建设的需求，兴办以建材为主的劳动密集型项目，包括机砖、采石和采沙。还可以积极开展劳务输出，在许多发达地区，农村经济的繁荣，已吸干了当地剩余的农业劳动力，并正通过多种渠道，起用大批外地劳动力，如广东东莞 1989 年使用外地劳动力达30 万。可以预测，今后整个沿海地区劳务市场上劳动力需求将越来越大，劳务输出可以作为今后横向经济联合的一项重要内容，具有广阔的前途。

横向经济联合除了在发达地区和贫困山区之间开展外，还可以在贫困山区相互间广泛展开。广西的百色、贵州的黔西南和云南的文山、曲靖、红河等五地，地处西南边疆，是典型的"老、少、边、山、穷"地区。1986 年开始以"自力更生图振兴、真诚合作穷帮穷"的精神，打破区域界限，按经济自然流向，开展经济技术协作，有力地促进了社会的安定、民族的团结和经济的蓬勃发展。5 年间签订的经济技术协作项目共达 298 项，实施 218 项。协作修筑公路 260 公里，新开通客运线路 20 条，使许多闭塞山乡的物资运输流畅。经济技术协作促进了工农业生产。百色地区有名的贫困县隆林，1989 年从曲靖地区的罗平、师宗两县引进烤烟生产技术，两年内全县烤烟种植面积达 700 多公顷，年产值达 190 多万元，农民获纯利 94.8 万元，许多贫困户因此脱了贫。5 年来，他们还完成物资协作达 7 728 万元，商品成交累计达 1 亿多元，融通拆借资金1.4 亿多元，初步形成了五地区域性商品市场。毫无疑问，横向经济联合大大地加速了打破地区封闭的进程，推动了贫困山区的经济开发。

结束语

在此收笔之时，有必要把本书的基本观点归结如下。

第一，按 1985 年固定价格计算，把人均年收入 200 元、口粮 200 公斤作为贫困线标准。当时，低于这个标准的人口约占全国总人口的 12.2％，主要集中在山区。因此，解决贫困人口的温饱问题，在中国来说，实际上就是解决贫困山区农民的温饱问题。

第二，典型调查表明，人均年收入在 200 元以下的农户，从食物中摄取的热量为 2 051.7 千卡，蛋白质 47 克，脂肪 22.7 克，低于正常人起码的营养量标准，不得不依靠政府救济维持生计。

第三，经济改革 10 年来，贫困山区和一般平原地区农民收入水平及营养水平都有了明显的提高。例如，农村社会总产值 1980—1985 年的年增长率在东中部为 14.7％，西部山区为 10.5％；粮食年增长率在东中部为 3.9％，西部山区为 2.1％。但是，由于提高幅度不同，两者在经济上的差距不仅没有缩小，反而在继续扩大。

这是由于随着经济改革而来的商品经济发展初期，经济发达地区对贫困山区的不利影响远远大于其有利影响，出现了贫困山区资金及素质较好劳力单方面流入发达地区的不正常现象。这在一个时期内是不可避免的，人为阻止是不可能生效的，关键是如何启动贫困山区的经济发展。

第四，贫困山区经济开发的紧迫性，不仅是由于绝大部分生活在贫困线之下的人口集中在山区，还由于山区是中国雄厚的战略后备资源基地和市场，是全国生态的屏障，是国民经济持续稳定发展和保持安定团结局面的一个重要因素。山区是中国农业发展的潜力之所在，希望之所在。

第五，中国贫困山区长期以来是人口、生态、粮食、资源、温饱、落后六大社会经济矛盾集中并交错的地区。由于缺乏资金及技术，农民只能把脱贫的希望寄托在人口及劳力的增长上，结果出现了越穷越生、越生越穷的恶性循环。由于粮食不足，不得不在陡坡地上毁林、毁草开荒种粮，其结果不仅排挤了林业及畜牧业，还造成了全局性的资源破坏和生态环境恶化，粮食生产也每况愈下，供求难能平衡，又迫使人们去开垦更多的荒地，出现了越垦越穷、越穷越垦的恶性循环。在生态恶化、人口膨胀和粮食供求不足的压力下，贫困山区的生产只能在封闭的、自给自足的、低技术水平的简单再生产基础上进行。有的地方连简单再生产也难以维持。在年复一年的物质资料简单再生产的循环往复中，年复一年地把贫困和落后再生产了出来。

要打破上述恶性循环怪圈，必须实行人口、生态、粮食、资源、温饱及落后等多方面的综合治理，任何单项措施都难以奏效。

第六，过去，在解决山区贫困问题上的主要失误在于单纯救济，扶贫资金转变成为生活上的消耗，年复一年的救济，年复一年的贫困。改变贫困山区的根本着眼点在于，启动山区农民内在的发展生产的动力，变"输血"为"造血"。这有赖于深化经济改革，走社会主义市场经济的道路。变山区的自然资源及劳力资源的优势为产品优势及商品优势，打破封闭的自然经济，进入商品生产与流通。

第七，过去，山区的优势资源由于反向利用，转化不成产品、商品优势。人力、财力、物力过度集中在小块粮田上，导致小块粮田使用过度，边际效益下降；广大宜林、牧、副、渔业用地大片闲置，得不到充分利用；大量劳动力结集在小块粮田上，形成潜在的过剩农业劳动力，剩余率高达 40% 以上。自然资源及劳力资源都处于严重浪费之中。要改变这种状况，必须改反向资源利用为正向资源利用形式，快速地开发山地、矿产及劳动力资源。

第八，在贫困山区着手资源开发时，必须充分考虑当前存在的生态破坏和解决温饱的迫切要求。既要照顾长远利益，又要解决当前问题，两者不可偏废。这就要求实行综合开发治理，具体形式是开展小流域综合治理，又称生态经济沟建设。

第九，小流域治理是在被山头切割和被贫困包围的小区域、农户小规模经营的基础上进行的。必然是产品零星，形不成批量；技术落后，质量低劣；农户无力进行产品的加工、储藏、包装、运输和销售；无力进入国内外市场进行竞争，并在竞争中取胜。

解决这个矛盾的最有效办法是从上而下，在统一规划下确定最适合当地自然、经济、社会条件的支柱产业，建立大规模的商品生产基地，在农户经营的基础上实行大批量、专业化和规模经营。并在此基础上建立由农民自己创建并组织在合作经济组织中的，为产前、产中、产后服务的系列产业。这是把农户经营与现代化建设结合在一起的最有效形式。

第十，粮食困难是实现上述战略转变的主要障碍。采用模糊数学方法对贫困山区的粮食的自给、半自给和外购三种可能的选择进行了经济比较分析。结论是，深山区宜于实行粮食自给，浅山区宜于半自给。当然，这并不意味着村村、寨寨都要实行粮食的自给和半自给，可以通过山区内部的区域余缺调剂，实行总体的自给或半自给。

既要实行粮食的自给、半自给，又要纠正反向资源利用形式和生态平衡的破坏，两者是矛盾的。解决办法在于：一方面，要缩小粮田面积，部分水土流失严重的陡坡耕地要退耕还林、还草，改善生态环境，从总体上创造出粮食生产的良好环境条件；另一方面，还要建设基本粮田，改粗放经营为集约经营，采用先进技术，增加投入，以提高单产，增加总产，实现山区粮食的供求平衡。

第十一，除山地资源外，贫困山区还有矿藏、建材、农副产品及劳动力资源等，这些资源的开发有赖于第二、第三产业的发展。

山区的农村工业，一不能离开本地的资源优势，照搬平原地区的经验，走机械加工、电子工业的路子。这往往不能给山区的经济开发插上翅膀，反而会背上包袱。二应取农工并重、以农为先的发展策略，农业资源的率先开发，既是解决温饱的基础，又可为随后跟进的工业提供再生性原料。

第十二，应该对贫困山区的劳动力问题有一个全面、正确的估价。山区的农业劳动力过剩是相对于耕地这一局部资源来说的，而不是从绝对意义上来说的。从山区资源全局来说，不仅没有过剩而是不足。贫困山区农业劳动力转移的总格局应首先从种植业转向林、牧、副、渔、工矿业及第三产业。只有在这方面的劳力与资源也已饱和的情况下，才能转向山外劳务输出，这是一种劳动力转移上的"两步走"策略。那种不是热心于开发山区资源，完善生产结构，完成第一个劳动力转移，相反在没有启动第一个转移的情况下，热衷于第二个转移，导致出现人口流失、耕地荒芜、资源废弃的早产的劳动力转移，是应该防止的。这对山区本身以及全社会，都是不利的。

第十三，有了工农业的商品，如果缺乏把商品运送到市场、实现其价值的手段，商品的再生产仍会中断。因此，在贫困山区不能没有运输、储藏、销售、信息等相配套的产业。这些产业是顺应着生产而兴起，沿着生产、流通、分配、消费的生产过程而展开的，故称为顺向的产业发展战略。它可实现产业结构的优化。但是考虑到贫困山区存在着商品经济发展的特殊困难条件，第三产业便成了第一、第二产业发展的瓶颈。解决第三产业的配套问题，就能反过来推动第一、第二产业的兴起。这是一种反向产业优化战略，特别适应于山区条件，称为逆向产业发展战略。把这两者结合起来，就等于把贫困山区少数先进的点和广大的面结合起来，用先进点上已经形成的第三产业来带动广大面的发展。

集镇是第二、第三产业的聚集地，是整个山区商品经济的增长极，合理地加以规划和布局，对贫困山区的经济发展具有重要的意义。

第十四，开发山地、矿藏、劳力及粮田的集约经营，都离不开新技术。山区的先进技术不能来源于山区内部，只能依靠从外部的引进。目前，先进技术在山区的普及水平还很低，调查表明，技术进步贡献率在贫困山区只有16％，在少数已经脱贫的山区村已高达60％左右。可见，技术在山区经济开发中的决定作用以及存在的巨大潜力。技术的输入要以现代技术及生物技术为主，结合优秀的传统技术及机械技术。

第十五，山区经济发展离不开资金注入，不同的资金投放目标的选择会带来截然不同的经济效益。就山区的农户来说，可分为低收入户（不能维持起码的简单再生产）、中等收入户（只能维持简单再生产）、高收入户（具有扩大再生产能力）三类。过去，资金注入偏重于低收入户，虽缓解了贫困，但开发不了山区经济，扶贫与开发存在着矛盾。可以通过以工代赈或者通过对农业合作经济组织以及具有扩大再生产能力的高收入户的贷款，开发山区经济；同时，以此扩大低收入户的就业方式来改善低收入户的生产和生活，便可协调开发和扶贫的矛盾。此外，还要协调向农业投资和向乡镇企业投资的效益差别，从受益面及脱贫农户数量这一目标实现程度来说，以投向农业为好。故在山区经济开发初期，资金投放应以农为主，随着产业结构的自然调整过程，逐步转向乡镇企业。

第十六，贫困山区的农业由于特殊的地理环境，同时遭受工农产品价格剪刀差以及级差土地收入的双重经济损失，这是山区贫困的又一经济根源。因此，要实行特殊优惠的扶持政策，并切实纠正若干适用于平原但有损于山区的经济政策。国家还要扶持发达地区开展和贫困山区的横向经济联合，通过向发达地区某些具有扶贫条件的企业发放扶贫基金，促使它们向贫困山区扩散产品、设备、技术、资金，实现多种形式的经济合作，促进贫困山区的经济开发和温饱问题的解决。

当前，在占全国土地面积70％的辽阔中国山区，正在进行着一场有亿万名农民参加的、有领导的、脱贫致富的伟大斗争。群众的实践不断地涌现出成功地进行经济开发的新鲜经验，并逐步地趋于完善，正在形成中国贫困山区经济发展的独特道路。可以预期，再经过 5 年、10 年，甚至更长一些时间的坚持不懈的奋斗，中国贫困山区的面貌将会有根本性的改观，经济发展和脱贫致富的目标将会实现。让我们举高双手，来迎接一个繁荣昌盛的新山区的诞生吧！

结束语